Seven Candidates for Prosecution: Accountability for the Crimes of the Khmer Rouge

カンボジア大虐殺は裁けるか

クメール・ルージュ国際法廷への道

スティーブ・ヘダー＋ブライアン・D・ティットモア[著]
四本健二[訳]

現代人文社

Seven Candidates for Prosecution: Accountability for the Crimes of the Khmer Rouge
by Stephen Heder with Brian D. Tittemore

Copyright © 2001 by War Crimes Research Office, American University
All rights reserved.
Republished with the permission of the War Crimes Research Office at the American University Washington College of Law, Washington DC.

Copyright © 2004 by the Documentation Center of Cambodia
All rights reserved.
No part of this book may be reproduced or utilized in any form or by any means,
electronic or mechanical, including photocopying, recording,
or any information storage and retrieval system, without permission in writing from the publisher.

DISCLAIMER
The views expressed in this paper are solely those of the authors.

Translated by Kenji YOTSUMOTO
Japanese translation rights arranged with the Documentation Center of Cambodia.

カンボジア大虐殺は裁けるか
クメール・ルージュ国際法廷への道

第 2 版へのはしがき

　本書は、カンボジア史料センター (Documentation Center of Cambodia : DC-Cam) の戦争責任プロジェクトによって再版されたものである。この戦争責任プロジェクトは 2001 年 4 月に開始され、今では DC-Cam の中心的プロジェクトの 1 つとなっている。このプロジェクトの活動は、スウェーデン国際開発庁 (Swedish International Development Agency : SIDA)、オランダ、ノルウェー、イギリス各政府の資金供与によって支えられている。

　このプロジェクトは 2 つの主要な目的をもっている。その 1 つは旧カンプチア共産党幹部の責任を裁く刑事裁判で証拠となる情報、史料を整理することである。いま 1 つは、元・党幹部への聞き取り調査を通して民主カンプチア時代とはどのようなものであったのか、という歴史をより正確に描きだすことで国民和解を促すことである。

　この 2 つの目的を達成するために戦争責任プロジェクトは 2 つの分野で活動している。その 1 つは、本書の出版にも関連するが、民主カンプチア時代と将来裁判にかけられるであろう最高幹部に関する文書を分析することである。2001 年以来、DC-Cam は 10 人の最高幹部に焦点をあて、約 2,500 ページにおよぶ「クメール・ルージュ文書 (Khmer Rouge Dossiers)」を分析し、300 ページにわたる要約を作成してきた。

　戦争責任プロジェクトのもう 1 つの活動は、当時の幹部への聞き取り調査を通して法的、歴史的に重要な事実を明らかにしてゆくことである。聞き取り調査の対象者は 1975 年から 1979 年の間に民主カンプチア当局によって作成され、現在は当センターが保管している関係者の公式履歴書などをもとに選び出している。

　DC-Cam が保管する履歴書は 30,438 人分に及び、そこに記された出生地を手がかりに当時の幹部たちの行方を追っている。2001 年のプ

ロジェクト開始以来、聞き取り調査はすでに1,000件を越え、クメール語によるインタビューの記録は約17,000ページに及ぶ。

　著名なカンボジア研究者のスティーブ・ヘダー（Stephen Heder）博士と国際的な弁護士のブライアン・D・ティットモア（Brian D. Tittemore）氏によって書かれた本書が再版されることは、上記のような戦争責任プロジェクトの中心的課題にこたえるものである。とりわけ本書は「クメール・ルージュ文書」を分析してゆく上で必要不可欠な資料となるばかりでなく、多くの党幹部による人道に対する犯罪の法的責任を追及するための手がかりとなるであろう。本書は、今日までにDC-Camやトゥールスレン虐殺博物館（Tuol Sleng Genocide Museum. もとは高校の校舎であったが民主カンプチア時代にS-21と呼ばれる治安機関本部が置かれた。現在は博物館として公開されている）その他の史料に依拠しておこなわれた研究のうちで最も精緻なものであろう。また本書は、依拠した史料がもつ法的証拠としての潜在的な価値をも明らかにしている。さらに、戦争責任プロジェクトの一環をなす本書は、カンボジアにおける正義の追求と歴史の解明に大いに貢献するはずである。

　最後に、本書の出版を支援してくださったスウェーデン国際開発庁及びオープン・ソサエティ・インスティテュート（Open Society Institute）に記して謝意を表したい。

　　　　　　　　　　2004年3月、プノンペンにて
　　　　　　　　　カンボジア史料センター事務局長　チャン・ユー
　　　　　　　　　　　　　　　法律顧問　ジョン・シオルシアリ

第2版へのまえがき

　本書の初版が出版されて2年、民主カンプチア時代におこなわれた残虐な犯罪にかかわった、カンプチア共産党（いわゆるクメール・ルージュ。以下、党）の元幹部の訴追をめぐる事態は大きく変化した。訴追される可能性のあった「被告人候補」のひとり、ケ・ポク（Kae Pok）元・党中央委員はすでにこの世を去ったが、本書において「訴追されるべき被告人候補」と位置づけた7人の元・党幹部の責任を追及する取りくみは、新たな証拠の発見と公表によって熱心に続けられている[1]。さらに、国連とカンボジア政府との間で前述の幹部たちを裁くためにカンボジア人裁判官・検察官に加えて国連が指名する外国人裁判官・検察官も審理に参加する特別裁判部（Extraordinary Chambers）をカンボジアの裁判所に設置するための交渉も続けられている。

　一方で、党最高指導者であったポル・ポト（Pol Pot）が1998年に死亡したのにつづき、大規模な粛清への関与を自ら告白したケ・ポクも2002年2月に死亡したことで、この男たちに対する訴追の可能性はついえてしまった[2]。

　他方で、本書が名指しした残り6人の男たち――いずれも当時の、党副書記ヌオン・チア（Nuon Chea）、党中央委員会常務委員タ・モク（Ta Mok）、おそらくは党中央委員であったメア・ムット（Meah Mut）とスウ・メット（Sou Met）、新たな証拠によって大規模な粛清をはじめとする残虐行為が行われていたことを承知していた疑いが濃厚となってきた党中央委員会常務委員イエン・サリ（Ieng Sary）と党中央委員キュウ・サンパン（Khieu Samphan）――を、処刑を命令、教唆したかどで訴追する準備は着実にすすめられている[3,4]。こうした事態の進展は、過去2年以上にわたって中立の立場からなされてきた調査がさらに続けられ、より多くの証拠が積みかさねられれば、民主カンプチア時代の犯罪に対する首

謀者たちの責任を明らかにすることができるであろうことを物語っている。

しかしながら、カンボジア政府と国連の立場の違いから、本書において詳述した 1997 年から 2001 年の間の事態の進捗状況はゆっくりとしたもので、また不完全なものであった。それは一方で、少なくとも訴追のためには、適正手続きの国際水準を最低限は確保しなければならないという議論があり、他方では、犯罪の首謀者たちが謳歌している自由な生活に終止符を打たせるために早急にことをすすめたい、という切実な要求があることによるものであった。特別裁判部の設置を定めたカンボジアの国内法（正式には、民主カンプチアの統治期間中に実行された犯罪を裁く特別裁判部をカンボジアの裁判所に設置することに関する法律）は、国連が裁判官、検察官その他の裁判要員の選任に参画することを盛りこみはしたが、公正な裁判としての国際水準を確保することに固執する事務総長コフィ・アナン（Kofi Annan）に後押しされた国連法務部による草案改正の要請は退けた上で 2001 年 8 月に施行された。その結果、カンボジア政府と国連の間で、国連の裁判への参画を確認するメモランダム（memorandum of understanding）は作成されなかった。特別裁判部設置法草案が改正されなかったことを受けて、特別裁判部の独立、中立かつ客観的な機能に疑念を抱いたアナンは、2002 年 2 月、国連法務部に裁判参画に関する国連とカンボジア政府との交渉を打ち切るよう指示した[5]。

アナンが交渉の打ち切りを決定したのは、政府の責任性を明らかにするという大義名分の下で、カンボジア政府がカンボジア人の裁判官や検察官に影響力を行使するのではないか、とカンボジアの人権・人道援助団体が懸念し[6,7]、そうした懸念を払拭するためにアメリカ政府が、国連によって指名された裁判官が合議体の過半数を占めることを国連とカンボジア政府の双方に提案している最中であった。当然のことながら、アナンの決定は軽率で、信頼のおける裁判の実現のためにカンボジアの司法界と協力してきた国内外の法律家の努力を台無しにし、結果的に犯罪行為の首謀者たちに与えられた自由な生活を長引かせるものである、と

非難された[8]。また、カンボジア政府との交渉から国連が手を引いたことには、カンボジア政府のみならずアメリカ、日本、フランス、ロシア、インドのほかASEAN（東南アジア諸国連合）の主要加盟国からも批判の声があがった[9]。さらには、「カンボジアにおける人権に関する国連事務総長特別代表（Special Representative of the Secretary-General for Human Rights in Cambodia）」を務めるオーストリア人法律学者、ペーター・ルーブレヒト（Peter Leuprecht）教授までもが、事務総長が従来の立場を貫くなら、それは党の元・最高幹部たちに与えられた恩赦に援助を与えるに等しい、とアナンに対して公然と異議を唱え[10]、国連人権高等弁務官メアリー・ロビンソン（Mary Robinson）も同様の見方を示した[11]。

　結局、アメリカをはじめとする加盟国に後押しされたフランス、日本、オーストラリアによる説得の結果、2002年8月アナンは、安全保障理事会か国連総会の決議による付託を受ければ、法務部に指示して国連とカンボジア政府との交渉を再開させることに同意したものの、このままでは裁判は国際的な水準を満たすことはできない、という従来からの持論は譲らなかった[12・13]。2002年11月、国連総会第3委員会は、事務総長に交渉の再開を求める決議案を採択した。決議は、アナンがかつて懸念を表明したカンボジア国内法が施行されたことを歓迎し、カンボジア政府に特別裁判部設置法に基づく国連の裁判参画について早急に合意するよう呼びかけたが、カンボジア政府が保障すべき裁判の国際基準については「その中立性、独立性及び信頼性を確保することが重要」という漠然とした表現にとどまった[14]。決議案は公正な裁判の実現を呼びかけるには不充分である、という人権の伸張に熱心な加盟国の懸念をよそに日本とフランスが押し切るかたちで総会第3委員会を通過したが、懸念をもつ加盟国の多くは委員会での採決に際して棄権にまわった[15]。アナンは、総会から付託された交渉再開に取りかかるにあたって「法務部は、独立かつ中立の裁判所、実効性があり不偏不党で公正な検察官、誠実で信頼性のある手続き、というすでに確立された国際基準に合致した訴追と裁判の実現のために交渉する」[16]旨を明言したが、その間も国内外の人

権団体は裁判手続きの信頼性について疑問を呈しつづけ[17]、また恩赦反対派の活動家たちは国連とカンボジア政府の双方に、一方で、訴追された被告人が裁かれず、また他方で、「完璧に近い裁判は実現不可能」という理由から裁判を実現する好機を失わせる危険のあるような主張に傾かないよう妥協を求めた[18]。こうしたいきさつを経て、国連総会は2002年12月に先に第3委員会が採択した決議を承認し[19]、国連とカンボジア政府との協議は再開された。2003年1月に開かれた交渉再開後初の協議においてカンボジア政府は、カンボジアの司法が過去に抱えていた問題の多くをすでに克服したと主張した[20]。しかしながら同時に国連人権高等弁務官事務所がおこなったカンボジアの司法改革に関する評価[21]は、「政府による司法の独立への干渉」[22]に懸念を表明する別の総会決議と同様のものであった。

　こうした事態の推移を受けて、国連法務部は、国連が指名した者1人が検察官をつとめ、国連が指名した複数の裁判官が合議体の過半数を占めるという、法廷の構成についての素案を再度提示し、他方、カンボジア政府は2001年に施行された特別裁判部設置法に盛りこまれた通り、各審級の法廷においてカンボジア人裁判官が合議体の過半数を占め、カンボジア人と外国人各1人が共同検察官となる案を示した[23]。この協議の行き詰まりにおいて日本、フランス、オーストラリアその他の政府はアメリカの支持を背景に、国連はその決議に即して2001年に施行された特別裁判部設置法を基調とする合意を締結するよう求めた[24]。2003年3月、国連代表団は第2回協議のためにプノンペンを訪れ、妥協を求めるアメリカ、日本、オーストラリアなど各国とも話し合いの場をもった[25]。

　2003年3月の協議の結果、国連とカンボジア政府は特別裁判部設置法に沿った線で合意文書の草案とりまとめに着手した。草案では法廷の構成がいくらか簡素化されたが、被告人が希望すれば外国人を弁護人として選任する権利も盛りこまれた。焦点となっていたイエン・サリに与えられた国王の特赦の取り扱いをめぐる問題は結論を得られなかったが、特別裁判部に特赦を取消すかどうかの判断を委ねる方向で調整がな

された[26]。

　2003年3月時点の合意は概ね以下のような内容である。

・民主カンプチアの残虐行為（ジェノサイド、人道に対する犯罪、ジュネーブ条約に対する重大な違反行為その他の犯罪行為）について「民主カンプチアの最高幹部および重大な責任を負う者」を訴追の対象とすること。
・カンボジアの裁判所に2つの審級からなる特別裁判部を設置し、第1審裁判部はカンボジア人裁判官3人と外国人裁判官2人、控訴審（終審）裁判部はカンボジア人裁判官4人と外国人裁判官3人によって構成すること。
・カンボジア人および外国人各1人からなる共同検察官をおくこと。
・裁判官が全会一致によって判決を下すことができないときは、第1審裁判部においては4人の裁判官の、控訴審裁判部においては5人の裁判官の賛成によって判決を下すこと。
・共同検察官が起訴の適否について同意できないときは、いずれか1人の検察官がカンボジア人裁判官3人と外国人裁判官2人によって構成される特別予審裁判部に対して、少なくとも4人の裁判官の賛成による決定を求めることができること。
・特別裁判部の訴訟手続きは、カンボジアの国内法と市民的及び政治的権利に関する国際規約第14条および第15条の規定に合致し、被告人に外国人の弁護人を選任する権利を認めること。

　この合意の発表に際して、国連の法務担当事務次長ハンス・コレル（Hans Corell）は、仮に特別裁判部が適切に機能しない場合は、国連は協力を取りやめる権利を認められる、という規定が盛り込まれたことに注目するように求めた[27]。また、合意に関する総会への報告においてアナンは、裁判の公正を確保するためには、より広範な国際社会の参画が望ましい、という持論をあらためて表明した上で、特別裁判部の司法機関としての信用性に対する疑念をほのめかした[28]。さらにときをおかず、同様の懸念

はアムネスティ・インターナショナル (Amnesty International) とヒューマン・ライツ・ウォッチ (Human Rights Watch) からも表明された[29]。

他方、国連とカンボジア政府の合意に対する擁護論者は、問題の存在を否定しなかったが、犯罪行為の責任を明らかにするためのさまざまな努力が傾注され、国際的な注目と建設的な努力をもってすれば、問題は解決可能であると主張した[30]。

懸案事項がふたたび表面化したのは、2003年5月に国連総会第3委員会が全会一致で国連とカンボジア政府との合意案[31]を承認する決議[32]を採択し、5月中旬に総会が同様の決議を採択したときであった[33]。それは、国連とカンボジア政府との詳細な協力内容が最終的に決定され、国連とカンボジア政府の間の合意が将来カンボジアの議会によって批准されるとき、2001年に施行された特別裁判部設置法は必要に応じて改正されなければならない、というものであった[34]。第3委員会の決議案が表決に付されなかったにもかかわらず[35]、いくつかの加盟国の代表は特別裁判部が裁判の国際基準を維持できるかどうかについて「深刻な懸念」を表明し、その活動を国際社会による監視の下におくべきであると呼びかけた[36]。

本書の初版が出版された時点で指摘されていたカンボジアの特別裁判部設置案の独立性と中立性に対する懸念は、未だ解消されていない。国際社会と、それ以上に人権団体や法律家団体をはじめとするカンボジアの市民社会が注視するなかで、国連とカンボジア政府が——法的効力を持った何らかの文書というかたちで——最終的な合意を明らかにすることが待たれている。

2003年5月、ロンドンにて
スティーブ・ヘダー

1 "Former Khmer Rouge Military Chief Dies," Reuters, Phnom Penh,

February 16, 2002. なお、ケ・ポクは高血圧と糖尿病に悩まされ、死亡する直前には不整脈も患っていた。

 2 本書の初版で論じた通り「裏切り者」の容疑をかけられて逮捕された党幹部の「自白」には1975年4月に打倒されたクメール共和国政権の関係者殺害の責任をケ・ポクに問うに足る証拠が含まれている。最近新たに発見された「自白」は、ケ・ポクがこうした殺害を監督していたことを詳細に物語っている。なお、トゥック (Thuch) またはクオン (Khuon) ことコイ・トゥオン (Koy Thuon) の1977年2月23日付け供述調書「第106師団における組織の建設および私とタイ側のCIAとの関係の構築について」("On the Plan to Set Up the Grassroots in 106 and Set Up My CIA Link to the Thailand Side") を参照せよ。ケ・ポクが党幹部の大規模な殺害に関与したという証拠は、最近公表された彼の非公開自叙伝「1957年から今日に至るケ・ポクの闘争の歴史（秘密扱い）」("The History of Mr. Kae Pok's Struggle, from 1957 to Present (Secret)." 日付けは付されていないが、内容からみて1998年または1999年に書かれたものと思われる）によって裏づけられている。2001年2月22日、カンボジアのシアムリアプにおいてケ・ポクは自らが犯罪に関与したとする証拠について、自身の存命中はその発言内容を公表しないことを条件にヘダーと会見することに合意した。この会見でケ・ポクは、自らが北部管区（後に中部管区）の党地方書記としてクメール共和国政権の関係者を処刑するという党の方針を実行し、配下の党員から「裏切り者」を見つけだし、逮捕して処刑するようにも命じ、逮捕された者がプノンペンの治安機関本部 (S-21) で尋問を受けた後に処刑されることを知りながら、上級組織からの幹部の間に潜む「裏切り者」の逮捕に協力せよ、という命令にしたがったことを認めた。「裏切り者」を逮捕したというケ・ポクの証言は、2001年5月14、15の両日にカンボジアのアンロンヴェンで行われた北部管区党組織で序列3位であったタウ (Thau) ことピック・チェアン (Pich Cheang) に対するヘダーのインタビューによっても裏付けられている。ケ・ポクが党の方針に反対していると疑った党幹部に対して「裏切り者」や「反逆者」のレッテルを貼ったのだと、ピック・チェアンは非難した。

 3 非公開自叙伝とインタビューにおいてケ・ポクは、本書が紹介する証拠書類を補強して、尋問と処刑のために党幹部の逮捕を命じたのはヌオン・チアであると名指しした。ピック・チェアンも北部管区で粛清を指揮したのはヌオン・チアだと断言している。ヘダーの質問に応えてケ・ポクは、タ・モクも南西部管区党地方書記として党幹部を逮捕する権限を行使し、管区内で殺害するかプノンペンに送って抹殺したと証言した。またコンポンソムに司令部をおく民主カンプチア海兵隊第164師団党書記であったメア・ムットについては、新たに吟味された供述調書において、その権限と行動を批判した幹部と兵士を恣意的に処刑したと指摘されている。詳細につき、チェイ・

チャン（Chey Chhan）の 1976 年 11 月 21 日付け供述調書「私が関与した第 164 師団党委員会の活動」（"Activities of the Division 164 Committee in which I was involved"）を参照せよ。この主張は、2001 年 10 月 29 日にフランスのパリで行われた、元・コンポンソム特別区党委員会書記クリン（Krin）ことトゥック・リン（Thuch Rin）に対するヘダーのインタビューによっても裏付けられている。最後に民主カンプチア空軍第 502 航空師団党書記であったメア・ムットについては、「自白」の分析によって、コンポンチナン州で、後に S-21 に移送されて処刑されることになる党幹部たちが逮捕され、飛行場建設の懲罰労働に服するのを監督していたことが明らかとなっている。詳細につき、ナ（Nhâ）ことユム・サムオル（Yeum Sâm-Ol）の 1978 年 11 月 11 日付け供述調書「報告」（"Report"）および 1978 年 12 月 16 日付け供述調書「私が未だ報告していない数々の問題について」（"On a Number of Problems About Which I Have Not Yet Reported"）を参照せよ。なお、メア・ムットは、2001 年 2 月 15 日にプノンペンで行われたヘダーのインタビューにおいてこのことを認めている。

4 ケ・ポクは自身の非公開自叙伝において農村部で普通のカンボジア人が殺害されていることをめぐってイエン・サリと議論した際に、イエン・サリ自身がこうした事態は急激な革命的変化においては不可避的な帰結であるから忘れるように言った、と記している。これに関連して当時党第 870 号事務室の責任者であったキュウ・サンパンが粛清について知っていたことは、党第 870 号事務室の任務は、党常務委員会委員が軍事問題や治安問題を議論する際の議事録を作ることであったという、ポル・ポトの副官であったタウック（Tauck）ことポク・チャイ（Phok Chhay）の供述によって裏付けられる。ケ・ポクはさらにキュウ・サンパンがヌオン・チアといかに親密であったかということについても語っている。詳細につき、タウックことポク・チャイの 1977 年 4 月 5 日付け供述調書「私の組織事務局における活動について」（"On My Activities in the Organization's Office"）1 〜 4 ページ、「組織事務局で私が接触した裏切り者のつながり」（"Traitorous Link with Whom I Had Contact in the Organization's Office"）2 ページおよび 1977 年 4 月 7 日付け自白調書「CIA の計画について」（"On CIA's Plan"）7 ページを参照せよ。キュウ・サンパンとヌオン・チアの密接な関係については、2001 年 10 月 27 日にフランスのパリで行われた、元・民主カンプチア外務省幹部ティオン・プラシット（Thiounn Prasith）に対するヘダーのインタビューによっても確認されている。

5 2002 年 2 月 8 日付けフレッド・エッカード国連事務総長報道官談話。

6 2002 年 2 月 21 日付けカンボジア人権活動委員会（Cambodian Human Rights Action Committee）報道発表。

7 こうした辛辣な見解について、以下の論稿を参照せよ。Raymund Johansen,

"Thoughts on the United Nations Decision on Cease Negotiations with the Cambodian Government on Establishing a 'Mixed' KR Tribunal," February 14, 2002. ヨハンセンはかつてカンボジア史料センターに勤務した法律家で、この論稿をセンターの外国人顧問委員会に寄せた。同様の立場ながらより簡略な見解として、以下の論稿を参照せよ。Seth Mydans, "U.N. Ends Cambodia Talks on Trials for Khmer Rouge," New York Times, February 9, 2002; "Khmer Rouge Trials Won't Be Fair, Critics Say," New York Times, February 10, 2002.

8 このような立場から表明された精緻な見解として、以下の論稿を参照せよ。Tom Fawthrop, "UN Walkout Could Deny Khmers Chance for Justice," Bangkok Post, February 15, 2002; Tony Kevin, "How the UN Broke Faith with Cambodia," Canberra Times, February 18, 2002. また、より明確に裁判を求めた主張として以下の記事を参照せよ。Youk Chhang, "Cambodia Won't Easily Find Justice on Its Own," New York Times, February 14, 2002.

9 カンボジア政府の公式見解 "Royal Government of Cambodia in Response to the Announcement of UN Pullout from Negotiations on Khmer Rouge Trial, Phnom Penh, February 2002" 及び下記の報道を参照せよ。"Cambodia Stunned by UN Withdrawal from Khmer Rouge Trial," AFP, Phnom Penh, February 9, 2002;"Cambodia Says It Will Press Ahead with Khmer Rouge Trial," Reuters, Phnom Penh, February 9, 2002.

10 "UN Abets Khmer Rouge Impunity," Asia Times, June 12, 2002.

11 "UN Official: Khmer Rouge Leaders Must Face Justice," VOA, Phnom Penh, August 22, 2002; "Impasse Thaws on Khmer Rouge: UN May Relent on Tribunal's Makeup," Chicago Tribune, August 23, 2002.

12 "Gov't Optimistic on KR Trial," Cambodia Daily, June 4, 2002; "Reported UN Snub on KR Shocks Gov't," Cambodia Daily, July 5, 2002; "UN Wants Mandate Before Resuming Talks on Khmer Rouge Trial," Kyodo, Bandar Seri Begawn, July 29, 2002; "Japan Appeals for Support for Khmer Rouge Tribunal," Kyodo, Bandar Seri Begawn, August 1, 2002.

13 2002年8月20日付け国連事務総長報道官室定例会見。"Cambodia Welcomes New UN Overture on Khmer Rouge Trial," AP, Phnom Penh, August 20, 2002; "Annan Could Resume Cambodia Talks," AP, United Nations, August 21, 2002; "Annan Opens Door for Talks on Khmer Rouge Trials,"Reuters, United Nations, August 21, 2002; UN News Center, "Mandate from Key UN Bodies Needed to Restart Talks on Khmer Rouge

Trials," August 20, 2002.

14 United Nations General Assembly, Third Committee, "Khmer Rouge Trials" (A/C.3/57/L70), November 13, 2002.

15 以下の国連文書（総会第3委員会報道発表）および関連報道を参照せよ。United Nations General Assembly, Third Committee, Press Release, "Third Committee Recommends Continuation of High Commissioner for Human Rights Through End of 2008" (GA/SHC/3728), November 19, 2002; Youk Chhang, "Ease Doubt About KR Trial," Cambodia Daily, November 28, 2002.

16 Letter of Kofi Annan to Mr. Jan Kavan, President of the General Assembly, November 22, 2002.

17 "Groups Urge U.N., Government to Create Khmer Rouge Tribunal," AFP, Phnom Penh, December 9, 2002; Amnesty International, Cambodia: Special Khmer Rouge Tribunals in Cambodia—Justice Is Not Served by Diluting International Standards (ASA/23/01/2002), December 17, 2002; Human Rights Watch, Cambodia: Khmer Rouge Tribunal Must Meet International Standards, December 19, 2002.

18 David Scheffer, "Justice for Cambodia," New York Times, December 21, 2002; "Reseacher Urges Cambodian and U.N. Negotiators to Narrow Differences in Tribunal Talks," AP, Phnom Penh, January 4, 2003.

19 United Nations General Assembly, "Khmer Rouge Trials" (A/RES/57/228), December 18, 2002.

20 Cambodian Mission to the United Nations, "Statement by the Cambodian Delegation to the United Nations Regarding the Establishment of Extraordinary Chambers Within the Courts of Cambodia," January 13, 2002.

21 Cambodia Office of the United Nations High Commissioner for Human Rights, "Note on Legal and Judicial Reform for the Mid-Term Consultative Group of Donors Meeting, January 2003."

22 United Nations General Assembly, "Situation of Human Rights in Cambodia" (A/RES/57/225), December 18, 2002.

23 United Nations General Assembly, "Report of the Secretary-General on Khmer Rouge Trials" (A/57/769), March 31, 2003; "Sans conviction, l'ONU a repris la négociation sur le process des dirigants Khmer Rouge," Le Monde, January 24, 2003.

24 "Khmer Rouge: 'Last Chance' for Justice," Asia Times Online, February 19, 2003.

25 "UN Arriving Today for KR Trial Talks," Cambodia Daily, March 13, 2003.

26 ハンス・コレル国連事務次長とソク・アン大臣会議担当大臣（現・副首相）との間で協議された合意案として以下の文書を参照せよ。"Draft Agreement Between the United Nations and the Royal Government of Cambodia Concerning the Prosecution Under Cambodian Law of Crimes Committed During the Period of Democratic Kampuchea," March 17, 2003.

27 "Statement by Under-Secretary-General Hans Corell Upon Leaving Phnom Penh on March 17, 2003."

28 前掲注22・国連事務総長報告を参照せよ。

29 Amnesty International, Cambodia: Amnesty International's Preliminary Views and Concerns about the Draft Agreement for the Establishment of a Khmer Rouge Special Tribunal (ASA/23/003/2003), March 21, 2003; Kingdom of Cambodia: Amnesty International's Position and Concern Regarding the Proposed "Khmer Rouge" Tribunal (ASA/23/005/2003), April 2003; Human Rights Watch, Serious Flaws: Why the U.N. General Assembly Should Require Changes to the Draft Khmer Rouge Tribunal Agreement, April 30, 2003.

30 Suzannah Linton, "Comments on the Draft Agreement Between the United Nations and the Royal Government of Cambodia Concerning The Prosecution Under Cambodian Law of Crimes Committed During the Period of Democratic Kampuchea"; John D. Ciorciari, "Brief Comments Regarding the Draft Agreement Between the United Nations and the Royal Government of Cambodia," Searching for the Truth (Number 40, April 2003). Seth Mydans, "Flawed Tribunal Is Better Than None," New York Times, April 16, 2003; "Cambodia Gears Up for Khmer Rouge Trials," VOA, April 23, 2003; Gregory H. Stanton, "Perfection Is the Enemy of Justice: A Response to Amnesty International's Critique of the Draft Agreement Between the U.N. and Cambodia" (www.genocidewatch.org), April 2003.

31 United Nations General Assembly, Third Committee, "Third Committee Approves Draft Resolution on Khmer Rouge Trials" (GA/SHC/3734), May 2, 2003.

32 United Nations General Assembly, Third Committee, "Khmer Rouge

Trials" (A/C.3/57/L90), April 29, 2003.

33 United Nations, Press Release, "General Assembly Approves Draft Agreement between UN, Cambodia on Khmer Rouge Trials" (GA/10135), May 13, 2003.

34 Kingdom of Cambodia, Permanent Mission to the United Nations, "Statement by H.E. Mr. Ouch Borith, Ambassador, Permanent Representative of Kingdom of Cambodia to the United Nations," May 1, 2003.

35 "U.N. Committee OKs Creation of Khmer Rouge Tribunal," Kyodo, New York, May 2, 2003.

36 United Nations General Assembly, "Netherlands Statement on the Khmer Rouge Trials," UNGA, May 2, 2003.

謝辞

　本書の執筆代表、スティーブ・ヘダー博士はロンドン大学アジア・アフリカ学院の教授で、カンボジア政治の専門家として世界的に著名な研究者である。博士はクメール語にも堪能で、これまでにカンボジアの現代史に関する数々の論文を発表してきた。ヘダー博士は、1998年から2001年にかけて、たびたびカンボジアを訪れ、カンボジア史料センターが新たに収集した民主カンプチア時代の文書を詳細に吟味した。本書が導きだした結論は、ヘダー博士によるこうした文書の分析にもとづくものである。なお、本書に引用した民主カンプチア時代の文書の英語訳もヘダー博士によるものである。

　本書の共編者であり、上席研究員兼事務局長代行としてアメリカン大学ワシントン法科大学院戦争犯罪研究所（WCRO. 米国ワシントンDC）に勤務し、現在は米州人権委員会（Inter-American Commission on Human Rights）[1] に勤務する弁護士、ブライアン・ティットモアは、ヘダー博士による証拠文書の分析に法律的な評価を加えてくれた。

　WCROの所長を務めたあと、現在はプリンストン大学の客員研究員となっているダイアン・F・オレントリッチャー（Diane F. Orentlicher）は、本書のいまひとりの共編者である。このほか、アメリカを代表する憲法研究者のフロイド・アブラムズ（Floid Abrams）、WCRO所長代行のケリー・D・アスキン（Kelly D. Askin）博士、ワシントンDCに本拠をかまえるCIJ（Coalition for International Justice）の事務局長兼法務部長のニーナ・バン＝ジェンセン（Nina Bang-Jensen）にはひとかたならぬ協力を得た。

　本書は、WCROとCIJによって共同出版された。現在ジョン・セローン（John Cerone）が事務局長を務めるWCROは、1995年にアメリカン大学ワシントン法科大学院によって、旧ユーゴスラヴィア及びルワンダの戦争犯罪を裁くために国連が設置した国際法廷の検察官に国際人道法の見地から研究成果を提供する目的で設立された。その後、WCRO

は、その活動の範囲を拡げ、研究所がその専門的見地から支援したプロジェクトは、国際人道法の分野でめざましい成果を挙げている。本書もアメリカン大学ワシントン法科大学院に加えてオープン・ソサエティ・インスティテュート、フォード財団（The Ford Foundation）の協力によるものである。

　ニーナ・バン＝ジェンセンが事務局長を務める CIJ は、国際人道法の分野で活動する国際的な非営利団体で、世論喚起、財政支援、他の非営利団体との協力、法律扶助を通じて旧ユーゴスラヴィア、ルワンダなどの国際刑事裁判を支援している。

　本書の出版に協力してくれた多くの個人と団体にもあらためて謝意を表したい。とりわけカンボジア史料センターのチャン・ユー事務局長をはじめとするスタッフはスティーブ・ヘダー博士による調査のために時間を費やして膨大な史料を整理、準備してくれた。彼らの努力なしには本書を世に送りだすことはできなかっただろう。

　最後に CIJ のインターンとして本書の編集に携わり、その後エール大学法科大学院に復学しているデーヴィッド・マルクス（David Marcus）、同じく CIJ のインターン、エドガー・チェン（Edger Chen）、常にわれわれの調査を支援してくれた WCRO の法務部門コーディネーター、セシル・メイジャー（Cecile Meijer）、本書の草稿に貴重なコメントを寄せてくれたジョージタウン大学ロー・センター（Georgetown Law Center）のグレッグ・ブロシュ（Gregg Bloche）教授とヒューマン・ライツ・ウォッチのジェームズ・ロス（James Ross）にも感謝したい。最後にこの調査プロジェクトを資金面で支援してくれたオープン・ソサエティ・インスティテュートのアーイェ・ネイアー（Aryeh Neier）会長とフォード財団の上級プログラム・オフィサーのラリー・コックス（Larry R. Cox）には深甚の謝意を表したい。

---

[1]　本書においてティットモアが示した見解は、米州人権委員会または米州機構の職員としてのものではなく、またこれらの組織の意見を代表するものではない。

日本語版へのまえがき

　この本の英語版第2版のまえがきに記した通り、2003年5月の国連総会決議は、カンプチア共産党最高幹部の訴追をめぐるカンボジア政府と国連との合意の批准およびカンボジアの裁判所に特別裁判部を設置することを定めた国内法の改正に道を開くものとなった。しかし、現実には、総選挙とその後フン・セン（Hun Sen）率いるカンボジア人民党の主導による政権の樹立が確かなものとなるまで議会の召集は先延ばしにされ、2004年10月にいたるまでカンボジア国民議会では政府と国連の間の合意を批准し、国内法を改正するための審議は行われなかった[1]。また、合意の批准とそれに即した国内法改正の審議に際して、カンボジア人民党以外の政党に属する議員たちは、特別裁判部の対人管轄権問題——自らの恣意的な判断にもとづいて殺人を犯したカンプチア共産党の下級幹部や末端の党員が訴追の対象からはずされていること——に異議を唱えた。これに対してソク・アン（Sok An）副首相は特別裁判部の対人管轄権が国際社会との協議によって決定されたことを強調して、この点をめぐる議論は意味がないと反論した。そして、「最高幹部を裁くことこそが最も重要で、党内序列上位10人以内の最高幹部が訴追の対象となる」という考えを繰り返し、「非常に重大な犯罪行為」に関与した証拠が揃うならば、数人の下級幹部を訴追することもやぶさかではない、と発言した[2]。また人民党は、この国際社会との協議の上の決定であることを振りかざして特別裁判部が国際的な水準に合致する審理・証拠調べの手続きを採用するためには国内法が改正されるべきであるという他の政党やカンボジアの市民社会[3]、国際刑事法専門家[4]、国連関係者らの主張をかわし、法改正なくして正義の実現はあり得ないという議論を退けた[5]。そしてこのような経過からカンボジアの人権活動家たちは特別裁判部で審理にあたる裁判官はその能力によってではなく、与党人民党に対する

従順さによって選抜されるのだろうと確信するようになり[6]、一部の官僚にもフン・センが特別裁判部の審理に政治的影響力を行使して、今は人民党に加わった元・カンプチア共産党員の訴追を免れさせるか、あるいは有罪判決を免れさせるという自らの筋書きの通りにことを運ぶことで、国内政治の強い支持の下で刑事責任を追及するという裁判の理念を骨抜きにしようとしていると考えるようになった[7,8]。他方、日本、フランス、オーストラリアといった主要な援助供与国の裁判費用をできるだけ抑制したいという外交圧力も特別裁判部の対人管轄権の意味を政治的に解釈して狭く捉え、被告人の数を抑制することで裁判費用を予算内にとどめ、人件費のかかる外国人の数を抑制するにかわりに比較的人件費の安いカンボジア政府職員を特別裁判部のスタッフに充てようとする要因となった[9]。このことからアナン国連事務総長は、特別裁判部に訴追される被告人の数はソク・アン副首相が示唆した人数よりも少ないと確信するにいたり、「実際に誰が予審に付されたのち、正式に起訴されるのか」を決定する権限は共同検察官と共同予審裁判官に属するという原則を再確認した際に、5人から10人が訴追されることを前提に裁判の計画立案と予算作成がすすめられていることを示唆した[10]。

　しかし、カンボジア国民議会による国連との合意の批准やそれに関連する国内法の改正問題はカンボジア国内の世論を沸かせることはほとんどなく[11]、ある世論調査で半数近くの人々が中途半端な裁判ならやらない方がましだと感じている、という結果が出たときにも驚きをもって迎えられるようなことはなかった[12]。カンボジアの人権団体はカンプチア共産党政権下で「何が行われたか、真実を知る唯一の方法」[13]に望みを託し、国内外の圧力が裁判実現への障害となっていることに懸念を表明した[14]。裁判が実現すれば、大量虐殺に関与した自らの責任を否定するどころか、大量虐殺が行われていたことさえ知らなかったとまで言い張り、忠実だった部下に責任をなすりつけたり、互いに元の同僚と責任を転嫁し合っているヌオン・チアやキュウ・サンパンらカンプチア共産党の元・最高幹部の主張は論破されることになるであろう[15]。本書の出版プロジェクトはまさ

にこうした裁判の一助とすべく企画されたものである。しかしながら裁判は——あの過酷な時代を生き抜いたカンボジア人の多くが言うように——虐殺には党の末端から最高幹部までがかかわり、そのうち何人かは今も政府の中枢にあるという「厄介な事情」があるという事実にしっかりと向き合っているとは言い難い[16]。裁判における訴追の対象が当時のカンプチア共産党最高幹部に絞られたことで、地方では人民党支配の下で依然として地方行政の要職に就いているカンプチア共産党の元・下級幹部たちの責任追求が放置されたままであることに住民たちが抗議しているし[17]、下級幹部が犯した殺人についての国内法の規定が曖昧なために、元・下級幹部たちは、粛清されるかも知れないという恐怖から上官の命令に従っただけで責任はすべて最高幹部にある、自分たちもある意味ではあの時代の犠牲者であると主張し、当時虐殺を目の当たりにした目撃者たちは、そうした理屈であのような残虐行為を犯したことは到底正当化されない、と反論している[18]。このような問題に答えを見いだすには、歴史家によるさらなる研究の蓄積を待たなければならないが、仮に今回の裁判がこうした問題に法的な決着をつけられなかった場合には、カンプチア共産党の責任をさらに追及するための新たな取り組みが求められることになるであろう。

2005年3月、ロンドンにて
スティーブ・ヘダー

1 Steve Heder, "Hun Sen's Consolidation: Death or Beginning of Reform?," Southeast Asian Affairs, Institute of Southeast Asian Studies, Singapore, 2005.

2 Documentation Center of Cambodia, "Transcript: The First Session of the Third Term of the Cambodian National Assembly, October 4-5, 2004." なお、2004年に改正された特別裁判部設置法（The Law on the Establishment of the Extraordinary Chambers as amended 27 Oct 2004）は、カンボジア政府のホーム・

ページ（www.cambodia.gov.kh/krt/）で閲覧することができる。

3 Cambodian Human Rights Action Committee, "Recommendations on Revised Draft Law on the Establishment of the Extraordinary Chambers in the Court in Cambodia for Prosecution of Crimes Committed During the Period of Democratic Kampuchea," August 27, 2004.

4 詳細につき、以下の資料を参照せよ。Open Society Justice Initiative, "Informal Meeting Minutes: Organizational NGO Groups on KR Tribunal (KRT) Legal Issues," February 19, 2004; Open Society Justice Initiative, "Technical Advisor Visit: Summary Report," July 5-14, 2004. なお、専門家によれば、審理や証拠調べの手続きや裁判所の規則は国民議会が決定するなどの方法もあったが、人民党はこうした方法も拒否した。特別裁判部の訴訟手続をめぐる議論として、以下の文献を参照せよ。Jason Abrams, Raya Jemi and Beth Van Schaak (eds.), "An Anatomy of the Extraordinary Chambers," Awaiting Justice: Essays on Khmer Rouge Accountability, Edwin Mellen Press, Lewiston, 2005.

5 筆者が入手した2004年10月の事務総長報告の同年6月時点の草案では、「訴訟手続きをめぐるいくつかの重要な問題は、原則として特別裁判部自身の決定に委ねなければならない」ことが盛り込まれていたが、カンボジア政府が拒否したためにこの文章は最終的に草案から削除された。

6 47団体におよぶカンボジアのNGOの代表が署名した、2004年10月9日付け国連事務総長宛書簡。

7 2004年4月から11月にかけて著者がプノンペンで行った人民党幹部や2人の副首相を含む政府要人とのインタビューによる。

8 International Center for Transitional Justice, "Basic Considerations on Domestic and Hybrid Prosecution Initiatives," Transitional Justice Workshop, United Nations High Commissioner for Human Rights, Geneva, September, 2004.

9 詳細につき、以下の報道を参照せよ。"Donors Want KR Tribunal Budget Cut," Cambodia Daily, June 4, 2004; "Price of Justice for Khmer Rouge," Phnom Penh Post, June 4-17, 2004.

10 UN General Assembly, "Report of the Secretary-General on Khmer Rouge Trials," (A/59/432), October 12, 2004.

11 "Cambodia's Legislature Bars Government from Pardoning Khmer Rouge," Associated Press, Phnom Penh, October 5, 2004.

12 Khmer Institute of Democracy, Survey on the Khmer Rouge Regime and the Khmer Rouge Tribunal 2004, Phnom Penh, 2004, p.9.

13 Cambodian Human Rights Action Committee, "Funding of the Proposed Extraordinary Chambers in the Court of Cambodia for the Prosecution of Crimes Committed by the Khmer Rouge," November 11, 2004.

14 前掲注6にあげた書簡を参照せよ。

15 詳細につき、以下の報道を参照せよ。"Khmer Rouge VIP says He Will Face Genocide Tribunal," Associated Press, January 18, 2004; "Former Khmer Rouge Leaders Set the Record Straight," Cambodia Daily, February 28-29, 2004; "Pol Pot's Cronies Smug in a Garden of Bone and Ashes," Cambodia Daily, April 22, 2004. なお、キュウ・サンパンが粛清などへの関与を全面的に否定していることにつき、以下の文献を参照せよ。Khieu Samphan, L'historie récente de Cambodge et mes prises de position, l'Harmattan, Paris, 2004.

16 "Ordinary Cambodian Losing Faith in Tribunal," Cambodia Daily, January 2, 2004.

17 "People Criticize Appointment of Former Khmer Rouge Leader as District Deputy Governor," Kampuchea Thmei, October 17, 2003.

18 "Khmer Rouge Jailers Claim to Be Victims," Associated Press, Phnom Penh, January 4, 2004; "Chhouk Rin Set to Face Final Appeal," Cambodia Daily, January 20, 2004.

カンボジア大虐殺は裁けるか
クメール・ルージュ国際法廷への道

■ 目 次 ■

第2版へのはしがき………2
　チャン・ユー、ジョン・シオルシアリ

第2版へのまえがき………4
　スティーブ・ヘダー

謝辞………16

日本語版へのまえがき………18
　スティーブ・ヘダー

カンボジア地図………28

要約………29

序　章　裁判への長い道のり………31

第1章　裁判はいつ始まるのか………43
──カンボジア政府と国連の外交交渉──

第2章　虐殺はいかに行われたか………67
A　カンプチア共産党の方針………68
1. 前政権（クメール共和国政権）関係者の処刑………72
2. 民主カンプチアにおける非共産主義者の処刑………74
3. 党幹部の粛清………75

B　党の指揮命令系統………94

第3章　7人の容疑者………107
　A　要約………108

　B　容疑………112

　　1. ヌオン・チア………112
　　　a．証拠の分析………112
　　　　ⅰ　党内での地位と役割………112
　　　　ⅱ　供述調書………115
　　　　ⅲ　末端党組織からの報告………117
　　　b．法的分析と結論………120
　　　　ⅰ　個人としての責任………121
　　　　ⅱ　上官としての責任………124

　　2. イエン・サリ………127
　　　a．証拠の分析………127
　　　　ⅰ　党内での地位と役割………127
　　　　ⅱ　演説と声明………129
　　　　ⅲ　供述調書………132
　　　　ⅳ　末端党組織からの報告………137
　　　b．法的分析と結論………139

　　3. キュウ・サンパン………142
　　　a．証拠の分析………142
　　　b．法的分析と結論………148

　　4. タ・モク………150
　　　a．証拠の分析………150
　　　　ⅰ　党内での地位と役割………150
　　　　ⅱ　タ・モクらの政権崩壊後の声明………151
　　　　ⅲ　供述調書………152
　　　b．法的分析と結論………154
　　　　ⅰ　個人としての責任………155
　　　　ⅱ　上官としての責任………156

5. **ケ・ポク**………158
   a. 証拠の分析………158
      ⅰ 党内での地位と役割………158
      ⅱ 供述調書………159
      ⅲ 末端党組織からの報告………162
   b. 法的分析と結論………162
      ⅰ 個人としての責任………163
      ⅱ 上官としての責任………163

6. **スウ・メットおよびメア・ムット**………166
   a. 証拠の分析………166
      ⅰ 党内での地位と役割………166
      ⅱ 参謀本部会議議事録………167
      ⅲ スウ・メットおよびメア・ムットの報告とその他の文書………175
   b. 法的分析と結論………177
      ⅰ 個人としての責任………177
      ⅱ 上官としての責任………178

第4章 結 論………215

補論 個人としての刑事責任………217

1. 個人としての責任………219
   a. 犯罪の命令………220
   b. 幇助および教唆………221
   c. 共通の目的または共同謀議………222
2. 上官としての責任………223
   a. 上官としての責任論の本質………223
   b. 上官としての責任の構成要件………224
     ⅰ 上官一部下関係の存在………225
     ⅱ 犯意………226
     ⅲ 防止および処罰の義務………230

クメール・ルージュ関係年表………242

訳者あとがき………244

＊表記について

　訳文中、「カンボジア」、「カンプチア」、「クメール」はそれぞれ"Cambodia"、"Kampuchea"、"Khmer"に対応している。

　カンプチア共産党や民主カンプチアの正式な英訳表記は"Kampuchea"であることからこれらを「カンプチア」と表記し、民族、言語、文化に関する事項に用いられる"Khmer"は、「クメール」と表記した。

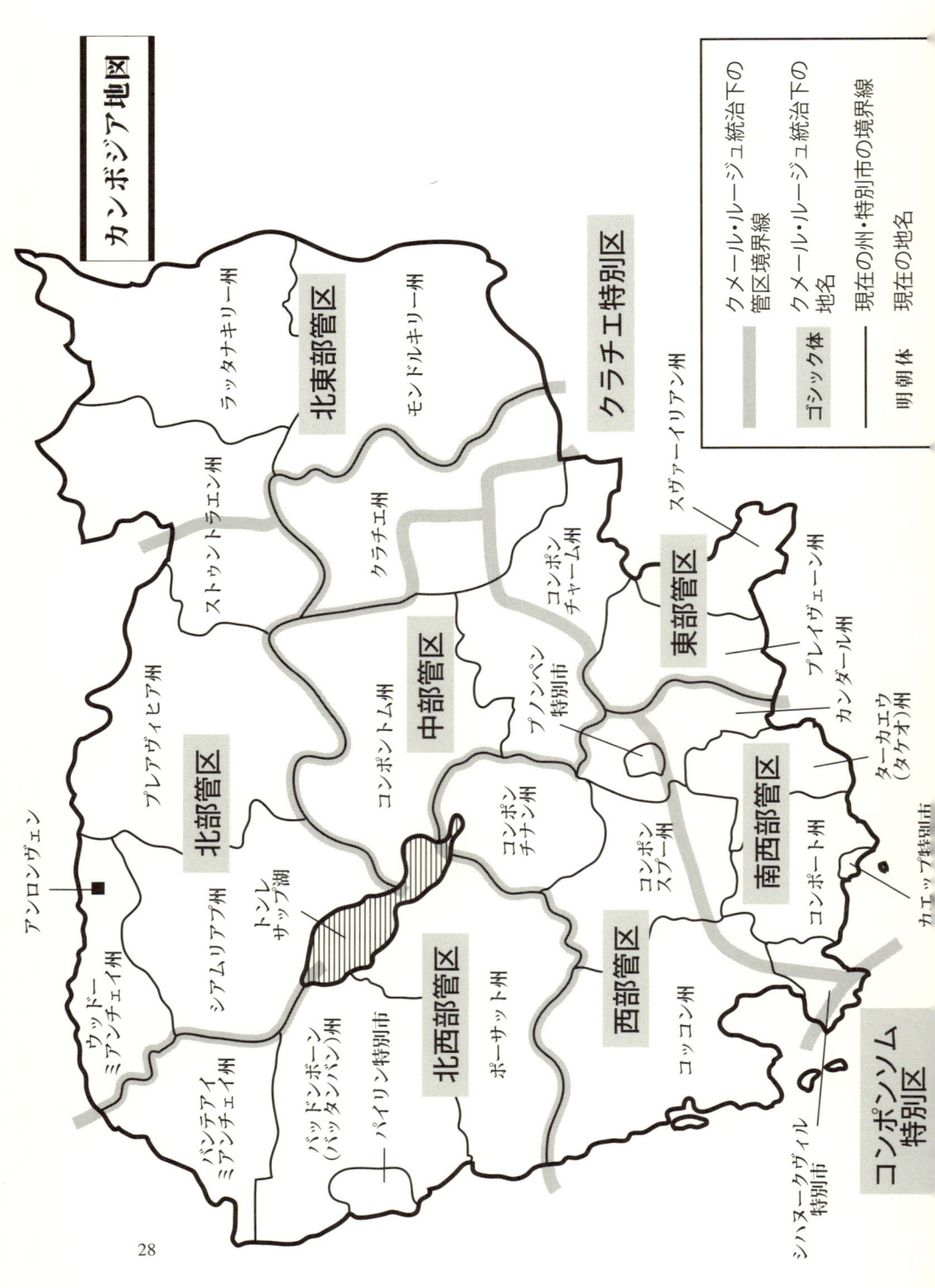

要約

　本書は、新たに利用可能となった史料を使って、いわゆる「クメール・ルージュ」と呼ばれたカンプチア共産党が1970年代半ばから末にかけて立案し、実行した残虐な方針をめぐる当時の最高幹部7人の法的責任を分析したものである。これまでにも広範に取り組まれてきた、この犯罪行為を記録し、分析する試みのなかにあって、本書ははじめて、特定の個人が国際的犯罪に関与した証拠に包括的かつ法的分析を加えたものである。また本書は、カンプチア共産党がいかにして大規模な粛清についての方針を練り、それを実行に移したかという問題にも新たな光を当てようとするものである。

　これまで公表されてこなかった文書を分析することによって、大規模な粛清についての方針が党最高幹部のあいだでいかに発案され、その指揮命令系統を通じていかに計画的に実行されたのかが明らかになった。こうした方針の標的となったのは、前政権であるクメール共和国政権に協力した人々、カンボジア人のうち共産主義者ではなかった人々、そして党の組織内にあって「裏切り者」と目された党員や幹部たちであった。

　粛清の対象となった党員や幹部は、一般的に逮捕、拷問を伴った尋問の後に処刑されたが、前政権関係者や共産主義者でなかった人々には総じて処刑に先立つ尋問は行われなかった。

　証拠の分析によれば、本書が名指しした7人はこうした方針の立案と実行について個人として、また多くの事案については「上官としての責任」論にもとづいて刑事責任があることは明らかである[1]。

　責任を問われるべきは、大規模な粛清についての方針の立案と実行に深くかかわった党中央委員会副書記ヌオン・チア、所管の外務省において逮捕と処刑を繰り返し公然と奨励し、また全土にわたる逮捕と処刑を推進した党中央委員会常務委員兼外務担当副首相イエン・サリ、下級幹部に粛清を奨励し、少なくともいくつかの事件に関しては地方の党組

織が党中央の方針を実行するよう監督するなどして、党の方針が実行に移されるよう少なからぬ貢献をした民主カンプチア国家幹部会議長キュウ・サンパン、党の管区責任者として部下に「裏切り者」の逮捕を命じるなど党の方針を推進し、その結果として部下による残虐行為を防止し、処罰することを怠った党中央委員兼管区党地方書記タ・モクとケ・ポク、幹部の逮捕、尋問のための部隊からの逮捕された者の移送、処刑に直接かかわり、部下による残虐行為を防止し、処罰することを怠った軍部隊指揮官、スウ・メットとメア・ムットの7人である。

　本書が示した結論は、1998年、1999年そして2001年にかけてたびたびカンボジア史料センターを訪れたスティーブ・ヘダー教授による調査と証拠書類の分析、評価に依拠したものである。

　本書の出版を通じて、戦争犯罪研究所とCIJも精緻な史料編纂に一役買うばかりでなく、何らかの法的措置が確実にとられるのを望むカンボジア人の努力に報いたいと願った。また、本書は、党幹部個人がとった行動の責任に焦点を絞ることで、単なる混乱や武力紛争の結果によってではなく、計算された計画と彼らがとった行動の結果によって、何百万という人々に死の恐怖と苦しみがふりかかったことを想起する一助となることを望む。さらに証拠書類の分析を提供することで、本書の研究が民主カンプチア時代の犯罪を捜査し、その責任者を裁くための法廷の設置に向けた作業を進展させる一助となることを願ってやまない。

　1　本書でいう個人の刑事責任について「個人としての責任」と「上官としての責任」をめぐる議論に関し、巻末の補論を参照せよ。

序章　裁判への長い道のり

1975年4月から1979年1月までカンプチア共産党が「民主カンプチア」という国名を名乗って政権の座にあったとき、カンボジアでは200万人もの人々——実にカンボジア国民のほぼ3人に1人——の命が奪われたといわれている。うち50万から100万人は処刑によって、その他の人々は党の方針や施策の結果生じた飢餓や病気によって命を落とした[2]。しかし、その後20年以上を経た今日に至ってなお、こうした犯罪行為について裁判にかけられた者はいない。党の最高幹部たちはあたかも誰からも手出しされることなく守られてきたかのようであったが、最近の事態の推移はようやくカンボジア人によって裁きが下される可能性がでてきたことを示している。

　党の最高幹部たちが1970年代に犯した犯罪行為について責任を問われるべきであるかどうかという問題は、1996年8月、1979年の政権崩壊以来反政府武装闘争を続けてきた党最高幹部の一人、イエン・サリがポル・ポトと袂を分かち、数千人のゲリラを伴って投降することを政府と交渉していることが明らかになったのを機会に、世論の注目するところとなった。大勢の兵士を連れて投降するのと引き替えに、国王はイエン・サリに当時のカンプチア人民共和国政権が1979年に欠席裁判で下した集団殺害（ジェノサイド）の罪と1994年に制定されたクメール・ルージュ非合法化法による訴追について恩赦を与えた[3]。しかし、このことがかえってイエン・サリをはじめとする党幹部が民主カンプチア時代に犯した犯罪行為について訴追されるべきかどうか、という議論を巻き起こすこととなった。

　こうした裁判の実現に向けた動きは、ポル・ポトが組織内の異論を押さえ込むために最高幹部の一人ソン・セン（Son Sen）を殺害し、さらにタ・モクの殺害を図るという、1997年6月に起こった党の内部分裂によってさらに勢いづいた。結局タ・モクは難を逃れ、逆に長年党副書記の地位にあったヌオン・チア、長年名目的な国家幹部会議長をつとめたキュウ・サンパンとともにタイ国境地域でポル・ポトを逮捕した。タ・モクがポル・ポトの身柄を拘束したというニュースは、処罰されずに野放し

になっている非道な犯罪者の代名詞ともいうべき人物を裁判にかける見込みがついに出てきたということであった。しかし、ポル・ポトを裁判にかけようとするアメリカ政府のすばやい対応にもかかわらず、その目的にかなう国際法廷はなく、ポル・ポトの身柄引渡しを要求する政府もなかった。またこの翌月カンボジアではクーデタが起こり、ポル・ポトをすみやかに訴追できる見込みはなくなり、さらに1998年4月、ポル・ポトがこの世を去り、この人物を裁判にかける機会は永遠に失われてしまった。こうした事態の展開は、それまで下火になっていた、民主カンプチア時代の犯罪行為を裁こうというカンボジア人の要求をふたたび沸き上がらせることとなった。

　一方、国連は生き残った党幹部を裁判にかける方法を模索してカンボジア政府と粘り強い交渉を重ねてきた。この交渉を通じて最も重要な論点として浮かび上がっていた問題は、第1に、誰を裁判にかけるかという点であり、第2に、どうすれば独立した訴訟手続きを確保することができるか、という問題であった[4]。

　1年以上に及んだ交渉の末、2000年7月に国連とカンボジア政府は、国連による協力の下でカンボジアの法律に基づいた法廷を設置するという方針の下で合意に向けた詰めの協議をおこなった。この結果まとめられた合意案に沿って、2001年1月2日に「カンボジアの裁判所に民主カンプチア時代の犯罪を訴追するための特別裁判部を設置することに関する法律」がカンボジア国民議会で採択され、上院も通過した。

　この法律は、民主カンプチアの最高幹部を訴追の対象として、1975年4月17日から1979年1月6日までの間に実行された殺人、拷問、宗教的迫害といったカンボジアの国内法に反する犯罪行為に加えて、集団殺害罪[5]、人道に対する犯罪、捕虜の待遇に関する1949年ジュネーブ条約（捕虜条約）違反を処罰の対象とした。しかしながら2001年2月中旬にカンボジアの憲法院はカンボジア王国憲法（1993年制定）との矛盾点を修正するよう法律案を議会に差戻し、修正された法律案が憲法院の審査を経てシハヌーク国王によって公布されたのち、特別裁

判部の設置に向けた国連とカンボジア政府との合意が正式に締結されることとなった。

こうした事態の流れを受けて、アメリカン大学ワシントン法科大学院戦争犯罪研究所はCIJとともに、スティーブ・ヘダー博士に新たに入手された史料を精査して存命中の党幹部の個人としての責任について吟味することを提案し、ヘダー博士は1998年12月、1999年1月、8月、9月、2001年2月にカンボジアに出向いてDC-Cam[6]において史料の分析にあたった。

ヘダー博士の分析は党の責任をめぐる過去の研究と今回のそれとの違いを際立たせるものであった。これまで党の犯罪行為を記録し、分析しようという努力が数多くなされてきたにもかかわらず、そのいずれもが国際的に適用可能と考えられている法的な諸原則に照らして、当時の犯罪行為について幹部一人ひとりの責任を明確にすることに焦点を当てるものではなかったからである。

本書は、最近になってDC-Camが入手するまで研究者に公開されてこなかった民主カンプチア時代の文書を、その歴史的・政治的文脈に精通したヘダー博士が分析した成果である[7]。これら新たに入手された文書の多くは、民主カンプチアに続く政権が保管したのち、カンボジア王国政府の公文書館に引き継がれていたものである。こうした文書は、主に裁判にむけた動きが一向に進展しないことから公文書館に死蔵されていたところをDC-Camによる懸命の調査によって発見されたのであるが、その中には、元・党幹部をはじめ逮捕、拷問の後にS-21で処刑された人々の注釈付き供述調書[8]、党中央委員会の指導下にあった軍参謀本部の会議議事録[9]、各管区や部門からの報告書[10]、党の治安機関要員のノート[11]などが含まれている。このほか、当時の関係者へのインタビューの記録[12]も参照した。

本書で明らかにする通り、我々の調査はポル・ポトが権力の座にあった期間全体を通じて大量虐殺が党の方針として存在し、この方針を立案し、実行した党最高幹部が果たした役割が際立ったものであることを確

認した。これまでの犠牲者の親類縁者による証言、人口動態に関する統計、数え切れない集団埋葬地の存在はすでに大量虐殺という犯罪行為が民主カンプチアのすみずみにまで及んでいたことを証明するものであったが、新たに入手された証拠は、党の幹部たちが大規模な拷問と殺人を行ったことを記録したものであった。さらに新たな証拠の分析によって、農村地域で行われた逮捕と処刑は、現場の末端党組織から逐一党中央に報告されていたことが確認され、また軍参謀本部の会議において逮捕や処刑について討議されていたことも明るみとなった。すでにこうした犯罪行為の態様から推論されている通り、虐殺と拷問の方針は公文書に残されており、我々が分析した記録は、こうした犯罪行為のすべてとはいわないまでもその多くが党の路線問題として扱われ、最高幹部たちがその立案と実行に積極的に関与したことを物語っている。

　我々が調査の結果得た結論は、大規模な粛清についての方針は党の中枢において立案され、その指揮命令系統を通じて、3つのグループの人々を標的として実行された、ということである。標的となったのは、前政権であるクメール共和国政権に協力した人々、民主カンプチアの支配地域にあったカンボジア人のうち共産主義者ではなかった人々、そして党の組織内にあって「裏切り者」と目された人々であった。虐殺の対象となった党員や幹部は、一般的に逮捕、拷問を伴った尋問ののちに処刑されたが、前政権関係者や共産主義者でなかった人々には総じて処刑に先立つ尋問は行われなかった。証拠の分析によれば、我々が一人ひとりの犯罪の責任を追及しようとしている党最高幹部たちは、党内外で広範な逮捕が行われていることを承知し、それらに主要な役割を演じていた。さらに我々は、本書において刑事責任をめぐる2つの基本原理、すなわち命令を受けて直接、間接に犯罪に関与した個人の責任を問う、という考え方と、いまひとつ、部下によって犯罪が行われた際の上官としての責任を問う、という2つの考え方に即して、7人の党最高幹部がこうした方針の立案と実行にかかわった証拠を明らかにする[13]。党最高幹部一人ひとりの責任については第3章において詳細に検討し、刑事責任を問う

ための法的原則や基準については補論を付した。我々は、以下の7人について犯罪を立証する強力かつ多数の証拠を握っている。

- 一般に「ブラザー No.2」として知られている党副書記で中央委員でもあった**ヌオン・チア**は、虐殺にかかわる方針の立案に主要な役割を果たした。また、策定された方針の実行にこの人物が深くかかわったことを示す証拠も多数存在する。
- 党中央委員会常務委員で外務担当副首相もつとめた**イエン・サリ**は、所管の外務省において逮捕と処刑を繰り返し公然と奨励し、また全土にわたる逮捕と処刑を推進した[14]。
- 党中央委員で民主カンプチア国家幹部会議長であった**キュウ・サンパン**は、敵側の人間と目された人々を逮捕、拷問、処刑する方針を承知していたし、少なくともいくつかの事件に関しては地方の党組織が政策を実行するよう監督し、また方針の実行に少なからぬ貢献をした。
- 党中央委員兼南西部管区党地方書記であった**タ・モク**は部下に党幹部の逮捕と処刑を命じ、その結果として部下による残虐行為を防止し、処罰することを怠ったことをはじめとして、党による残虐行為の実行に中心的な役割を果たした。
- 党中央委員で北部管区、後に中部管区党地方書記をつとめた**ケ・ポク**は、担当管区内で裏切り者と目された党幹部の逮捕、尋問、処刑に直接的かつ大きな役割を果たした。また管区をあずかる地方書記としてケ・ポクには部下による残虐行為を防止せず、また加害者の処罰を怠った、上官としての責任がある。
- 軍の現場指揮官であった**スウ・メット**と**メア・ムット**は、裏切り者と目された人々の逮捕、S-21への護送、処刑に直接かかわった。証拠によれば、両名とも部下による残虐行為を防止し、処罰することを怠った、上官としての責任がある。

本書では詳細な分析の対象とはしていないものの、党の責任をめぐ

る議論においてつねに名指しされてきたのがドゥック（Duch）こと**カン・ケック・エァウ**（Kang Kech Eav）である。ドゥックは1976年から1978年までの間S-21の責任者兼党S-21支部の書記をつとめていた。S-21は、党が権力の座にあった時期に尋問と処刑を担当した治安機関であり、拷問され、自白を強要されたのちに少なくとも1万4,000人もの人々がここで処刑された[15]。ドゥックと党の残虐行為を結びつける証拠は広く知られ、膨大にあるばかりでなく、1999年に記者団と交わされたやりとりにおいても、S-21において拷問と大量虐殺を監督していたことを公然と認めている。その中には、他の人々の関与についての明らかに信用すべき内容も含まれている[16]。以上のことから、ドゥックは民主カンプチア時代の犯罪行為を裁く法廷が設置されれば、真っ先に訴追されるべきであるが、この人物の事案は本書においてあらためて広範な分析を要するものではないと判断した。

　この際強調しておきたいことは、本書が得た結論はあくまで暫定的なものであるという点である。我々の分析は、7人の最高幹部について刑事責任を問うための重要な証拠を挙げているが、このことは信じるに足る多くの証拠によって残虐行為の責任を問われるのは、彼らだけではない、ということである。また、7人の最高幹部一人ひとりについて現時点で入手可能な証拠すべてが徹底的に分析されたわけではなく、今後の広範囲にわたる調査の糸口となるような証拠書類をさらに分析することが重要である。

　先に述べた通り、本書の出版を通じて我々は、遅ればせながら犯罪行為の首謀者を裁きにかけようとするカンボジア人の努力をあと押ししたいと考えているばかりでなく、本書の研究が、遂には開かれることになるであろう裁判までの長い道のりの中に位置づけられることを願っている。最後に、我々は、これまで知られていなかった犯罪行為の手段と方法の詳細を公表することを通して、本書がこうした犯罪行為を歴史として記録することにも貢献したいと願っている。こうした目的に即して、本書では残虐行為に対する法的分析にとどまらず、より多角的な視点か

らクメール・ルージュの犯罪行為の証拠を検証する。

2 カンプチア共産党による虐殺犠牲者数の詳細については、Ben Kiernan, The Pol Pot Regime: Race, Power, and Genocide in Cambodia under the Khmer Rouge, 1975-1979, 1996 を参照せよ。なお、本章の記述は、Stephan Heder, "Racism, Marxism, Labeling and Genocide in Ben Kiernan's The Pol Pot Regime," 5 Southeast Asia Research, 1997 によった。全死亡者数に関するさまざまな推定についての最近の分析として、Patrick Heuveline, "L'insoutenable Incertitude du Nomble: estimations des Décès de la Périod Khmer Rouge," 6 Population 1103, 1998を参照せよ。残虐行為の犠牲者には「裏切り者」とされた党員や兵士、上流階級に分類された「外国移民」や少数民族(ベトナム人、中国人、チャム族)、仏教僧、イスラム教指導者のほか、首都プノンペンその他の都市から農村に設けられた集団化強制労働農場に下放される際に、機械的に上流階級に分類された一般のカンボジア人が含まれる。党による虐殺に関する方針の立案と実施については、本書の第2章を参照せよ。

3 イエン・サリとポル・ポトは、1979年にベトナムに支援されたカンプチア人民共和国政権によって集団殺害の罪で有罪判決を受けている。この裁判は欠席裁判で公正な手続きによらず、民主カンプチアに対するベトナムの公式の立場を補強する証拠が提出された反面、イエン・サリとポル・ポトを直接犯罪行為と結びつけるものではなかった。こうしたことからこの裁判は違法な「茶番劇」とみなされている。この点については、国連の報告書、Report of the Group of Experts for Cambodia Established Pursuant to General Assembly Resolution 52/135, February 1999, Annex (A/53/850, S/1999/231)¶43 を参照せよ。この裁判は、民主カンプチアに反抗することを画策した元・党員を免責するというベトナムの政策に沿ったものであった。このなかには当時青年将校だったフン・セン首相をはじめ現在フン・センが率いる与党カンボジア人民党の幹部が多数含まれている。

4 交渉の経緯については本書第1章で略述する。

5 政権を掌握していた期間の党の活動に関する証拠のうち集団殺害の責任を立証できるものは限られている。党による虐殺行為全般が「1948年集団殺害罪の防止及び処罰に関する条約」(ジェノサイド条約)に規定された集団殺害の定義に合致するかどうかは明らかではなく、虐殺の一部だけしかそれに該当しない可能性がある。国連の専門家グループはこの点をめぐってクメール・ルージュがクメール民族の一部に対して集団殺害を行ったかどうかについて「マイノリティとはいえないクメール民族

の犠牲者について、クメール・ルージュがどのような意図をもって殺害に及んだかは複雑な解釈上の問題である」としてこの論点に対する立場を鮮明にしなかった。国連専門家グループの報告書として前掲注3を参照せよ。

6 カンボジア史料センター（DC-Cam）は、1995年にイェール大学のカンボジア集団殺害研究プログラムの援助によって設立されたカンボジアの研究機関であるが、1997年以後は独立して、民主カンプチア時代の犯罪行為に対する法的責任を追及しようとする人々のための調査研究機関として活動している。

7 本書が分析の対象とした文書の多くには、特別裁判部設置をめぐる最近の国連とカンボジア政府の交渉に関するものも含まれているが、これらは未だ非公開の文書である。本書の記述のうち、出典を明示していない記述およびその翻訳にあたる部分はヘダー所蔵の資料またはDC-Camの内部文書に依拠している。

8 膨大な供述調書が閲覧可能であったうちに、新たに発見されたものはDC-Camの資料室に収蔵された。本書は供述調書の引用にあたって、供述調書がかつてのS-21——現在のトゥールスレン虐殺博物館——に保存されていたときに付けられた文書番号を付した。CMR（Cornell Microfilm Reel）ではじまる番号は、コーネル大学が供述調書をマイクロ・フィルム化した際に付けた番号で、TSA（Tuol Sleng Archive）ではじまる番号は、トゥールスレン虐殺博物館が所蔵文書に付けた番号である。

9 ヘダーはさまざまな会議の議事録を検討した。その中には、カンプチア王国民族連合政府（1975年12月まで）、民主カンプチア政府（1976年1月から）、党中央委員会およびその常務委員会など一連の政府と党の中枢の会議の議事録が含まれている。一説にはこうした議事録は、1979年に民主カンプチア政権の外務省だといわれた建物において当時救国戦線のメンバーでジャーナリスト同盟の事務局長（現・情報大臣）だったキュウ・カナリット（Khieu Kanharith）が収集したといわれている。その他の議事録は、「ロン・ノル文書」の一部としてカンプチア人民共和国政権内務省が現在のカンボジア王国内務省に引き継いだものをDC-Camが入手したものである。これらの中には党中央委員会や中央委員会常務委員会のほか政府の会合の議事録に加えて、民主カンプチア革命軍参謀本部の会議議事録も含まれている。これらには署名や公印その他文書の出所や性格を示すものはないが、党の記録のために正式に指名された記録係によって作成されたものと考えられる。このうちのいくつかは写しが作られ「事務室用」、「記録用」、「保存用」に回された模様であるがそれらの行き先や用途は特定することができない。しかし、全体としてこれらの議事録は似かよった形式で記述されているので、幹部の外国訪問、議会選挙、民主カンプチア政府の樹立、ベトナムとの武力紛争の詳細な戦況などについては、文書の内容を相互に突き合わせて事実関係の裏付けをとることが可能である。

10 こうした報告書の中には管区や党のさまざまな部門や地区組織から参謀総長に発出されたり、写しとして回された電報が含まれている。一般的にこれらには署名はないが、発信者の氏名は記されている。DC-Camはこれらをカンプチア人民共和国政権内務省から引き継いだカンボジア王国内務省から入手した。これらの電報はおそらく暗号化され、無線で送信されたものが解読された上で宛先の幹部の元に情報として、あるいは何らかの指示を仰ぐために届けられたのであろう。また写しは「事務室用」、「記録用」、「保存用」などの指示にしたがって保管された。DC-Camが内務省から実物を入手するまでは、こうした報告が現存することは知られていなかった。先にあげた議事録同様、これらを他の文書と照合することで近隣諸国との武力衝突などのできごとの経緯を明らかにすることができる。

11 これらのノートはDC-CamがS-21で収集した。この中には取調官の中で序列第1位のポン（Pon）ことトン・ソン・フアン（Tong Song Heuan）や同じく序列第3位のチャン（Chan）ことマム・ナイ（Mam Nai）をはじめとするS-21の取調官のノートが含まれている。現在、数百ページに及ぶ手書きのノート——ポンやチャンが署名した他の文書と筆跡が一致する——の実物はDC-Camが保管している。なお、チャンことマムは生存が確認されているが、ポンのその後の行方は不明である。

12 本書の分析が依拠した生き残り幹部とのインタビューのなかには、イエン・サリへのインタビューとして1996年12月17日の3時間に及ぶヘダーとの会話の録音および1999年1月4日の10分間の会話の速記録のほか、1981年のエリザベス・ベッカー（Elizabeth Becker）記者によるものと1983年のニール・デービス（Neil Davis）記者によるものの合計4回のインタビューが含まれている。このほか、1980年に当時党本部がおかれていたシアムリアプ州のタイ国境地域で行われたヘダーのキュウ・サンパンへのインタビュー、1997年にネイト・セイヤー（Nate Thayer）記者がビデオ収録したポル・ポト、ヌオン・チア、タ・モクとのインタビューのほか、同じ年にヌオン・チアがセイヤー記者に語った「自叙伝」、1999年5月のセイヤー記者によるドゥックへのインタビューを含んでいる。セイヤー記者による報道として、Nate Thayer, "Death in Detail," Far Eastern Economic Review, May 13, 1999; Nate Thayer, "I am in Danger," Far Eastern Economic Review, May 13, 1999 を参照せよ。

13 本書では、第2次世界大戦後に戦争犯罪を裁く際に定立され、「1991年以後の旧ユーゴスラヴィアの領土内における深刻な国際人道法違反行為の責任者を訴追するための国連国際法廷」（いわゆる旧ユーゴスラヴィア国際刑事法廷）において個人の刑事責任を追及するための法的根拠として法廷規程に盛り込まれた「個人としての責任」（旧ユーゴスラヴィア国際刑事法廷規程第7条第1項にいう「犯罪を計画し、教唆し、命令又は実行行為をすること若しくは犯罪を計画し、準備することを幇

助し、又は扇動すること」)および「上官としての責任」(旧ユーゴスラヴィア国際刑事法廷規程第7条第3項にいう「部下が深刻な国際人道法違反を犯し、又はすでに犯したことを知り、若しくは知っているべき相当の理由があるにもかかわらず、実行行為を未然に防止するために必要且つ相当の措置をとらず、若しくは当該実行行為の実行犯を処罰しなかったこと」)という2つの責任論を採用することとした。これらの参考資料として以下の文書を参照せよ。The Prosecutor v. Zlatko Aleksovski, Case No.IT-95-14/1-A, Appeals Chamber Judgement, March 24, 2000, ¶170. Statute of the International Tribunal for the Prosecution of Persons Responsible for Serious Violations of International Humanitarian Law Committed in the Territory of the Former Yugoslavia Since 1991, Annex to the Report of the Secretary-General pursuant to paragraph 2 of Security Council Resolution 8008 (1993), 48 U.N. SCOR (3175th mtg.), U.N. Doc. S/RES/808 (1993), Arts., 7(1), 7(3); Statute of the International Criminal Tribunal for the Prosecution of Persons Responsible for Genocide and Other Serious Violation of International Humanitarian Law Committed in the Territory of Rwandan Citizens Responsible for Genocide and Other such Violations Committed in the Territory of neighbouring States, between 1 January 1994 and 31 December 1994, Annex to U.N. Security Council Resolution 955, 49 U.N. SCOR (3453rd mtg.), U.N. Doc. S/RES/955 (1994), Arts., 6(1), 6(3). なお、個人の刑事責任を裁く際の原則とその法学的理論および民主カンプチア時代の犯罪行為に対する適用の可能性に関する詳細な議論については、巻末の補論を参照せよ。

14 特別裁判部を設置する法案が議会で採択されたにもかかわらず、フン・セン首相は、1996年に国王が与えた恩赦を理由にイエン・サリは訴追の対象から除外されるべきであるという立場を変えなかった。この点につき、前掲注3を参照のこと。しかしながら我々の見解は、集団殺害や拷問といった残虐行為には恩赦によるいかなる法的効果も及ばないとする今日国際的に広く支持されている原則と法学的理論の立場に立ち、党が権力の座にあった時代に行われた残虐行為についてイエン・サリを免責することはできない、というものである。

15 David P. Chandler, Voices from S-21: Terror and History in Pol Pot's Secret Prison, 1999, p.40 を参照せよ。チャンドラーはS-21の資料室に残された遺留品に依拠してS-21での処刑者数を推計した。ドゥックの署名入りの収容者に対する拷問、処刑の命令書は、尋問のために長期間保存されていた。たとえば、1978年5月30日付け「その思想傾向に応じた 収容者の概要」と題する収容者のリストには、ドゥックの署名に続いて「ひとり残らず撲殺せよ」と読める手書きの書き込みがある。

また、1976 年 11 月 1 日付けの別の文書には、ドゥックの署名とともに、当時すでに逮捕され、S-21 に身柄を送られていた北東部管区党地方書記を拷問ののち撲殺するよう指示した手書きの書き込みがある。

16　この点については、逮捕が間近に迫っていた 1990 年代初頭、犯罪行為に荷担したことを悔やんでキリスト教に改宗したドゥックが報道陣のインタビューに答え、S-21 での拷問と処刑に関与したことを認めた上で、他の人々の関与についても語っている。関連報道として、Seth Mydans, "Khmer Rouge Executioner Found, Willing to Stand Trial," Chicago Tribune, April 30, 1999, p. 22 を参照せよ。

第1章　裁判はいつ始まるのか
カンボジア政府と国連の外交交渉

カンプチア共産党による犯罪行為は、その規模の大きさと事態の深刻さにもかかわらず、加害者を処罰しようとする確かな動きは最近までみられなかった。1979年にベトナムに支援されたカンプチア人民共和国政権がポル・ポトとイエン・サリを裁判にかけたものの、罪状となった「集団殺害」は裁判のために制定された革命人民評議会令において独自に定義づけられ、公判も被告人が欠席したままで行われるなど明らかに適法性を欠き、茶番劇といわざるをえないものであった[17]。

ところが、1996年になって新たに「カンボジアの人権問題に関する国連事務総長特別代表」に任命されたトーマス・ハマバーグ（Thomas Hammarberg）のイニシアティブによって、国連は民主カンプチア時代の犯罪行為の責任追及に取り組みはじめる[18]。翌1997年4月、ハマバーグ人権代表の努力は、「個人の法的責任を明確にすることによって過去に行われたカンボジア国内法と国際法に対する深刻な侵害に対応しようとするカンボジアの支援要請は、いかなるものであれ検討に付す」ことを国連事務総長に対して要請する、という国連人権委員会の決議となって結実した[19]。さらに1997年半ばに派内に抗争があり、ポル・ポトがタ・モクによって逮捕されたことが明るみになるや、裁判の実現に向けた動きは一気に加速することとなる。

1997年6月21日付けの国連事務総長宛の連名の書簡の中で、当時第1首相であったノロドム・ラナリットと第2首相であったフン・センは、「カンボジアには、ルワンダや旧ユーゴスラヴィアでの集団殺害と人道に対する犯罪にも匹敵する犯罪を裁く重要な裁判を遂行するのに不可欠な資金も専門家も不足していることから、ルワンダや旧ユーゴスラヴィアと同様の支援」[20]がカンボジアにも必要であるとして、「1975年から1979年にかけてのクメール・ルージュ政権下で犯された集団殺害と人道に対する犯罪の責任者を裁判にかけるための、国連と国際社会による支援」を求めた[21]。

これに対して国連総会は、事務総長にこの問題を扱う専門家を任命してカンボジア政府の要請を検討させるよう求める決議を採択した[22]。こ

の決議を受けてアナン事務総長は3人の有識者からなる専門家グループを設置し、今日まで残された証拠を吟味して1975年から1979年にクメール・ルージュの最高幹部が関与したとされる犯罪行為の性格を明らかにし、犯罪の被疑者を逮捕することが可能かどうかを検討し、さらに彼らを裁判にかけることについての法律面からの意見を求めた[23]。専門家グループは1998年11月にカンボジアでの現地調査を行った後、翌1999年2月22日に事務総長に報告書を提出した。

この報告書は、残された証拠の分析を通じて、とりわけ人道に対する犯罪についてはカンボジアの国内法と国際法の双方に照らして訴追は可能である、と結論づけた[24]。その上で報告書は、1975年4月から1979年1月の間に行われた残虐行為にかかわったクメール・ルージュ幹部を裁く法廷を、国連が設置するよう勧告した[25]。

これに対して1997年7月のクーデタ以後、カンボジア政府の実権を握ったフン・センは、裁判官の構成や対人管轄権など法廷の設置構想を含む国連専門家グループの勧告を拒否した。その理由としてフン・センは、1999年3月3日付けアナン事務総長宛の書簡において、クメール・ルージュ幹部を裁判にかけるためになされるあらゆる決定には、平和の維持と国民和解というカンボジアの事情に配慮がなされなければならない、さもなくば裁判は元・カンプチア共産党員のあいだにパニックを引き起こし、新たな内戦の火種となるおそれがある、ことを指摘している[26]。カンボジア政府がこのような主張を展開した背景には、カンボジアの国内法にもとづく裁判に国際社会が参加することは許すが[27]、国連法務部が妥協案として提示した国際社会が主導権を握る「混合法廷」方式は受け入れられない、というフン・センの強い意向がはたらいていたのである[28・29]。

これ以後、国連の政務、法務の担当官たちは仲介役を果たすアメリカ政府とともにカンボジア政府との長い交渉に臨むこととなった。一方、カンボジア政府は国際的な適法性を確保し、また国際社会からの資金供与をめぐる合意を模索するなかで、一貫してカンボジアの主権を強調す

る立場を変えなかった。とりわけフン・センによって任命されたカンボジア側担当者は裁判に関して、さらに本書が扱おうとしている問題についてこうした立場を強調し、訴追の網を比較的広くかけようという国連の当初の勧告を拒絶した。

この点について国連専門家グループの報告書は「法廷がどのようなものであれ、民主カンプチア政権時代に引き起こされた最も深刻な人権侵害に最も重い責任を負う人物に的を絞るべきである」[30]と勧告した。この範疇には当然「事件に責任を負う最高幹部を含む」ことになるが、こうした幹部の範囲は具体的に限定されず、さらに「最も深刻な残虐行為に直接関与した下級の者も含む」[31]ものとした。国連専門家グループは訴追のための捜査対象については具体的にその人数や個人名を明言しなかったが「裁判にかけられる被告人の人数は概ね20人から30人」[32]という見通しを明らかにした。

国連専門家グループが将来捜査対象となるであろう者の氏名を明言することは避けたものの、「深刻な人権侵害に責任を負うべき最高幹部」[33]という報告書の文言は、民主カンプチア最高幹部の生き残りには確実に捜査の手が伸びることを物語っていた。本書でとり上げるヌオン・チア、タ・モク、イエン・サリ、ケ・ポク、キュウ・サンパンの5人は訴追対象となることがほぼ確実視されていた。5人ともカンプチア共産党の最高機関であった党中央委員会の委員であり、1999年時点で存命の最高幹部たちであった[34]。また国連専門家グループは、国際法廷の検察官によってすすめられる今後の捜査次第では、この5人だけでなくさらに「最も深刻な人権侵害に最も重い責任を負う」生き残り幹部が起訴されることになると考えていた。

しかしながら一方で国連専門家グループは、もしもカンボジアの裁判所が裁きの場となった場合には、処罰されるべき者たちに公正な裁判を保障できるかどうか疑わしいとも考えていた。それというのもカンボジア政府がクメール・ルージュの残党による軍事的脅威を完全に払拭するために採っていた戦略の目玉は、国連専門家グループの報告書によれば

「民主カンプチア政権時代の犯罪によってクメール・ルージュの幹部を訴追することを控えるどころか、1979年の政権崩壊以後の活動についても元クメール・ルージュ全員に事実上の恩赦を与えること」[35]だったからである。

かつての党内での地位の高さや、もし裁判にかけられれば有罪判決を受けるであろう可能性の高さにかかわらず、反政府武装闘争をやめるのであれば恩赦を与える準備がある、とクメール・ルージュ幹部に呼びかけ[36]、実際1996年から1998年にかけて投降を受け入れて訴追を免除するのと引きかえに、イエン・サリ、ケ・ポク、ヌオン・チア、キュウ・サンパンに自身への忠誠を誓わせるのに成功していたフン・センが国連専門家グループの勧告に反発するのは当然であった[37]。しかし、このようなフン・センの方針の下で際立つのは、タ・モクの処遇である[38]。1999年3月に身柄を拘束されるまで政府への抵抗をあきらめなかったタ・モクには、他のクメール・ルージュ最高幹部が認められたような訴追免除の恩典は与えられなかった[39]。

国連専門家グループはカンボジアの裁判所で裁判を行えば、裁判は恣意的になり、誰が捜査対象となり起訴されるか、誰が有罪判決を受け、あるいは釈放されるかが「政治」によってではなく証拠によって決定される保証はない、と考えていた。フン・センの主張はこうした国連専門家グループのカンボジアの司法に対する広範な懸念をさらに深めさせることとなった。国連専門家グループの報告書はカンボジアでは「判決は日常的に政治的影響にさらされており、検察官や捜査官、裁判官がこうした圧力を免れることはほとんど不可能」という結論で締めくくられている[40]。

1999年を通じてフン・センが国際法廷はクメール・ルージュの残党による暴力的な反応を引き起こし、カンボジアの政治的安定と経済発展に悪影響を及ぼすと繰り返し主張し、その後、この問題を公の議論に付せば、裁判関連の立法はフン・セン率いるカンボジア人民党内のいわゆる強硬派が反対する、と主張した。しかし、こうした議論には各方面か

ら疑問の声が挙がった[41]。その年の末、フン・センはついにカンボジアの市民社会による強力な支援に後押しされて盛り上がる国際社会からの圧力に少しは応えなければならない状況にいたっていた[42]。

1999年12月、フン・センはクメール・ルージュ裁判問題を担当するために設置された政府の作業部会に命じて、国際社会の参加のもとに国内の裁判所が裁判を行う、という新たな提案を起草させた[43]。しかし、この提案にしたがえば誰が起訴され、被告人がどのような犯罪に関与したかを立証され、有罪判決を受けるかは、フン・センの思惑次第だというのが大方の見方であった。とりわけ、起訴と判決にあたっては、相当に政治的影響が及ぶような内容が盛り込まれた。たとえば草案には、裁判官が判決を決定する際には少なくとも外国人裁判官1人を含む裁判官総数の過半数の同意を要する、という「スーパー・マジョリティ」方式が盛り込まれたにもかかわらず、共同検察官が被疑者の起訴・不起訴を決定する際には、外国人検察官の同意を要する、という同様の条項は盛り込まれなかった[44]。したがって、どれほど広範囲にわたる訴追に踏み切るか、というフン・センの思惑ははっきりしていなかったものの、被疑者を起訴するかどうか検察側の意見が分かれた際には、カンボジア人検察官は事実上の拒否権を発動できることとなったのである[45]。さらに、カンボジアの司法制度がフランスの司法制度を手本として形づくられたことを反映して、政府はクメール・ルージュ裁判にも予審制度を導入することにした。当初の原案では予審裁判官1人をカンボジア政府が任命する案が検討されたが、フン・センは、日本からの援助の見返りに予審裁判官に外国人1人を追加することを決定した。

こうした動きに対して国連の法務部長は、国連の関与については「いかさま裁判」[46]かどうかを慎重に見極めてから判断すると発言し、カンボジア国内で18の人権団体が加盟する協議機関もフン・センの新たな提案を「(公正な裁判と) 法廷の独立のために最も必要な策が講じられていない」[47]と批判した。

1999年12月に作成された覚書案を提示された国連法務部は、

2000年1月5日付けで、政府案を大幅に修正することを求める「非公式回答」をカンボジア政府に送った[48]。国連の主張は、裁判所の組織と要員はいかなる政府からも政治的・財政的に独立し、また裁判の手続きは被疑者に応じて恣意的に行われてはならない、というものだった[49]。さらに国連は1996年にイエン・サリに与えられた恩赦は訴追を阻むものではない、という立場を明確にした。こうした国連の回答にもかかわらず、フン・センは1999年12月の覚書案を政府の公式の案として受諾するよう求め、国連が懸念を払拭できないならただちに代表団をプノンペンによこしてカンボジア政府と協議するよう求めた[50]。これに対して国連もいかなるものであれ、「カンボジア政府の覚書案が国際的基準に合致するものになるよう」今後の協議への期待感を表明した[51]。

　2000年初頭の時点で、公正な裁判の実現を求める国連の主張に、野党の政治家や世論のみならず、フン・センのお膝元の与党・人民党からも支持の声が上がりはじめた[52]。これを受けてフン・センは一方で、カンボジア議会が裁判関連法案を通過させるまでは国連とのいかなる合意も行わず、他方で、国連との交渉を先延ばしにするために関連法案の審議も先延ばしにさせ、さらに意に添わない法案の成立を招くような世論の盛り上がりや議会での論議を押さえ込む、という戦術をとった。2月の時点でフン・センは、この対応が功を奏すれば国連代表団の訪問が延期された4月中旬までは、議会での法案審議を先送りにして時間を稼ぐことができると踏んでいた[53]。

　一方、度重なるやりとりの後に[54]、2000年2月にバンコクでフン・センと会談した国連事務総長は「まもなく」国連の法律家チームをプノンペンに派遣すると発表し、フン・センも「交渉の扉は完全に閉じられたわけではない」と記者団に語った[55]。翌3月、国連は　さっそく法務担当事務次長ハンス・コレルを団長とする交渉団をプノンペンに送り込んだものの、カンボジア政府が裁判官と検察官に行使しうる影響力の度合いをめぐる立場の違いから、交渉は実質的な成果を上げることはできなかった[56]。なお、国連はこの交渉の間もイエン・サリに対する恩赦は訴追

の障害とはならないという主張を繰り返した。

　一方、難航する交渉を見かねたアメリカ政府は、のちに民主党の大統領候補となるジョン・ケリー（John Kerry）上院議員を介して、検察官と予審裁判官の間で被疑者の起訴・不起訴に関する意見に不一致が生じた際には、公判廷を構成する5人の裁判官——国連事務総長が指名する2人の外国人裁判官と3人のカンボジア人裁判官——が判断を下すことを新たに提案し、行き詰まった交渉に打開の途を模索していた[57]。この案によれば、2人の共同検察官のうちの1人または2人が不起訴相当との判断を下した場合には、少なくとも外国人裁判官1人を含む裁判官総数の過半数の賛成によって、その判断を覆すことができる、というものであった。アメリカ政府はまた国連とカンボジア政府との覚書を2000年6月15日までにカンボジア議会が批准するよう求めた。

　アメリカ政府の提案と並行して、国連もその協力のあり方についての案を作成し、2000年4月にこれをカンボジア政府に示して調印を求めた[58]。国連、カンボジア政府双方ともその内容を明らかにしてないが、国連案は、国内法の制定について言及し、国連が指摘した条項は、国連案に「完全に合致」するようカンボジア議会による「修正」を加えなければならない、というものであった。また提案の内容は、被疑者の起訴・不起訴に意見の不一致が生じた場合の解決策を示した、先のケリー提案に若干の修正を加えたものではあったが、カンボジア政府に譲歩を求めるものであった。とりわけ、国連案は「事項上の免除（ratione materiae）」に対する管轄権を有し、国際法上の集団殺害罪、人道に対する犯罪、武力紛争時における捕虜の待遇や文民の保護を定めた1949年ジュネーブ条約に対する広範な違反行為、国際的に保護されるべき者に対する犯罪のみならず、カンボジア刑法（1956年法）に規定されている殺人罪、拷問罪で被疑者を訴追できる「特別裁判部（Extraordinary Chanbers）」をカンボジアの裁判所に設置することを構想したものであった。

　また、国連の提案には外国人裁判官は、国連事務総長がカンボジア政

府に提示する候補者名簿の中からカンボジアの司法官職高等評議会が任命することを盛り込んでいた[59]。これには特定の外国政府からカンボジア政府に「友好的」な外国人裁判官が送り込まれるのを阻止するという国連の狙いがあった。同様に、外国人検察官は国連事務総長がカンボジア政府に提示する候補者名簿の中から任命され、同様の手続きで任命される外国人検事補によって補佐されるものとした。さらに国連案は特別裁判部の外国人職員の任用にあたる特別裁判部事務次長には国連が指名する外国人を充てることを提案した[60]。

　しかしながら、国連案には被疑者が外国人の弁護人を選任する権利や証人の保護など特別裁判部自身ができることは盛り込まれなかった[61]。さらに国連案では訴追の対象を「国際法とカンボジア国内法の重大な違反を犯した民主カンプチアの最高幹部」とし、カンプチア共産党が政権の座にあった期間に行われた残虐行為に責任を負うべき他の者に関しては何らの言及もなかった。そして国連案の末尾には、国連事務総長は国連が裁判に関与するための資金調達を確約する立場にはないのだから、仮に加盟国政府が財政面での協力を渋ったために充分な拠出金が集まらなかった場合には、国連はカンボジア政府に対する協力の義務を負わないものとする、という「撤退条項」が設けられた[62]。

　一方、フン・センは2000年4月にケリーによる調停を退けて国連との直接交渉に臨み、国連側も度重なるやりとりののちにハンス・コレルをプノンペンに派遣した[63]。この滞在中にコレルは、──現在のところ未だ公開されてはいないが──交渉にもとづいて対人管轄権に関する条項を修正した、国連の協力に関する「2000年4月18日案」を提示した[64]。またコレルは、すべての裁判官、検察官が司法官職高等評議会によって任命されるとしても、共同予審裁判官も含めて外国人裁判官と外国人共同検察官は国連事務総長が提示する候補者名簿のなかから任命されなければならない、という従来の国連の主張を譲らなかった。カンボジア人裁判官は一審、控訴審、上告審において合議体の過半数を占め、裁判長も務める。さらに国連の修正提案は、共同検察官は「刑事事件の捜査と起訴」

に充分な経験を有する者でなければならない、というものだった。また国連の修正提案は、法廷管理責任者となる特別裁判部事務総長はカンボジア政府が任命し、「すべての外国人要員の雇用と人事管理に責任を負う」特別裁判部事務次長には国連が指名した者を任命することに再確認を求めるものだった。この国連の提案によって法廷のカンボジア人職員に公務員でない者が加わる可能性が生まれたが、その任用はカンボジア政府に委ねられた。

また、国連の「4月18日案」に盛り込まれた「撤退条項」は、1999年初頭にフン・センがひとつの選択肢として発表した通り、国連が裁判から手を引いたときには、カンボジアが外国籍の個人もしくは外国政府との協定によって国際性を確保しながら国連抜きで裁判を続行することを認める、すなわち、国連がカンボジア政府との覚書調印に失敗するか、よしんば覚書に調印して要員を指名したところで加盟国から人件費その他の必要経費が拠出されなかった結果、外国人に割り振られたポストに空きが生じた場合には、司法官職高等評議会が国連加盟国政府から個別に推薦された候補者か「その他の外国人法律家」のうちから適任者を選任するか、外国人を充当することができなかった場合にはカンボジア人をそのポストにつけて裁判を続けることを認めるというものだった[65]。

先の覚書案に数々の修正を加えた国連の「4月18日案」に対してカンボジア政府の作業部会は、検察官や予審裁判官のあいだで被疑者の起訴・不起訴について意見の不一致が生じた際の解決策として、はじめにケリー上院議員が提案してきた「スーパー・マジョリティ」方式に関する記述のほか、裁判官と検察官の適格事由に関する段落の削除を求め、さらに恩赦と防禦権を除く被告人の権利に関する規定を削除するよう求めた[66]。

こうしたカンボジア側の反応に対してハンス・コレルは、カンボジア側とは「和やかな雰囲気の中で、包括的な話し合い」[67]を行い、「国連は、その責務を果たした。この先は、カンボジア政府次第だ」と述べ、国連の意向に合致する国内法の起草を含めて国連が裁判の準備全般にかかわ

り、9月の国連総会開催までにそれらの仕事をすべて終わらせたい、と語った[68]。プノンペンを出発するとき、コレルはさらに新たな提案を置いていった。しかし、それはカンボジア側作業部会の意見をほぼすべて退けた上で、2000年4月に国連がカンボジアと協議した事項をほぼそのまま盛り込んだ、当初の案に少々の修正を施したものにすぎなかった[69]。

その後、カンボジア議会は国連の提案に対する審議を開始するまでにさらに時間を要した[70]。2000年8月に国連総会に提出されたカンボジアの人権状況に関する報告の中で、アナン事務総長は特別裁判部の設置に関する法案は国民議会立法委員会に提出されたばかりで、法案の採択は9月開催予定の国連総会には間に合いそうもないだろうと述べ[71]、事実、フン・センも国連総会出席のためにニューヨークの国連本部を訪れたにもかかわらず、裁判に関する話し合いには応じなかった[72]。人民党幹部も裁判の件はカンボジア政府にとっては最優先課題ではないとの立場を明らかにした[73]。

コレルがカンボジアを訪問した7月以後、2000年11月16日に予定されたカンボジア国民議会の開会が近づいても、議会立法委員会には何の文書も送られてこなかった。法案のことは議題に盛り込まれず、議会の外でも国連の提案とそれに対するフン・センの対応について知らされる者はなかった。10月半ばになって7月の協議の内容が外部に漏れ始めるにいたって、情報不足に対する世論の風当たりはますます強まり、立法委員会に所属する議員たちも7月に政府と国連の間で協議された覚書案がなければ満足な審議はできないと言い始め、内外の人権団体も協議内容に関する情報を入手して批判を開始した[74]。

こうした批判の中で、カンボジア国民議会に上程された特別裁判部設置法案は2001年1月2日に賛成多数で採択され、2001年1月15日には上院をも通過した[75]。しかしながら2月半ば、法案の公布前審査を行った憲法院は、法案を国民議会に回付し、憲法に違反する条項を修正するよう求めてきた。法案は「第3級重罪」に極刑の適用を定めたカンボジア刑法（1956年制定）を準用すると規定していたのだが、1993

年に制定された現行のカンボジア憲法は死刑を禁止していたのである[76]。法案は修正の上、再度国民議会と上院で採決され、憲法院の再審査を経て審署のために国家元首（シハヌーク国王）が外国にあって不在の際には国家元首代行をつとめるチア・シム上院議長に提出されなければならなかった。

　しかし、2001年6月末まで法案の成立に向けた動きはなく、5月22日の記者会見でアナン事務総長は裁判の実現に関してこの半年間カンボジア政府からは何の音沙汰もなく、2月に憲法院の決定が出されて以来、事態に目に見える進展はない、と語った[77]。フン・センは6月11日から13日にかけてカンボジア支援国会合が東京で開催される前に法案が成立するという見込みを示唆していたものの、6月6日になって当時大臣会議担当上級大臣（官房長官）であったソク・アンが「現在、政府は多忙を極めているので、その件は支援国会合から帰国してから対応を図る」[78]と支援国会合終了までは法案を議会に再上程しない方針であることを確認した。

　しかし、東京での会議最終日になってフン・センは「我々カンボジア政府は、すみやかにクメール・ルージュ問題に決着をつけたいと考えており、いつまでもクメール・ルージュの亡霊に付きまとわれたいとは思っていない」[79]と述べ、8月までに特別裁判部設置法を公布・施行し、2001年中に裁判を開始する、という見通しを表明した。この突然の発言に続く記者会見でソク・アンは、会合においてカンボジアを支援している援助供与国政府から、特別裁判部をすみやかに設置することと行政監察長官を任命することを要請されたが、カンボジア政府はこれら2つの要請の実現に「何ら問題はない」と答えた[80]。首相らが支援国会合から帰国して間もない6月22日、カンボジア大臣会議は特別裁判部設置法案から死刑適用条項を削除することを決定した。採決に先だってフン・センはこれが裁判の実現に向けた第一歩であるが、訴追の対象となるのは現在留置中で、2002年3月に法律で定められた留置期限が切れる2人のクメール・ルージュ元幹部――タ・モクとドゥック――だけである

と念を押した[81]。この情報はいち早く国連事務総長のもとにもたらされ、カンボジア政府は国連との覚書に調印することなしには国際的に認知された裁判を行うことはできない、と報告されたものの、国連が提案した覚書案はすでに「法律が成立すれば、カンボジア政府は国連との合意に拘束されない」[82]というフン・センの声明によって事実上退けられていた。

　さて、2001年1月に採択された特別裁判部設置法は、2000年7月の国連とカンボジア政府の作業部会との協議にもとづいた覚書案に大筋で沿うようなものであった。たとえば、特別裁判部の管轄事項には、1975年4月17日から1979年1月6日に実行された犯罪のうち、1956年カンボジア刑法にも規定された殺人、拷問、宗教的迫害、1948年ジェノサイド条約に定義された集団殺害のほか、人道に対する犯罪、武力紛争時における捕虜の待遇や文民の保護を定めた1949年ジュネーブ諸条約に対する広範な違反行為が盛り込まれた[83]。また特別裁判部の対人管轄権は、「民主カンプチアの主要幹部及び民主カンプチアによる統治期間中の深刻な人権侵害に最も重大な責任を負うべき者」に及ぶものとされた[84]。

　一方で特別裁判部設置法は、2000年7月の合意案と大きくかけ離れた点もあった。とりわけ防禦権に関する規定については被告人の弁護人選任権についての記述がすべて削除され、訴訟手続き、判決および逮捕に関する規定は国際的基準に合致しないおそれのある国内立法を適用することを政府に許すものとなった[85]。さらに、この法案は——国連が主張してきた論点なのだが——自発的に出頭して来なかった被疑者をカンボジア政府が逮捕しなければならない、ということを明確に規定せず、また特別裁判部の事務次長を指名する権限が国連にあることも明記しなかった。

　しかし、最も重要であると思われる点は、この法律には過去に与えられた恩赦が訴追の障害となるのかどうか、かつて恩赦を与えられたイエン・サリを裁判にかけることができるかどうかについて何らの規定も盛り込まなかったことである[86]。この点をめぐってはフン・センが裁判の訴追対象にイエン・サリを含めることを望まないという主張を繰りかえし

ている[87]。

　イエン・サリを集団殺害や拷問の容疑で訴追することを免除することは、カンボジアが負っている国際法上の責任と両立しない[88]。かつて旧ユーゴスラヴィア国際刑事法廷の第2公判部はこうした点に関して、国家が恩赦法を適用することによって拷問の加害者を免責することは拷問等禁止条約その他の国際法上の一般原則を侵害するものであると以下のように判示している。

> （そのような恩赦は、）国際法上、容認されるものではない。もしも潜在的犠牲者が管轄権を有する国際的なまたは国内の司法機関に対して当事者適格（locus standi）を有し、それらに対して国内措置が国際法上違法かどうかの判断を求め、もしくは犠牲者が外国の裁判所において損害賠償請求の民事訴訟を提起したために、とりわけ恩赦を認めた国内法の法的価値を無視するかどうかが争点であるような場合は、訴訟手続きを開始することができる。さらに重要なことは、こうした国内措置にしたがい、またはそれらによる利益を享受した拷問の加害者は、外国においてであれ後継政権下の国籍国においてであれ、国内措置にかかわらず拷問の刑事上の責任を負うべきである[89]。

　このようにカンボジアでは特別裁判部の設置に向けた国内の立法作業がいまだその途上にあるばかりでなく、特別裁判部の設置には国連とカンボジア政府との覚書の正式調印という課題も残されている。この点に関連して、ハンス・コレルは2001年1月9日付けのカンボジア政府に宛てた書簡において2000年7月に提案した覚書案と特別裁判部設置法案との間の食い違いを指摘し、上院での採決の前に法案を修正するよう求め、国連が抱いている覚書案と法案との間の齟齬についての懸念をカンボジア政府に伝えていた。結局のところ上院通過前に法案が修正されることはなかったが、カンボジア政府は国連の懸念は非現実的なも

のであるか、または国連との正式な覚書調印の際に盛り込めばよいものであるとの回答を寄せている。なお今日にいたるまで、国連事務総長は国連との覚書が国際的に認知された裁判の前提条件であるという姿勢を変えてはおらず、カンボジア政府に対して覚書への調印をよびかけ続けている[90]。

　要するに、カンボジア政府が起草した法案には裁判の対象と公正さの確保をめぐる厄介な問題が数多く含まれており、現在継続されている国連とカンボジア政府との交渉が問題解決の鍵を握るものとして注目されている。また、最も基本的なことがらとして、カンボジア人裁判官、検察官の独立と不偏不党をいかに確保するか、カンボジア人関係者のみならず外国人の裁判官も自国政府やカンボジア政府からの影響にさらされるのではないか、その他の特別裁判部の職員にも外部からの圧力が及ぶのではないか、という深刻な問題が解決されていない。このほか特別裁判部の共同検察官が、過去に与えられ、そして将来においてもカンボジア政府から被告人に与えられるかもしれない恩赦にどのように対応するのか、被告人が弁護人を選任する権利をいかに保障するのか、そしてカンボジア政府がいまだ自由の身でいる被疑者を逮捕する義務を全うするのかどうか、残された問題はあまりにも多い。

＊訳者注
　その後の経過については、「日本語版へのまえがき」、「訳者あとがき」参照。

17 Robâh Tolakar Kat-toh Bân Pralay Puch-sah Pol Pot-Ieng Sary (「ポル・ポト—イエン・サリ虐殺集団裁判文書」), Ministry of Propaganda, Phnom Penh, 1981, pp.305-308 を参照せよ。同人民革命評議会令第1条は、集団殺害を「事前に計画された一般民間人の集団殺害、肉体的・精神的に破壊的な条件の下で強制労働をさせるための原居住地域からの強制移住」と定義している。

18 序章で述べた通り、イエン・サリに恩赦を与えるという1996年9月のカンボジア政府の決定は、クメール・ルージュ最高幹部を裁判にかけることを求める世論

に拍車をかけることとなった。

19 Commission on Human Rights Resolution 1997/49, U.N. ESCOR, "Situation of Human Rights in Cambodia," U.N. Doc. E/CN.4/RES/1997/49 (1997).

20 Letter dated June 21, 1997 from the First and Second Prime Ministers of Cambodia addressed to the Secretary-General, "Identical letters dated June 23, 1997, from the Secretary-General Addressed to the President of the General Assembly and the Security Council," Annex U.N. Doc. A/1997/488 (24 June, 1997). この書簡が発出された直後の1997年7月、カンボジアではフン・セン率いるカンボジア人民党所属の国軍部隊とノロドム・ラナリット率いるフンシンペック党所属の国軍部隊が衝突し、この結果、フン・センがカンボジア政府内での実権を確立した。

21 前掲注20を参照せよ。

22 Situation of Human Rights in Cambodia, G.A. Res. 52/135, U.N. GAOR, 52d Sess., Supp. No.49, pp.288-289, U.N. Doc. A/52/49 (1999).

23 Identical letters dated March 15, 1999, from the Secretary-General Addressed to the President of the General Assembly and the President of the Security Council, U.N. Doc. A/53/850, S/1999/231 (1999).

24 前掲注3・国連専門家グループ報告書を参照せよ。専門家グループの結論は、クメール・ルージュが権力の座にあった期間、「チャム族やベトナム人、仏教僧侶に対する集団殺害」の証拠を引き合いに出すまでもなく、カンボジア国民は「ジェノサイド条約に列挙されたほとんどすべての禁止行為の対象」であった、というものだった。しかしながら、報告書は、当時「犯罪を構成する要件となる犯意」をもって民族的、宗教的集団を破壊する行為が実行されたことを証明することは「困難な仕事」になるかもしれないとも述べている（¶¶61-63）。一方、捕虜となった前政権の関係者や逮捕されたカンプチア共産党員の殺害は大規模かつ系統的に「政治的信条にもとづいた動機によって実行」されたことから、人道に対する犯罪に当たる、という判断については報告書は自信をのぞかせている（¶¶3,32）。報告書はさらに、拷問が日常的に行われていたことを指摘するとともに、民主カンプチア軍がベトナムをはじめとする隣国との武力紛争の期間中に市民を虐殺し、手当たり次第に町を破壊したことは戦争犯罪にあたる、と結論づけている（¶¶72-74）。

25 前掲注3・国連専門家グループ報告書¶¶139,148を参照せよ。

26 前掲注23を参照せよ。

27 1997年以後首相の座にあるフン・センを含め、多くのカンボジア政府高官はかつてクメール・ルージュの若手・中堅幹部であった。もし、検察官の権限が広く認

められれば、彼ら自身が訴追の対象になりかねないことを懸念した、というのが大方の見方であった。

28 フン・センの立場は 1999 年 3 月 12 日付けの国連とカンボジア政府の間で取り交わされた覚書に現れている。なお、以下の公式発表を参照せよ。Statement by the Cabinet of Samdech Hun Sen, Prime Minister of the Kingdom of Cambodia, April 18, 1999.

29 United Nations Office of Legal Affairs, "Draft Law on the Establishment of a Tribunal for the Prosecution of Khmer Rouge Leaders Responsible for the Most Serious Violations of Human Rights." なお、フン・センの反応として、以下の報道を参照せよ。"Hun Sen Won't Let U.N. Control Genocide Trials," Washington Times, August 20, 1999.

30 前掲注 3・国連専門家グループ報告書 ¶110 を参照せよ。

31 同上。

32 同上。

33 国連専門家グループが誰を念頭においていたかについては、報告書の「捜査対象となる者の多くは現在カンボジア国内におり」、ほぼすべての者が「カンボジア政府が正当に統治する領域内にいるほか、タイ国境付近に居住している者が何人かいる」という含みのある記述から見てとることができる。前掲注 3・国連専門家グループ報告書 ¶112 を参照せよ。なお、国連専門家グループはたとえばタ・モクに関しては公正な訴追手続きの対象となる、と推定するようなかたちで特定の個人について言及することもある。この点につき、前掲注 3・国連専門家グループ報告書 ¶112 を参照せよ。また「被疑者」の所在について言及したのち、1998 年 12 月にカンボジア政府に投降を受け入れられた民主カンプチア時代の幹部について例示しており、これは明らかにヌオン・チアとキュウ・サンパンを指している。この点につき、前掲注 3・国連専門家グループ報告書 ¶114 を参照せよ。

34 クメール・ルージュ時代の犯罪を裁く法廷の第一の訴追対象であったポル・ポトは 1998 年 4 月に死亡した。その死亡原因について当初は心臓発作であるといわれていたが、タイ当局が精力的に試みた調査の結果によれば、実は自殺であったといわれている。この点について、以下の関連報道を参照せよ。Nate Thayer, "Chance of a Lifetime," Far Eastern Economic Review, January 18, 1999, p.24; Nate Thayer "Dying Breath," Far Eastern Economic Review, April 30, 1998, p.18. いまひとり訴追が確実視されていたソン・センは 1997 年に殺害された。1997 年 10 月にネイト・セイヤー記者が行ったインタビューのなかで、ポル・ポトは当時参謀総長であったソン・センを粛清するよう命じたと認めている。インタビューの映像記録として以下のビデオテープを参照せよ。"Pol Pot Trip Two Interview,"

Copies des Rushes BETA SP K7 No.15, 16 PAL TC. L.

35 前掲注3・国連専門家グループ報告書¶97を参照せよ。

36 国連専門家グループの報告書を国連総会と安全保障理事会に提出するに際して事務総長コフィ・アナンは、報告書の分析によればカンボジアの国内法にもとづいてカンボジアの裁判所で裁かれるべき被告人としてカンボジア政府が想定しているのはタ・モクだけである点について言及している。この点について前掲注23の書簡を参照せよ。

37 Times Wire Reports, "Infamous Khmer Rouge Chief Held in Cambodia, Faces Trial," Los Angels Times, March 7, 1999, A9.

38 1999年9月、フン・センは国連総会での演説で繰り返し、裁判のあり方は「集団殺害にかかわったクメール・ルージュの最後の生き残りのうち政府に投降した者たち」との「国民和解」という「至上の」ニーズと「慎重な均衡」をとることが必要であると述べた。この点について、以下の関連報道を参照せよ。"UN Oratory: Pleas for Help, Pride in Democracy," New York Times, September 21, 1999, A 21. また、たとえば、1998年末にヌオン・チアとキュウ・サンパンを自宅に招いた際に国際法廷であれ国内の裁判所であれ、この2人は裁判にかけられるべきではなく、2人に捜査の手が伸びる可能性があるかぎり「穴を掘って過去のできごとを埋めてしまう」ような「純粋にカンボジア的な解決策」の恩恵にあずかるべきであると語ったように、フン・センは、すぐれてカンボジア的でカンボジアの政治情勢にふさわしい解決策を模索していた。この点について、以下の関連報道を参照せよ。Chris Fontaine, "U.N. Trial Refused of Khmer Bosses," Chattanooga Free Press, December 28, 1999, A 3.

39 "Khmer Rouge Defectors Reportedly to Come to Capital," Reuters, December 26, 1999.

40 前掲注3・国連専門家グループ報告書¶¶129,133を参照せよ。

41 武装闘争を始めようなどと考えた民主カンプチアの生き残りは誰ひとりとしていなかったことが明らかとなっているし、人民党内部にさえ、クメール・ルージュ幹部に対しては何らかのかたちで国際社会が納得するような裁判を受けさせるべきだと考えていた者が多数いた証拠があることからみて、フン・センのこのような主張の根拠は希薄である。

42 たとえば、1999年10月22日にカンボジア弁護士会 (Bar Association of the Kingdom of Cambodia)、カンボジア法律扶助協会 (Legal Aid of Cambodia)、カンボジア弁護人プロジェクト (Cambodia Defenders' Project) ほかの人権団体が発表した共同声明は、「元・クメール・ルージュ幹部の裁判における司法の独立は、すべての要員を国連が任命することによってのみ実現することがで

きる」と主張している。

43 Chhbap Sdei-pi Kar Bangkaoet Aoy Mean Ang-chumnumchumreah Visamanh Knong Tolakar Kampuchea Dacembey Kat Sech-kdey Aovkrettakam Dæl Prapreut Laoeng Nôv Knong Rayea'-kal Nei Kampuchea Pracheathipatai（民主カンプチア政権時代に実行された犯罪を裁く特別裁判部をカンボジアの裁判所に設置することに関する法律。以下、特別裁判部設置法）。

44 同上。草案の主な規定は以下の通りである。カンボジア人裁判官がすべての審級の裁判部で過半数を占め、裁判長もカンボジア人裁判官が務める（草案第22条）。カンボジア人裁判官は司法官職高等評議会によって任命される（草案第11条）。国連事務総長はカンボジア政府と協議の上、外国人裁判官を推薦するが、候補者が裁判官となるには司法官職高等評議会の承認を要する（草案第13条）。カンボジア人および外国人検察官の任命・承認手続きも同様である（草案第20条）。外国人裁判官と外国人検察官はカンボジア人裁判官とカンボジア人検察官の同意、政府が任命する特別裁判部事務総長の承認の下に外国人スタッフを雇用することができる（草案第25条、第26条）。さらにカンボジア人は公務員に限って、スタッフとして雇用することもできる（草案第15条、第24条、第26条）。また被疑者・被告人の防禦権を保障する規定も多く設けられているが、外国人の法律家が弁護人として活動することを許容するかどうかについては規定されていない（草案第29条、第33条）。

45 フン・センは、たとえば1999年12月15日にプノンペンでドイツのDPA通信社との「個人的な」インタビューに応じるなどして、最初に政府に投降したイエン・サリは裁判にかけるべきではないと主張し続けた。この点について、以下の関連報道を参照せよ。"Cambodia Sends Draft Khmer Rouge Law to UN," Reuters, Phnom Penh, December 21, 1999. フン・センは、1979年に「集団殺害」の罪で受けた有罪判決が1996年に恩赦されたことを引き合いに出すなどしてイエン・サリを訴追対象から除外するように主張した。

46 "Cambodia Approves Khmer Rouge Trial," Associated Press, Phnom Penh, January 6, 2000.

47 "Cambodia Vows Speedy Khmer Rouge Trial in Next Few Month," Associated Press, Phnom Penh, January 6, 2000.

48 同時に国連は、カンボジア政府が国内法に盛りこんだ公正に関する国際基準に合致する裁判をすすめるために双方に責任を課した国連・カンボジア政府間合意の誠実な履行を求めた。UN Office of Legal Affairs, "Non-Paper on Khmer Rouge Trial," January 5, 2000.

49 同上。

50 "Cambodia Will Not Wait for the UN," Associated Press, Phnom

Penh, January 4, 2000; "Cambodia Shuns UN Invite to Discuss Khmer Rouge," Reuters, Phnom Penh, January 7, 2000; "Hun Sen Will Discuss Trial, But On Own Turf," South China Morning Post, January 8, 2000.

51 2000年1月6日、国連事務総長報道官室定例記者会見。

52 Laura McGrew, "The Thorny Debate on Justice for Pol Pot's Madness," Phnom Penh Post, February 19-March 2, 2000.

53 "Prince Ranariddh to Urge UN role in Khmer Rouge Trial," Kyodo, Phnom Penh, February 7, 2000.

54 2000年2月8日付けのフン・セン首相宛書簡の中でアナン国連事務総長は、クメール・ルージュ元幹部を裁く法廷を設置する作業の中で国連の役割に「それらなしには裁判が信頼されず、信頼できるように見えさえもしない、公正、公平、法の適正手続きといった国際的な最低基準を満たすことができるかどうかがかかっている」と繰り返した。

55 "Cambodian PM Says 'Door Still Open' for UN Talks," Reuters, Bangkok, February 12, 2000; "UN Confident of Agreement with Cambodia on Khmer Rouge Trial," Associated Foreign Press, Bangkok, February 12, 2000; "UN Team for Cambodia," Nation, February 13, 2000.

56 "UN Hopes for Agreement on Genocide Tribunal Framework Fade," South China Morning Post, March 21, 2000.

57 後に「ケリー提案」と呼ばれるようになった提案は、アメリカのケリー上院議員からアナンとフン・センに2000年4月にキューバで開催された発展途上国首脳会議の場で提示された。この点について、以下の関連報道を参照せよ。"Cambodia Lauds Fresh US Proposal to Break Khmer Rouge Trial Deadlock," Associated Foreign Press, Phnom Penh, April 17, 2000; "Hun Sen Accepts UN Proposal on Trial: US Senator," Kyodo, Phnom Penh, April 29, 2000.

58 2000年4月18日付けアナン事務総長からフン・セン首相宛書簡。

59 同上。

60 同上。

61 同上。

62 Memorandum of Understanding Between the UN and the RGC Concerning the Prosecution Under Cambodian Law of Crimes Committed During the Period of Democratic Kampuchea, April 18, 2000.

63 2000年4月22日付け国連事務総長宛書簡においてフン・センは、被疑者の起訴・不起訴について「予審裁判部」において意見の不一致をみた場合には、公判において合議体を形成する裁判官のうち少なくとも外国人裁判官1人を含む過半数の裁

判官の賛成がなければ起訴されない、という国連の立場に対して、カンボジア人検察官または裁判官が不起訴処分の決定を下す、という案を対案として提案した。これに対してコフィ・アナン国連事務総長は、カンボジア政府が国連案の受け入れを表明し、合意案を批准のために議会に上程するべきである、という国連の立場を再確認した。この点について、以下の関連報道を参照せよ。"Hun Sen Withdraws Acceptance of US Formula on Trial," Kyodo, Phnom Penh, April 25, 2000; "Hun Sen Rejects UN request for Agreement on Khmer Rouge Trial," Kyodo, Phnom Penh, April 28, 2000; "Cambodia Says No Khmer Rouge Law Till after 23 May," Reuters, Phnom Penh, April 25, 2000; "Termites Blamed as Legislators delay Genocide Tribunal Debate," Nation, April 25, 2000.

64 "Draft 5 July 2000" というタイトルが付けられたこの案は、「大幅に改訂された部分を除いて2000年4月18日提示案と同様」と記されている。この大幅に改訂された部分とは、法廷の対人管轄権に関する条項が挿入されたことであるが、その文言については合意に達しておらず、「追加部分」は合意に達したのちに「挿入」されることとなっている。国連が提示した4月18日案とその後の国連の立場を反映した上で政府が起草中の法律案に盛り込むべく準備された改定案は2つあり、第1案は、対人管轄権条項は「民主カンプチアの最高幹部および犯罪行為と（民主カンプチアによる統治期間中に国際人道法の）深刻な侵害に最も責任を負うべき者」におよぶ、というものであり第2案は、「民主カンプチアの最高幹部およびその他のカンボジア国籍保持者であって、犯罪行為と（民主カンプチアによる統治期間中に国際人道法の）深刻な侵害にその特別な任務のゆえに最も責任を負うべき者」というものであった（引用文中の傍点は原文のまま）。

65 Draft Law, Phnom Penh, July 5, 2000, at 6:00 pm.

66 Task Force, "Amendments Proposed for the Draft Memorandum of Understanding/Articles of Incorporation," (as described by the UN delegations), July 5, 2000.

67 2000年7月6日、国連事務総長報道官声明。

68 "Cambodia UN End Talks on Khmer Rouge Trial," Kyodo, Phnom Penh, July 6, 2000; "UN Declares Success in Khmer Rouge Trial Talks," Reuters, Phnom Penh, July 6, 2000; "UN Urges Swift Action on Khmer Rouge Trial," Reuters, Phnom Penh, July 7, 2000.

69 たとえば、"July 7, 2000 Draft," "Phnom Penh 7 July at 3:00 pm" というタイトルが付けられた国連の案は、議会が採択した法律案をのちに修正しないことを強く求める一方、フン・センに対する明らかな譲歩として、新しい案では裁判官に対して、全会一致によって判決に達するよう求める修正を追加している。しかしそ

第1章　裁判はいつ始まるのか――カンボジア政府と国連の外交交渉――

の一方で、全会一致に達しなかった場合には、判決に多数意見と少数意見をそれぞれ明記して、外国人裁判官がカンボジア人裁判官とは別に意見を表明することを認めるよう求め、検察官の地位に関しても政府の指揮監督に服さない検察官の独立について正式に規定するよう強く求めた。また、4月18日案に盛り込まれた通り、国連が指名する1人または複数の外国人検事補（foreign deputy prosecutors）が外国人検察官を補佐することを盛り込んだ。さらに捜査と公判、控訴手続きは、現行のカンボジア国内法が定める手続きや規則を国際水準に適合させるよう求める文言を加え、犯罪の被害者と証人の保護についても政府とともに裁判所の責任として取りくみを強化することとなった。なお、7月7日時点での案では、対人管轄権問題についての決着はついていない。同案に付けられた国連側のコメントは、国連は7月に裁判が「最高幹部」のみを対象とすることに合意したことを明記し、同時にカンボジア政府が1月に承認した法案では裁判部が裁く被告人の数についてきわめて広範な想定を行っていると分析している。

70　"No Date Yet for Parliamentary Debate on Khmer Rouge Trial," Kyodo, Phnom Penh, July 27, 2000.

71　Situation of Human Rights in Cambodia: Report of the Secretary-General, U.N. GAOR, U.N. Doc. A/55/291, August 11, 2000.

72　"Cambodia Won't Discuss Khmer Rouge Trial at UN Meeting," Reuters, Phnom Penh, September 4, 2000.

73　"Khmer Rouge Trial Not Priority for Cambodia: Minister," Kyodo, Phnom Penh, September 12, 2000.

74　"UN Accepts Flawed Tribunal for KR," Phnom Penh Post, October 13-26, 2000.

75　Law on the Establishment of Extraordinary Chambers in the Courts of Cambodia for the Prosecution of Crimes Committed During the Period of Democratic Kampuchea, 5th Session of the 2nd Legislature, December 29, 2000 and January 2, 2001. なお、以下の関連報道を参照せよ。Seth Mydans, "Cambodian Deputies Back War Crimes Court," New York Times, January 3, 2001.

76　憲法院決定040/002/2001号（2001年2月12日）。

77　"UN urges Cambodia to Speed Up Khmer Rouge Trial Process," Radio Australia, Australian Broadcasting Corporation, May 22, 2001.

78　"Cambodia Khmer Rouge Trial Law Delayed Further," Reuters, June 5, 2001, "Cambodia's Hun Sen Heads for Tokyo Optimistic on Aid Package," Associated Foreign Press, June 6, 2001.

79 "Khmer Rouge Trial Could Happen by Year-end," Reuters, June 13, 2001.

80 "Cambodia Aid Package Boosts Relations with Japan: Minister," Associated Foreign Press, June 14, 2001.

81 "Draft Law for Khmer Rouge Trial Amended; No Death Penalty," Associated Press, June 22, 2001.

82 Barbara Crossette, "Pact Sought on Khmer Rouge Trials," New York Times, June 28, 2001; "Cambodian PM Comments Raise Doubts on Khmer Rouge Tribunal," Associated Press, June 29, 2001.

83 前掲注75・特別裁判部設置法案第3条〜第8条。

84 同上第2条。

85 同上第24条〜第35条。

86 同上第40条。

87 Seth Mydans, "Cambodian Deputies Back War Crimes Court," New York Times, January 3, 2001.

88 一般論として、以下の論文を参照せよ。Diane F. Orentlicher, "Addressing Gross Human Rights Abuses: Punishment and Victim Compensation," Human Rights: An Agenda for Next Century, L.Henkin, J.L. Hargrove (eds.), 1994.

89 Prosecutor v. Anto Furundzija, Case No.IT-95-17/1-T, Judgement of December 10, 1988 (ICTY Trial Chamber Ⅱ), ¶155. 被告人は一審判決を不服として控訴裁判部に控訴したが、この点について特に言及されることなく2000年7月21日に控訴棄却の判決（Prosecutor v. Anto Furundzija, Case No.IT-95-17/1-A, Judgement of July 21, 2000, ICTY Appeals Chamber）が下された。

90 Barbara Crossette, "Pact Sought on Khmer Rouge Trials," New York Times, June 28, 2001.

第2章　虐殺はいかに行われたか

第2章 虐殺はいかに行われたか

A　カンプチア共産党の方針

　本書の研究は、これまで歴史家たちが明らかにしてきたクメール・ルージュによる大規模な粛清についての研究の成果を再確認するとともに、それらにさらに詳細な情報を加えるものである[91]。以下に詳述する通り、対象や実施時期を異にしながら迫害や粛清をすすめる方針が党の中枢で立案され、その指揮命令系統を通じて実行された。これから本章で論じる、逮捕し、拷問し、そののちに処刑する、という一連の行為が人道に対する犯罪をはじめとする国際法上の重大な犯罪を構成することにもはや疑いの余地はない[92]。

　とりわけ残虐なものは、政権の座にあった党の最高幹部たちの決定を受けて、党の組織をあげて実行された以下の3つの行為である。

・1975年4月17日のクメール共和国政権崩壊直後から、ポル・ポト、ヌオン・チア、ソン・センらは、旧クメール共和国軍のすべての将校と高級官僚を処刑することを決定した。この方針は当初は軍の部隊によって、のちには管区と末端の治安機関によって実行された[93]。
・1976年初頭、党中央委員会名で下達された決定は、管区党委員会その他の党の機関に対して反逆罪で有罪の嫌疑のある者を処刑せよというものだった。この決定は管区、地区、郡などの治安機関によって実行された。
・1976年9月頃、ポル・ポト、ヌオン・チア、ソン・センは、敵の秘密工作員であると「自白」したすべての党幹部と党員の処刑を命じる決定を下した。これは1971年以来の党中央委員会の方針に由来するが、1976年後半以後処刑の対象となった党幹部、党員は急速に拡大した。この指令は地方の治安機関ではなく、管区を統括する党地方書記の協力の下で党中央の治安機関本部であったS-21によって実行されたが、多くの党地方書記自身も逮捕と処刑の対象となった。

さて、こうした事態を招いた背景を詳細に分析する前に、まず筆者が吟味した史料がもつ倫理的、方法論的そしてまた法的な問題について触れておきたい。

　取調官による書き込みの加えられた党幹部の「自白」から集められた識見は、とりわけ上述の1976年後半以後の方針をめぐる本書の結論を得るのに役立ったのは事実である。しかし、こうした供述を生み出すに至った政策の犯罪性そのものが本書の課題である。というのも、党の治安機関に逮捕され、尋問され、拷問されたあげくに供述調書に署名させられた人々は、ほぼ例外なく調書の完成とともに処刑されたからである[94・95]。

　無理やりに書かされた供述を史料として使うことには強烈な倫理的、方法論的な問題をはらんでいる。拷問の結果得られたとわかっている供述を使うということは、たいがいの場合、使うのをためらいたくなるほど不快なことである。拷問の成果である供述調書を使うということは、たとえ歴史上は勝者であっても苛烈な拷問を加えた上に人を殺した者は裁かれる、という法の崇高な目的を歪めてしまうことにはならないだろうか、とも思う。少なくとも、取調官の手にかかって非業の死を遂げた多くの人々の記憶にさらに鞭打つようなことだけは避けたいと思う。

　拷問によって得られた供述がもつ倫理上の、また証拠としての問題を認めた上で、国際法には明白なルールがある。「拷問及びその他の残虐な、非人道的な若しくは品位を傷つける取扱い又は刑罰を禁止する条約」(拷問等禁止条約)第15条がそれである[96]。さらに最近では旧ユーゴスラヴィア、ルワンダの国際刑事法廷の訴訟手続きや国際刑事裁判所規程が拷問によって得られた供述の証拠能力を否定している[97]。

　しかし、このような最も厳密な訴訟手続きの下でさえ、拷問によって得られた供述を分析の対象として使うことに対する躊躇を払拭してくれる面もある。というのも実は、拷問等禁止条約は、拷問で引き出された供述を訴訟手続きにおいて証拠として援用することを禁じているが、「拷

問の罪に問われている被告人に対して、当該供述がなされたことの証拠として援用される場合」[98]には、これを例外として認めていることである。つまり、拷問によって引き出された供述とその証拠書類は、拷問が行われたことそれ自体を立証するための証拠として法廷に提出することが許されているのである[99]。

　拷問等禁止条約が採っている考え方は、殲滅など民主カンプチア時代に実行された拷問以外の犯罪行為について考える上でも多くの示唆を与えてくれる。たとえば、拷問等禁止条約と同様の考え方をすれば、被告人が、上級機関の命令を認識していたことを証明するための証拠としてであれば、拷問の末に書かれたものではあっても供述調書を挙げることは許されるであろう。

　物理的な暴力によって強要された供述は被告人の有罪を立証するためには利用させない、というのも拷問等禁止条約の考え方であるが、物理的暴力によって供述を強要したことに責めを負う者の犯罪を立証するために、こうした供述を利用できないというのは誰がみても不合理であろう。つまり、拷問等禁止条約が定める証拠不採用の原則は、国家に対して拷問の使用をやめさせることを意図して盛り込まれたのであって、拷問の加害者を法的責任の追及から守るために盛り込まれたのではないのである。

　さらに、強要された供述内容に証拠としての価値が期待される場合には、上述のような法的な論点に加えて、倫理的な問題も避けがたい論点となってくる。残忍な拷問が行われたことを物語る供述に依拠することの倫理的な問題以上に、拷問によって引き出された供述には、必然的にその内容に対する信憑性に疑いがある。供述は、被告人が供述を引き出すために拷問が行われたことを認識していたか、または法的な責任を負っているという証拠として挙げられた場合にはこのような懸念は当てはまらない。しかしながら、こうした懸念は、強要された供述の内容に証拠としての価値が期待できる時には微妙な問題となってくるであろう。

　こうした懸念も充分に認識した上で、我々はS-21に保存されてきた

供述調書に書かれた内容の多くは真実ではないものの、本書の目的である犯罪的政策の解明にとっては重要な意味をもつものであり、――供述調書の内容を吟味することで唯一歓迎すべき点であるが――「反逆者」と疑われた党幹部の供述調書は党内に潜む新たな「反逆者」をあぶり出し、逮捕、尋問の末に処刑するのに活用されたことからみても、供述調書それ自体が大規模な粛清についての党の方針を実施するにあたって鍵となる役割を果たした、と結論づけている。

さらに、供述調書にはより大きな目的、すなわち党によって暴かれた「謀議」が実際に存在し、こうした「謀議」によって党の方針の失敗を説明し、その適切な遂行のためにはさらなる「反逆者」―たとえそれが党最高幹部の古くからの盟友であっても――の逮捕が必要であった、と党の中枢にあって懐疑的な者たちに信じ込ませ、他人への疑心暗鬼を煽る目的があった。そこで供述調書は取調官の指示によって経済政策、軍事政策その他の党の方針が失敗したのは外国の情報機関による反革命破壊工作のせいであるかのように書き換えられた。より具体的には、供述調書は、党が掲げた目標を達成できないのは、党内に浸透したCIAやKGB、ベトナムなど敵の手先のせいであるという筋書きになるよう創作されたのである。

したがって、供述調書の不可欠な要素は、党の方針の失敗を正当化するために虚偽の主張を盛り込むことであった。しかも特筆すべきは、供述調書には一致してこうした虚偽の主張が盛り込まれている点である。こうした事情の下に、外国による反革命工作の「潜入」という筋書きが成立している。これは注目に値することではあるが、驚くにはあたらない。というのも、こうした方針は党内では――逮捕された者にも、取調官にも、いわんや供述調書を読む幹部にも――公然の秘密だったからである[100]。

こうした筋書きにしたがって、党の方針を実行することに失敗したことを「自白」した人々は、その失敗を自らの命によってあがなった。一旦、他人の供述の中で連座すれば、党の方針を失敗させた「敵のスパイ」

として非難され、S-21に捕らえられ、自らの罪と共謀者の名前を「自白」するよう強要される。こうした濡れ衣の連鎖を通じて供述調書は「反逆者」の粛清という党の方針を実行する上で中心的な役割を果たしていったのである。

　強要された供述を証拠として国際法廷に提出しようとする取り組みの先例が少ないことに照らして、この種の史料が国際的基準を満たした法廷においてどの程度証拠として認容されるかはわからない。このような不確実性を感じながらも、我々は明らかに強要された供述からいかにして事実を描き出すか、ということを追求してきた。さらに我々の研究の方法論をめぐって考慮すべきことは、たとえ史料が最終的に証拠として認容されなかったとしても、供述調書から拾い集め、我々が本書で明らかにする事実の多くは――これまで我々がしてきたように――刑事手続きにおいて証拠として認容可能な情報と突き合わせて検証可能なものであるから、捜査官を他の証拠に導く役割を果たすことは期待できるだろう、ということである。

　繰り返しになるが、上述のような考察は、決して法的手続きの完全性を侵害し、あるいは国際法に体現された人間の価値そのものに対する深い思惟を減じさせ、または反対に道徳の根本原理に反するような目的に利用されるべきではない。

1. 前政権（クメール共和国政権）関係者の処刑[101]

　のちに反逆罪の嫌疑をかけられてS-21で処刑された党幹部の供述調書は、1975年4月17日のプノンペン解放後、軍に対して市内を掃討して前・クメール共和国政権の軍人と公務員を処刑するように、との命令がいかに速やかに下ったかを物語っている。プノンペン市民を郊外に移動させ、従来から支配していた農村地域に新たな占領地として首都を加えたとたん、軍はクメール共和国政権に属していた敵の探索に着手した。

前政権関係者は「とりわけ高官が次々と捕らえられ、大尉以上の者は粉砕された」とえん曲な表現ながら彼らが殺されたことを語っている[102]。まもなく党組織はクメール共和国政権時代の軍人と公務員の逮捕と処刑についての正式な方針を決定する。スレン (Sreng) ことチョー・チャン (Cho Chhan) の「自白」によれば、党は「将官から尉官までの将校、旧政権の諜報機関員、警察官、憲兵、反動的公務員を粉砕する方針を前進させる」ことを決定したという[103]。実際には前政権の軍に属していた者は反革命分子として大幅に拡大された処刑対象者リストに加えられた[104]。

1970年代、カンプチア共産党は政治組織の構築を急ぐ一方で、非共産主義勢力でありながらもクメール共和国政権と対立する勢力とともに、ノロドム・シハヌークを担いでカンプチア王国民族連合政府 (GRUNK) とカンプチア民族統一戦線 (FUNK) を樹立した。しかし、のちにシハヌークが王国民族連合政府国家元首と戦線議長の座を「自ら」退くと、非共産主義者勢力に属していた閣僚級の人々と戦線主要幹部は秘密裏に逮捕され、処刑されてしまった[105・106]。そして、民主カンプチアの権力のすべてはポル・ポトの手に握られたのである。

ポル・ポトや党の最高幹部たちは、政権の座にあるときから政治的意図をもった処刑は極めて限定的か、全くなかったと主張してきた[107]。それどころか、いわゆる治安機関や刑務所さえも存在しないとも言い張ってきた[108]。彼らは、首都プノンペンにおかれ S-21 とか「特殊機関」(santebal) と称された治安機関本部の存在はおろか、昔から党の勢力基盤であった「旧支配地域」に加えて、管区や地区といった統治機構に応じて全国の党組織に設置された治安機関にいたる治安システム全体を隠そうとした[109]。さらにポル・ポトらはチュロープ (chhlop) と呼ばれる党のスパイを住民の間に潜入させ、集団化強制労働農場の監督や村落行政委員会が治安機関の活動を担っていた、という事実も隠蔽しようとした[110]。

こうした治安機関のピラミッドの日常的任務は、住民の強制移動による探索から漏れて農村に潜り込んだ前政権関係者を発見し、処刑することだった。末端の党組織は処刑対象者リストを作成して、全国7管区に

設けられた管区党委員会に提出しては、誰を選別するか最終的な決定を仰いだ[111]。これは、1976年3月の「幹部でない者の粉砕を決定する権限に関する党中央委員会決議」にもとづくもので、この権限の行使はそれぞれの管区党委員会の常務委員会に委ねられていた[112]。したがって管区党委員会の治安担当委員の協力の下に党地方書記によってこの権限が行使されていたことは明らかである[113]。

さらに処刑に関する権限は郡ないしはそれより下級の党幹部にも委任されており[114]、その中には、チュロープや自ら取り込んだ密告者を操って村人の動向に目を光らせ、過去の経歴を詮索させていた集団化強制労働農場の監督も含まれていた[115]。

2. 民主カンプチアにおける非共産主義者の処刑

先に紹介した1976年3月の党中央委員会決議は、管区党委員会その他の党機関に重大な反革命罪で有罪の疑いのある者のうち党員でない者の処刑を許可していた。前政権の関係者と「ユオン」(Yuon)[116]と呼ばれたベトナム人を除いて特定の階層、人種的、宗教的その他のグループに属する人々の大量処刑が命令されたという確かな証拠はない。しかしながらはっきりしているのは、出身階級を基礎とする党の発想に照らせば、敵に連なる階層、民族、宗教に属する人々は、結果として処刑の対象となりやすかったということである。また同じことは1975年以前の体制に関係していたさまざまな人々にも言えることであった[117]。

クメール族以外の少数民族、とりわけ農村のチャム族には1975年に都市住民に対して行われたのと同様の強制移住が課された[118]。彼らには、都市に住んでいたクメール族が強制されたように、それまでの生活習慣——固有の宗教儀礼、民族衣装、食にまつわる慣習のほか、自らの言語までも捨て去り、クメール語を使うように強制された[119]。カンボジアにいた華人たちも都市からの移住を強制され、それまでの一切の生活様式

を放棄することを余儀なくされた。

　こうしてカンプチア共産党が政権の座に着いた日を境にその崩壊にいたる瞬間まで、チュロープや「人民」を動員した治安機関は、多様な社会構成の中から反革命活動やスパイの嫌疑をかけた人物をひっきりなしに逮捕し、拘束し、処刑し続けた。1976年の後半になると、処刑を免れた前政権関係者を捜し出すように一層の努力を傾注しなければならない、大衆の中に潜む「不良分子」を侮らず、大規模な反共謀略の一環をなす者として、一刻も早く抹殺しなければならない、という党中央の意向が治安機関に伝わり、現場の治安要員はこれに、「不良分子」と目された人物を次々と逮捕し、尋問し、処刑することで応えた[120]。

3. 党幹部の粛清

　前政権関係者や党員でない者を対象とした大規模な処刑は、さらに党内で望ましくない階級の出身者や思想的に軟弱な者を見つけだして処刑することを手始めに、ついにはさらに多くの党幹部を逮捕し、処刑する組織的な粛清に発展した。こうして処刑された幹部が残したおびただしい数の供述調書は、党内での粛清が広範囲かつ精力的に行われたことを物語っている。粛清の口実として、そしてまたその結果としてS-21に党内粛清に関連するおびただしい数の文書が残された。

　S-21の所長であったドゥックは民主カンプチア体制崩壊後にインタビューに応え、1971年に党の名で、敵の諜報機関の秘密工作員であると特定された者は誰であれ逮捕し、党内に潜む敵の内通者が誰であるかを白状させた後に「排除」せよ、という「口頭による指示」があったと語っている。ドゥックによればこの「党紀」は1975年以後も実行され、ポル・ポトではなく、党中央委員会の決定として固定化された[121]。その結果、誰であれスパイ容疑で捕まった者は「死ななければならなかった」[122]のである。

　当初党内で職務を解任されたり、身柄拘束された幹部は必然的に処刑

される、というわけではなかった。しかしながら、後にはS-21での尋問の結果「反逆者」と決めつけられる供述調書の数が増えるにしたがって、多くの幹部が結果的に処刑されるようになった[123]。1976年10月にソン・センは軍幹部を前に党は出身階級、イデオロギーその他の背景が好ましくないと考え「入党が適切ではなかった」者たちを排除することを決定した[124]、と公言し「敵の作戦は、我々を攻撃するために秘密裏に時間をかけて軍や党に浸透し、重要な地位に就くことである」として、粛清を正当化した上で、「我々の幹部を経歴や党の路線に一致しているかどうかで評価することは避けられない」と主張した[125]。

　他の共産党の路線同様、現在または最近までの政治活動の「経歴」によって党員の階級や政治信条を明らかにすることを求める、というのが党の方針であった。軍の上級幹部によって部下や兵士の「履歴書」[126]に付けられた書き込みを検討することで党中央委員会は、階級的背景や家系が「悪質」かどうか、日常の態度から政治的に責任のある地位や活動から「解任」(dâk)すべきかどうかを判断した。

　解任というのは、本格的な粛清が始まる前のほんの序曲にすぎず、大規模な粛清はついには党中央委員会やその常務委員会の委員にまで及んだ[127]。こうした党内での粛清は、党の主要政策の失敗を説明するためのスケープ・ゴートにしたために、増え続けた犠牲者の数を表向きは隠蔽しながらも党の弱体化を促す結果となった。なかでも失策の筆頭に挙げられたのは、党指導部の間で「驚異的大躍進」(moha lotphloah moha âhchar)と呼ばれたもので、カンボジア革命が共産主義の目標をソ連、ベトナム、中国その他の国の共産党よりも速く、より完全かつ成功裏に達成しようというものであった[128]。しかし、このことが仇となって党はより多くの失政を招き、他の共産主義政権においてみられないほどの反対勢力を生み出すこととなった。こうした反対勢力がほぼ完全に鎮圧され、党の方針に疑問を投げかけ異議を唱えた者が次々と処刑されたのに加えて、飢えと病気によって多くの人々が命を落としたとしても、——かつて処刑にかかわった者の言葉を借りれば——「ポ

ル・ポト以外のカンボジア人は誰であれ、撲殺されて遺棄（vay-chaol）されてもおかしくない」[129] ような論理がまかり通るシステムの下で、多くの人々が次々と命を落とすこと自体があたかも制度の一部となったかのようであった。事実、1978 年の末までに党指導部にいた者は、粛清されて命を落としたか、いずれ身柄を拘束されて処刑される粛清対象者名簿に載せられたかのいずれかであり、粛清の嵐は当の S-21 にも及んだ[130]。つまり、他の党組織同様、治安機関そのものが粛清の対象となったのである[131]。

　こうした党内粛清の展開については、参謀総長であったソン・センの発言においても言及されている。ソン・センは 1976 年 9 月初旬に開かれた、S-21 の幹部を交えた会議で「革命の敵によってこれまでになく矛盾は先鋭化しており、絶対的な対応策が必要不可欠である」[132] と強調している。さらに、同様の会議でソン・センは、「我が革命と敵との間の階級矛盾はかつてないほどに深刻な課題となっており」[133]、状況は変化しつつある、と述べた。さらに、「階級間の矛盾はかつてないほどに深刻な様相」を呈しているのだから、「反革命分子に対しては、絶対的な立場に立った粛清の遂行は避けがたく」[134]、「人民や軍の中に潜む敵の攻撃に対して」[135] 一層の警戒心が必要である、と述べている[136]。

　党の最高幹部の主張は、政権運営がうまく行かないのは反革命犯罪を助長するような政治的活動があるからだ、というものであった。ソン・センは、「革命に反逆する取るに足らない活動」の大半さえ、反逆者の組織的なネットワークの仕業であると説明した[137]。そして党が掲げた目標の達成を阻むものはたとえ「些細なできごと」であっても、社会主義社会においてもその他の社会においても「よくある」問題と見なさず、常に「我々の革命」を攻撃しようと虎視眈々としている内部の敵の仕業と捉え、これらを打破しなければならない、というのがソン・センの指令であった[138]。そして、うまく行かないことがあれば何もかもが大きな反革命謀略の一環である、というのがソン・センの分析であった[139]。たとえば、石油製品を輸送中の艦船が火災で炎上したのは、単に電気系統

で出た火花が積み荷に引火したためなどではなく、ソン・センが指揮する参謀本部の部下のひとりが「自白」したように「政治的破壊工作」であったとされた[140]。つまり、あらゆることに対する懐疑の念が粛清の口実になりえたのである。

　また、粛清の犠牲者となった党幹部は、同時に複数の諜報機関のために働いていたとされた。たとえば、ソン・センはカンボジア革命を妨害し、転覆しようとする「主要なふたつの敵のネットワーク」があり、そのひとつは「アメリカ帝国主義・フランス・台湾ネットワーク」であり、もうひとつは「ソ連・ベトナム修正主義ネットワーク」であると断言した[141]。破壊活動を担っているのはCIAの工作員となった党幹部やソ連やベトナムに繋がりのある「修正主義者ども」[142]であり、CIAの工作員は「修正主義者」と「国内の反逆者」の支援を受けているのだと決めつけ、その挙げ句に、ソン・センは「つまるところ、CIAと修正主義者は一心同体なのだ」[143]とまで言い切った。そして、こうした方便によって「CIA、KGBもしくはベトナムと密通しながら党と人民の中に潜伏する反逆分子を最後のひとりまで」見つけだすという探索が果てしなく続いた[144]。

　1976年後半には、党内から好ましくない階級の出身者を一掃することを目的とした粛清に適切に協力しなかったことを口実に逮捕される幹部が出始めた[145]。1978年までに、「階級闘争」においては、たとえ良好な階級の出身者であっても粛清という党の方針に「積極的な協力」を欠いたと判断されれば、身の安全は保障されなかったのである[146]。

　S-21に身柄を拘束された幹部は自分自身についてと、さらに自分と繋がりのあった「呑み喰いと女のことしか頭にない」[147]下劣な反逆者について供述するように迫られた。こうした見方は、彼らが「共産主義者としての紀律ある生活」に欠けることを証明するばかりでなく、破滅的な「敵のモラルの低さの見本」[148]であると捉えられた。300人の女性と「みだらな行為」に及んだのは単に欲望を満たすためばかりでなく、彼女らをゆすって「経済的破壊行為」[149]を手伝わせるためであった、というある幹部の「自白」などはその好例である。

この破壊工作という話は、周到な「自白」強要システムにおいて党の「社会主義革命」の失敗を言い逃れるための公式見解となるような口実として引き出された、数限りない供述の典型であった。ポル・ポト[150]と党の最高幹部やその部下たちは、こうした説明でもしなければ党の方針の非を認めざるを得なかったわけだが、もちろん、広範な飢餓の発生[151]やベトナムとの国境紛争での敗北[152]など、破壊工作などという言い逃れでは到底説明することのできない大きな誤りを数多く犯していた。

　一方で、治安機関は「いずこであれ、国家建設、国家防衛、生活水準の向上において惨事が起きたり、目標が達成できなかったりすることはあり、こうした点に敵はつけ込むものだ」ということを決まり文句にすることで、さらに粛清に勤しんだ。そしてこうした粛清は、国家建設、国家防衛、生活水準の向上という課題の前に「進歩のための粛清か、粛清のための粛清か」と自己目的化していった。言い換えれば、粛清が、結果として充分な食糧を人民に供給する能力を備えることに代表される経済建設とベトナムとの武装闘争における勝利をもたらす、と考えられたのである[153]。

　こうして供述調書は、ポル・ポトをはじめとする調書閲覧者に、拷問の結果成し遂げたといわれていることがさらに今後も成し遂げられ続けるという、あたかも革命が成功していると誤認させ続ける一助ともなった。1978年になって、広範な飢餓と粛清によって国内の政治・経済情勢に重圧がのしかかってるにもかかわらず、S-21の取調官たちは――学習会に参加した何人かの取調官のノートによれば――民主カンプチア政権が、カンボジア人民の心に深く染み込んだ党＝共産主義者の政権である、と信じるように指示されていた[154]。このことはとりもなおさず、取調官たちが「絶えず向上し、前進し、人民は飯を腹一杯食べている」[155]と教え込まれ、「卑しい反逆者が逮捕されるたびに人民は喜び、我が党に感謝する」[156]ことに励まされていた。ほとんどカフカ的ともいえる学習会を通じて取調官たちは「我がカンボジア全土において、人民は殺されることなどおそれてはいない」と信じ込むよう求められたのである[157]。

1978年9月にポル・ポトが、カンボジア革命の現状が「すべての分野で卓越」[158] している、というのも民主カンプチアは「かつてなく発展」[159] し、とりわけ「(我々が) すべての人民に保証した生活水準」[160] のおかげで90パーセント以上の人民はカンボジア史においてかつてないほどの高い生活水準を享受し、1970年に比べて出生率は向上し、死亡率は低下した[161]、と語ったことは「自白」によって下支えされた内容であった。ポル・ポトの見方によれば、党はそのほとんどすべてが「社会主義革命」[162] を支持している人民の間に「深く根を張って」おり、これに刃向かうのは——ポル・ポトによれば——「ほんの一握り」の「完全に孤立状態に陥った」[163]「敵の手先」にすぎない、というものであった。ポル・ポトは敵の手先は「人民の手中にある」[164] と主張して引き続きS-21の存在を秘密にしたため、S-21はポル・ポトの意を汲んだ「自白」をねつ造し続け、カンボジア革命失敗の予兆はCIA—KGB—ベトナム一派による反党工作と片づけられた[165]。

91 たとえば、前掲注2、15に挙げたキエナンやチャンドラーの著作を参照せよ。

92 人道に対する犯罪は多くの国際条約において定義づけられている。たとえば、1945年8月8日に締結された国際軍事裁判所条例 (U.N.T.S.279) はその第6条において人道に対する犯罪を「戦前又は戦時中に民間人に対して実行される殺人、殲滅、国外追放その他の非人道的な行為若しくは犯行地の国内法に違反するか否かに係わらず本裁判所の管轄に属する犯罪の遂行として又はこれに関連して実行された政治的、人種的又は宗教的理由に基づく迫害」と定義する。また前掲注13に挙げた旧ユーゴスラヴィア国際刑事法廷規程は、第5条において「国際的か国内的かに係わらず武力紛争時に民間人に対して実行される　殺人、殲滅、奴隷化、国外追放、抑留、拷問又は強姦若しくは政治的、人種的又は宗教的理由に基づく迫害その他の非人道的行為」と定義づけ、同じく注13に挙げたルワンダ国際刑事法廷規程第3条は「国民的、政治的、人種的、民族的又は宗教的理由に基づく広範な若しくは系統的な民間人に対する攻撃の一環として実行される殺人、殲滅及び拷問その他の犯罪」と定義づけている。なお、前掲注3・国連専門家グループ報告書¶¶66-71を参照せよ。

93 カンプチア共産党は民主カンプチアが支配する国土を管区 (zone)、地区 (sector)、郡 (district)、区 (sub-district)、集団化強制労働農場 (cooperatives)

に区分けした。1978年までに国土は7管区32地区に整理され、中央委員会の指令はこれらの地方幹部を経て末端に下達された。なお、前掲注3・国連専門家グループ報告書¶17参照。詳細につき、本書第2章を参照せよ。

94 ドゥックは政権崩壊後にインタビューに応じ、「すべて喋れば、自由の身になれる」と騙すなど「心理的な手法を交えた拷問を使った」、「相手を騙す手法は効果的だった」、また、尋問ののち、ドゥックの監督の下で逮捕された者をどのように処刑するかについて党から特段の指示はなかったが、「通常は相手の喉をかき切った」と話している。前掲注12のネイト・セイヤー記者のインタビューを参照せよ。

95 S-21に保存されていた文書の中には何百もの人々の氏名と処刑期日が記された処刑予定表が残されていた。詳細につき、以下の史料を参照せよ。David Hawk, Khmer Rouge Prison Documents from the S-21 (Tuol Sleng) Extermination Center in Phnom Penh, Items 14-19 (unpublished manuscript).

96 Convention against Torture and Other Cruel, Degrading Treatment or Punishment, G.A. Res. 39/46 annex 39 U.N. GAOR Supp. (No.51), p.197, U.N. Doc. A/39/51 (1984).（1987年6月26日発効）。同様の条約として「拷問の防止及び処罰に関する米州条約」(Inter-American Convention to Prevent and Punish Torture, O.A.S. Treaty Series No.67) 第10条を参照せよ。

97 International Criminal Tribunal for the Former Yugoslavia, Rules of Procedure and Evidence, U.N. Doc. IT/32/Rev.18 (June 2000), Rule 95 "Exclusion of Certain Evidence"; International Criminal Tribunal for Rwanda, Rules of Procedure and Evidence, U.N. Doc. ITR/3/Rev.8 (June 2000), Rule 95 "Exclusion of Certain Evidence"; Rome Statute of the International Criminal Court, U.N. Doc. A/CONF.183/9 (as corrected by the process-verbaux of 10 November 1998 and 12 July 1999) art. 69 (7).

98 前掲注96・拷問等禁止条約第15条。

99 たとえば、中部管区第174師団所属の大隊幹部サウ（Saut）ことニュム・シム（Nheum Sim）の1977年11月の「自白」には取調官の「拷問（tearunakam）したところ、ただちに逮捕の直前まで警察とCIAの協力者であったことを自白した」という説明とともにヌオン・チアに提出するように、との指示が記入されている。「元・農業専門家、逮捕前中部管区第174師団第601連隊第701大隊所属、サウことニュム・シムの調書」、添え書き「写し1部を同志ヌオンに提出、1977年11月11日」DC-Cam史料番号BBKKh176。拷問等禁止条約第15条に照らせば、このサウの自白調書は、供述を引き出すために取調官による拷問が行われたことを立証する明白な証拠である。

100 供述が引き出された状況の下で、党の粛清に関する方針の存在やその性格に関する供述調書の中の偽情報を流布しようとする意図はなかった。というのも、供述調書は一般に公表されず、一部の選ばれた幹部にのみ回覧されたからである。

101 「粛清」は党の内部文書に頻出する言葉である。例外はあるとしても、通常は党の敵と目された者の処刑を意味する。「処刑」と同じ意味でこの単語が使われた例として、1976年10月9日のソン・セン主宰による参謀本部会議の議事録("Minutes of the Meeting of Secretaries and Deputy Secretaries of Divisions and Independent Regiments, 9 October 1976, 14:00 hours" N0001500)は「断固たる階級闘争の大義のためには敵対分子を徹底的に粛清することが必要」であると強調し、以下の「3つの前提条件に即して」、「第1類:危険分子。徹底的に粛清する。第2類:通常の自由主義的傾向をもつ者。繰り返し党の教育機関で教育する。第3類:敵の扇動に乗ったことがなく、敵の扇動をほとんど信じていない者。第1段階として、敵を信じないよう教育を受けさせる」と説明している。

102 Confessions of Mæn Meng alias Chhin (CMR 78.2/TSA M172), "Text Transcribed from a Tape Recording Responses of Mæn Meng alias Chhin, Division 920," March 23, 1977, pp.6-7. 党の内部文書で使われる「粉砕」(smash, kâmtech) という単語はベトナムの共産主義者が使ってきた tieu diet をクメール語に翻訳したものであり、中国の共産主義者が使用した「消滅」(Xiāomiè) という単語に由来し、英語では「eliminate」、「abolish」、「exterminate」、「wipe out」などに翻訳されている。党の内部文書では敵との闘争についてえん曲的に表現する際にこの単語を使われたほか、殺害をえん曲的に表現する際によく使われてきた。またS-21の文書では「掃除する」、「粉砕する」、「片づける」等の単語が処刑をえん曲的に表現する言葉として日常的に使用されていた。なお、詳細につき、以下の文献を参照せよ。Tu Dien, Viet-Khome, Ha Noi, Nha Xuat Ban Khoa Hoc Xa Hoi, 1978, p.1553; 漢英辞典、北京、商務印書館、1984、P.758; David Hawk, "Khmer Rouge Prison Documents from S-21 (Tuol Sleng) Extermination Center in Phnom Penh," items 14-19.

103 "Confessions" of Cho Chhan alias Sreng (CMR 12.25/TSA C120), "I would Like to Report on the Commissioned Officers Who Exited to the North Zone," March 23, 1977, pp.1-2.

104 同上。

105 "Minutes of the Front Standing Committee, 11 March 1976"; "The Decision of the Central Committee on a Number of Miscellaneous Matters," March 30, 1976, p.5.

106 Steve Heder, Pol Pot and Khieu Samphan, pp.12-13, Monash

University Centre of Southeast Asian Studies Working Paper No.70, 1991.

107　民主カンプチア軍部隊には前政権高官の処刑が命令されていたが、党の公式見解は「公務員や兵士を他の新住民と同様に集団化強制労働農場に編入する」というものであり、最悪の場合でも「危険人物や犯罪常習者の再教育労働キャンプ」に収容する、というものであった。詳細につき、以下の文献を参照せよ。Francois Rigaux, Un Socialisme a la Spartiate: le Kampuchea Democratique 1, 19,21, 1978, unpublished. 1978年にリゴーが民主カンプチアを公式訪問した際に対応した民主カンプチア外務省幹部は、「何千人もの」CIAその他の敵のスパイがプノンペン市内に反革命ネットワークを張りめぐらし、我々が勝利したという情報が広まった直後から破壊工作を行った、こうした者たちは農村に送られ、農民の監督の下で労働に服し、転向する機会を与えられた、と語った。プノンペンからの住民の強制移動についてはイエン・サリをはじめ多くの関係者がその理由と経緯を説明しているが当該証言は外務省官房長ソ・ホン（So Hong）が語ったものと考えられる。

108　前掲注107を参照せよ。

109　全国的な治安組織網に関するこの記述は、S-21の供述調書に添付された被疑者の履歴書に依った。当時の治安機関の組織構成を再現するのに役立つこうした記述によれば、党書記によって統括される治安機関は一般的には郡レベル以上に設置されていた。ある郡レベルの治安機関幹部の「自白」は、郡レベルの治安機関の活動と下級の党組織への指導について述べている。詳細について、以下の自白調書を参照せよ。"Responses of Aem Min alias Sean, Round 1: On the Case of Aem Min alias Sean Himself, Member, Baray District, Sector 42," (CMR 27.3/TSA E19), May 14, 1977.

110　「人民」はこの程度の役割を演じるものとされた。こうした集団化強制労働農場における「人民」の理想的な役割については、たとえば、S-21の首席取調官であったポン（Pon）ことトン・スーン・フアン（Tong Soeng Heuan）の1978年10月8日付けのメモには、もし、「ある集団化強制労働農場に複数の密告者がいれば、いつも隠れて我々の手を煩わせる活動を行っている敵」を「よき幹部が、国土の防衛が人民の義務であると理解している人民の手を借りて選別」し、「人民は革命を攻撃する敵とその手先を完全に粉砕するだろう」などと書かれている。こうした理想が農村地域でいかに実行に移されたは北部管区の党地方書記だったチャン・サム（Chan Sam）ことサエ（Sae）ことカン・チャップ（Kang Chap）の手による2つの文書から見て取ることができる。ひとつは北部管区で「基礎階級の人民に依拠して隠れた敵を一掃した」ことを党中央委員会に報告し、サエの署名のある1978年1月10日付け「敬愛する第870委員会への電報第254号」であり、2つ目は同じく党中央委員会に宛てて「我々は次々と我が革命に反逆し、反逆者に転落した卑しむべき者の生き残りを

一掃中である。我々は人民、とりわけ敵味方を明確に見分ける基礎階級に属する人民にますます依拠してこの戦いを進めている」と報告した 1978 年 4 月 10 日付け「敬愛する第 870 委員会への電報第 324 号」である。

111 "Confessions" of Cho Chhan alias Sreng (CMR 12.25/TSA C120), "I Would Like to Report on the Commissioned Officers Who Extend to the North Zone," March 18, 1977, pp.1-2.

112 前掲注 105・党中央委員会決議。

113 "Confessions" of Meah Aem (CMR 80.80/TSA M264), "Overt Organigram of the Northeast Zone Security Ministry: Responses of Meah Eam, Cadre for Summarizing Security Documents," February 4, 1978. この「自白」によれば、3 人の幹部で構成される管区治安委員会は党地方書記に直結した関係にあることがわかる。

114 DC-Cam が 1998 年に発表した報告書「1998 年版カンボジアにおける集団埋葬地の分布（Mapping of the Killing Field of Cambodia, 1998）」によればカンボジア全土にわたって 400 カ所以上の収容施設・処刑施設が確認されており、さらに未確認の施設が多数存在すると思われる。このことはいうまでもなく民主カンプチア時代に 100 あまりの郡にそれぞれ 1 カ所またはそれ以上の施設が存在したことを示している。詳細につき、同書表 –1（Table 1,"A List of Names for 1975, 1976, 1977 and 1978"）を参照せよ。同書に掲載されたその他のデータも同様の結論を示している。

115 チュロープの活動につき、同上 123 ページのほか、以下の文献を参照せよ。Francois Ponchaud, Cambodia: Year Zero, 1979, p.114（邦訳として北畠葭訳『カンボジア・ゼロ年』連合出版、1979 年）。Martin Stuart-Fox, Bunhaeng Ung, The Murderous Revolution: Bunhaeng Ung's Life with Death in Pol Pot's Kampuchea, 1986, pp.54-55.

116 ユオン（Yuon）とはカンプチア共産党がベトナム人を指す際に侮蔑的な表現と定義して用いたクメール語の単語であるが、今日ではベトナム人自身が自分たちを指す際に用いた口語表現であると考えられている。

117 治安機関やチュロープが活動した社会では、すべての国民は正規（penh-set）、候補者（triem）、落ちこぼれ（pannhace）の 3 つに分類された。この分類は集団化強制労働農場における権利を決定するのにも用いられ、革命に対する忠誠の度合いを示すものとしても使われた。民主カンプチアにおける革命の初期の段階では一般に「正規グループは理論上必要とされる食糧を配給され、党と軍を含むすべての政治組織に加入し、政治的役職に就く権利を有する。候補者グループは配給名簿において正規グループに次ぎ、下級の政治的役職に就くことができる。落ちこぼれグループは配給名

簿では末尾に、処刑対象者名簿では先頭に位置し、政治的諸権利を有さない」といわれた。1978年の後半にはこの3つの分類は正式に廃止され、ポル・ポトは、論文（Pol Pot, "Let Us Continue to Firmly Hold Aloft the Banner of Victory of the Glorious Communist Party of Kampuchea in Order to Defend Democratic Kampuchea, Carry On Socialist Revolution and Build Up Socialism," September 27, 1978, p.4) の中でその代わりに「善良・中間・弱体」分子、という平凡な区別を国民と軍に設けることを主張したが、非公式には、党組織と大衆に対してはこの3つの分類に代わって、共産主義者の支配に編入されたのが1975年4月以前であるか、以後であるかによって国民を「旧人民」と「新人民」に二分するようになった。当初から党指導部では「落ちこぼれ」や「新人民」と政治的「不良分子」を明確に区別していたにもかかわらず、現場の治安機関には「新人民」には高い比率で「不良分子」が含まれていると理解するよう指示されていた。たとえば、DC-Camが所蔵する「党常務委員会北西部管区視察記録1975年8月20～24日（Record of the Standing Committee Tour of the Northwest Zone, 20-24 August, 1975)」（1975年8月26日付け、DC-Cam史料番号N0001022）によれば、党常務委員会の代表（氏名不詳）は、管区党組織に対して「あらゆるタイプの極めて不快な者らが……新人民の中に存在する」、しかしながら「カンボジアの圧倒的多数の旧人民、新人民は善良」であり、「旧人民に問題はない」のに、「たとえ我々が充分な食糧を配給しても、新人民の中に潜む不良分子は、我々に同調しようとしないのだから、彼らのような卑怯者につけ込まれないよう用心深くすること」が必要不可欠である、と語っている。その上で党常務委員会の代表の指示は、革命の敵に活動の余地を与えないために「彼らを分断し、力を結集させるな」であった。なお、同様の史料として「1976年8月18日に師団・独立連隊党書記、党副書記を集めた参謀本部会議議事録（"Minutes of the Meeting of Secretaries and Deputy Secretaries of Divisions and Independent Regiments, 18 August, 1976, 14:15 hours")」（1976年8月18日付け、DC-Cam史料番号N0001379）を参照せよ。

118 カンプチア共産党は民族や宗教を固定化した上で、階級的、思想傾向的に問題のある民族的、宗教的集団への攻撃を激化させることが階級闘争を深化させることであると捉えた。なお、前掲注2に挙げた"Racism, Marxism... "を参照せよ。

119 他の共産主義政権においてと同様、カンプチア共産党が一層の共産主義を実現しようとすればするほど、革命の遂行を脅かすと目された少数民族その他のマイノリティ・グループへの攻撃は激しさを増した。歴史学の研究ではすでに旧ソ連と中国で同様の事態が起き、さらに本来漠然として伸縮自在とも言える「階級」というマルクス主義の一般概念がどのようにその事態に反映されたのかを明らかにしている。詳細につき、以下の文献を参照せよ。Steve Heder, "Race and class in Revolutionary Genocide," Kimeny, Alexandre and Otis Scott (eds.), Anatomy of Genocide, Edwin Metten Press, 2001. 少数民族その他のマイノリティ・グループの人々は「新人民」同様、治安要員や集団化強制労働農場の監督、チュロープから消耗品のように扱われ、「生かしておいても得にならない、死んでしまっても損にならない（tuk meun châmneh dâk meun khat）」と言われた。この言い回しは地方では頻繁に使われたが、党の公式文書には見受けられない。先に労働者階級に該当しないと宣告されたイスラム教徒であるチャム族に対する党の方針は、東部管区党地方書記チョン（Chhon）ことサオ・プーム（Sao Pheum）がポル・ポトに宛てた 1975 年 11 月 30 日付け「敬愛する同志ポル（・ポト）宛電報第 15 号」（DC-Cam 史料番号 N0001045）によれば、たとえカンボジア人の「兄弟姉妹」と考えられていたとしても、彼らを地理的に「分断」しようとするものであった。またチャム族の人々を「旧政権の兵士」や「卑しむべき敵」とともに「反革命分子」と分類した例として、「同志（ケ・）ポク」がポル・ポトに宛てた 1976 年 4 月 4 日付け「敬愛する同志ポル（・ポト）宛電報第 94 号」（DC-Cam 史料番号 N0001187）がある。別の DC-Cam 所蔵史料（「党第 5 地区委員会週次報告」）には、「プノンペンから到着した 4 月 17 日分子（＝新人民、引用者注）はチャム族で、集団化強制労働農場の食堂において宗教的信条にもとづいて、与えられた食事に（信教の自由を保障した民主カンプチアの、引用者注）憲法までもちだして抗議したことから、かれらの反革命的傾向が露呈した」（1977 年 5 月 21 日付け、DC-Cam 史料番号なし）と書かれている。軍内部ではチャム族の存在は「プチ・ブル」階級と同様に受け止められ、その結果、何らかの政治的裏切りの証拠さえあれば、容易に抹殺される危険をはらんでいた。その他の宗教的グループについていえば、仏教僧侶は、階級（vannapheap）においては前政権を支えた兵士や警察官同様の「特権階級」に位置づけられた。そして党の方針は、「僧侶に信仰を捨てさせ、集団化された農民に統合させることで懸念を拭い去り、民主的民族戦線に統合する、という党の路線を実行すること」（1975 年 9 月 22 日付け）であった。

120 このような方針変更の契機となったのは、1976 年 8 月 30 日にソン・セン参謀総長が軍の幹部を招集した会議において「敵の状況の総合評価」を行ってからであろう。議事録（"Minutes of the Meeting of Secretaries and Deputy Secretaries of Divisions and Independent Regiments, August 30, 1976, 14:00 hours." 1976 年 8 月 30 日付け、DC-Cam 史料番号 N0001407）によれば、ソン・センは人民や党組織内におけるさまざまな態様の意見の不一致や方針からの逸脱、党への反抗や不満の報告や自白から、「討論から敵が活動を開始していることが明らかになった。敵は不良分子のほか家族を処刑された者、地位を失った者、革命運動への参加を拒む者、そして新人民を反革命に糾合する機会をうかがっている」と断

定した。

121 ドゥックによれば当初は、1977 年に拘束された民主カンプチア情報大臣のフー・ニム（Hu Nim）のように比較的名のしれた幹部を逮捕する際には党中央委員会全体の承認が必要であったが、のちに党中央委員会常務委員兼東部管区党地方書記サオ・プームのような最高幹部や 1978 年半ばに東部その他の管区で行われたような党員の大量逮捕の際には、特別に、そして極秘にポル・ポト、ヌオン・チア、ソン・センの 3 人が会合して決定を下した。1978 年以後にこの意思決定機関はさらに狭まり、本人によれば、ドゥックはソン・センに報告するのをやめ、ヌオン・チアに対してのみ報告を上げるようになった。詳細につき、前掲注 12 のセイヤー記者によるインタビューを参照せよ。

122 前掲注 12 のセイヤー記者によるインタビュー及び以下の報道を参照せよ。Nate Thayer, "Duch Confesses," Far Eastern Economic Review, May 13, 1999. S-21 の序列第 3 位の取調官チャンことマム・ナイが残したノートの 1978 年 5 月 19 日の記述によれば、この「党紀」は再確認され、「すでに逮捕された者は、明らかに秘密工作員であったと考えなければならない。尋問はその線で行う」と書かれている。

123 1976 年 9 月以前に意見の不一致や党の政治路線からの逸脱など党の団結を脅かした疑いで身柄を拘束された者すべてが処刑されたわけではなく、たとえば、外国の諜報機関の工作員以外の嫌疑で拘束された者は処刑されなかった。その中には党駐ハノイ代表をつとめ、1975 年の帰国と同時に逮捕されたカエウ・メアがいる。彼は、1976 年 9 月に S-21 に送られ、尋問ののち処刑されるまで自宅軟禁におかれた。しかし、1976 年以後は、身柄を拘束された者は必ず処刑されるようになった。詳細につき、カエウ・メア（Kæv Meah）の供述調書（CMR50.14/TSA K146）を参照せよ。

124 "Minutes of the Meeting of Secretaries and Deputy Secretaries of Divisions and Independent Regiments, October 9, 1976, 14:00 hours" (DC-Cam 史料番号 N0001500).

125 "Minutes of the Meeting of Secretaries and Deputy Secretaries of Divisions and Regiments, October 18, 1976, 14:15 hours" (DC-Cam 史料番号 N0001505).

126 DC-Cam が所蔵する、こうした幹部や兵士の「履歴（pravoateroup）」には「階級性（vannapheap）」、家系、政治活動歴、国籍（chuncheat）のほか、「道徳（soelathoar）」についての記録が含まれる。

127 1980 年 8 月 4 日に行われたインタビューでキュウ・サンパンは民主カンプチアが崩壊するまでに党中央委員会とその常務委員会委員の約半数が「敵の手先」として粛清された、と語った。詳細につき、前掲注 106・Pol Pot and Khieu

Samphan, p.10 を参照せよ。

128 イエン・サリによれば、1975年9月の党中央委員会常務委員会においてカンボジアにおける「真に速やかな共産主義化」を実現することが絶対的に必要であり、そのためには「絶対的なプロレタリア独裁が確立されなければならない」ことがすべての常務委員の間の「共通認識」となった（1996年12月17日、タイ領内チャンタブリにおけるスティーブ・ヘダーによるイエン・サリへのインタビュー）。また、1975年9月19日付け党内部文書「経済再建及び国家建設に関する全土における党の路線の執行状況評価（Assessment of the Grasp on and the Implementation of the Political Line on Economic Reconstruction and Arrangement for Building Up the Country in Every Domain）」は「（我が党は）生産において中国、朝鮮、ベトナム革命に30年先行」しており、カンボジアは経済面の先進性においてこれらの革命をはるかに上回る速度で社会主義建設を進めている、と述べ、またS-21の首席取調官ポンことトン・スーン・フアンが1978年7月16日に書き残したノートによれば、我が党の革命は、1917年10月以来ボルシェビキによって築かれ、1953年のスターリンの死によって「挫折」したのち1949年に毛沢東によって引き継がれたものの中国共産党が輝きを失わせてしまった（sra-ap）「強固な」革命的伝統を一層前進させる、としている。同様の見方として、S-21序列第3位の取調官チャンことマム・ナイが1978年8月10日に書き残したノートにも「1917年から1953年にかけて高く掲げられたレーニン革命の赤旗は、1953年以後レーニンとスターリンの死によってその輝きを失った（Sra-ap vinh）が、1975年4月17日、革命の勝利を祝う深紅の旗は、カンボジアで再度高く掲げられた」と記されている。

129 Steve Heder, Kampuchea: October 1979 - August 1989, Report prepared for the US Department of State Bureau of Intelligence and Research Office of Public Research, p.23.

130 詳細につき、前掲注2のヘダーの著作127～133ページを参照せよ。粛清されようとした者のうちには軍参謀総長ソン・セン、東部管区党地方書記ケ・ポクが含まれていた。ケ・ポクを「反逆者」と名指ししたものとして、ヴォン・ヴェト（Von Vet）ことペン・トゥック（Penh Thuok）の供述調書（CMR124.17 TSA P374）46～51ページを参照せよ。54ページにわたる供述にはタイトルも日付けも付されていないが、供述はおそらく1978年11月から始めたと思われる。1978年後半までに、現在生存中の唯一の党地方書記タ・モクも党中央委員会常務委員のうちでは次の粛清対象であった、という証言がなされている。1978年7月16日にS-21の取調官ポンが書き残したノート（前掲注128）にはタ・モクが指揮する南西部管区は1968年に「プノンペンで我が革命勢力が敵に攻撃された」時から反逆行為に関与しており、ベトナムが政権打倒のためにカンボジアに侵攻してきた際には、粛清しなけ

ればならない、と記されている。さらにイエン・サリの名も粛清対象者名簿に載っていた。党中央委員会常務委員候補コエ（Koe）ことクン・ソパル（Kung Sophal）の「私が犯した反逆行為を洗いざらい報告する（"I Would Like Respectfully Please to Report on My Traitorous Activities from the Beginning and Ever Since"）」と題する1978年11月12日付け供述調書（CMR57.33/TSA K351）に添付された「反逆者一覧表」の末尾には「外務省のサリ」の名前がある。なお、かつてコエを革命運動に引き込んだのはほかならぬイエン・サリ自身である。

131 S-21それ自体の崩壊につき、前掲注15に挙げたチャンドラーの著作を参照せよ。

132 "Minutes of Meeting with the Organization's Office, 703 and S-21, September 9, 1976"（DC-Cam 史料番号 N0001445）。

133 "Minutes of the Meeting of Secretaries and Deputy Secretaries of Divisions and Independent Regiments, September 16, 1976, 07:00 hours"（DC-Cam 史料番号 N0001449）。

134 "Minutes of the Meeting of Secretaries and Deputy Secretaries of Divisions and Independent Regiments, October 9, 1976, 14:00 hours"（DC-Cam 史料番号 N0001500）。

135 "Minutes of the Meeting of Secretaries and Logistics of Divisions and Independent Regiments, September 19, 1976, 07:00 hours"（DC-Cam 史料番号 N0001451）。この文脈においてソン・センが主張する「粛清」には反逆者と目された者の処刑が含まれると考えられる。

136 "Minutes of the Meeting of Secretaries and Deputy Secretaries of Divisions and Independent Regiments, March 1, 1977"（DC-Cam 史料番号 L0045/08BBK）。

137 "Minutes of the Meeting of Secretaries and Deputy Secretaries of Divisions and Independent Regiments, October 9, 1976, 14:00 hours"（DC-Cam 史料番号 N0001500）。

138 "Minutes of the Meeting of Secretaries and Logistics of Divisions and Independent Regiments, December 15, 1976, 07:00 hours"（DC-Cam 史料番号なし）。

139 "Minutes of the Meeting of Secretaries and Deputy Secretaries of Divisions and Independent Regiments, August 30, 1976, 14:00 hours"（DC-Cam 史料番号 N0001407）; "Minutes of the Meeting of Secretaries and Logistics of Divisions and Independent Regiments, September 19, 1976, 07:00 hours"（DC-Cam 史料番号 N0001451）。

140 「自己の党への反逆行為の履歴に関する元・東部管区第 22 地区党書記トゥムことシエッ・チャイの供述（"Responses Seat Chhæ alias Tum, ex-Secretary of Sector 22 - East Zone: On the History of His Own Personal Activities Betraying the Party"）」と題する元・東部管区第 22 地区党書記トゥム（Tum）ことシエッ・チャイ（Seat Chhæ）の供述調書（CMR 138.112/TSA S153）。

141 "Minutes of the Meeting of Secretaries and Logistics of Divisions and Independent Regiments, September 19, 1976 07:00 hours"（DC-Cam 史料番号 N0001451）。

142 同上。

143 "Minutes of the Meeting of Secretaries and Deputy Secretaries of Divisions and Independent Regiments, March 1, 1977"（DC-Cam 史料番号なし）。

144 "Weekly Report of the Sector 5 Committee,"（1977 年 5 月 21 日付け、DC-Cam 史料番号なし）。

145 ある犠牲者が S-21 の取調官に供述したところによれば、これはイデオロギー的に軟弱とされた「党内ブルジョア」と富農の影響を消し去ることを目的に「精力的に粛清が行われた時期」のことである。供述調書はこの人物が粛清の対象となるまでの過程を「毎月、同志一人ひとりについて党の政治方針、理論面あるいは組織面の路線を系統的に理解しているかどうか、評価が下された。それによって急速に成長している者もいれば、行き詰まっている者もいることが明らかになった。かつてのプチ・ブル的発想の残滓は完全には払拭されてはいなかった」と語っている。このことを深刻に受け止めず「党の歴史と幹部の伝記を学習しなかった。党のプロレタリア路線に一致せず、敵に容易につけ入る隙を与えるという誤り（1976 年 11 月 1 日付け、全 17 ページの供述調書の 12 〜 15 ページ）」を犯したことが命取りとなった。この「XII号の最初の供述：未だ自白せず、己の美徳ばかりを喋っている（"XII's First Response: Not Yet Confessed Speaks Only of His Virtues"）」と題された供述調書（CMR13.28/TSA C150）の主、チェイ・スオン（Chey Suon）、チェイ（Chey）またはセン（Seng）ことノン・スオン（Non Suon）は政府の農業委員会委員長として閣僚級の地位にあった。

146 S-21 の取調官は、民主カンプチアを建設し、防衛するという任務を「力強く」果たしているかどうか、また一般的な生活水準に不平を漏らしていないかどうかを見きわめて反逆者を見つけ出すようにとの命令を再三にわたって受けていた。また取調官は「本当に」CIA、KGB、ベトナムが秘密工作員を「知識人階層、僧侶、封建主義階層、ブルジョア階層、地主層ほかあらゆる農民、労働者の間に潜入させている」（前掲注 128・1978 年 8 月 11 日付けポンのノート）と教えられていた。

147 「スオンことチア・ノンによる拷問前の供述（"The Responses of Chea Nun alias Suong, Written Before He Was Tortured"）」と題するスオン（Suong）ことチア・ノン（Chea Non）の1977年2月20日付け供述調書（CMR13.33/TSA C155）2ページ。

148 「私の活動について（"On My Activities"）」と題するスオンことチア・ノンの1977年3月23（？日付の判読困難）日付け供述調書（CMR13.33/TSA C155）31～32ページ（なお、末尾に1977年3月28日の日付が記入されている）。

149 「卑しむべき東部管区第20地区党書記スンの供述記録：1975年4月17日以後（"The Record of Responses of The Contemptible Sun, Secretary of Sector 20, East Zone: Post 17 April 1975"）」と題するスン（Sun）こと東部管区第20地区党書記チア・シン（Chea Sin）の1978年6月20日付け供述調書（CMR16.4/TSA C180）31、35ページ。同様に、こっそりとビール飲む者たちは「CIAドリンカー」と非難された。この点につき、「東部の工作網との連絡（"Liaison with Link in the East"）」と題するスオンことチア・ノンの1977年4月30日付け（末尾の日付は同年5月1日）供述調書（CMR13.33/TSA C155）15、16ページを参照せよ。また、ある党中央委員は処刑される前に党の政治路線を実行することを「誤り」、とりわけポル・ポトをはじめとする「党の指導部同志」に対する態度が悪かったのは「酒と女とドンチャン騒ぎ好き」なことからも明らかな通り、「出身階級」の邪悪な「本質」によるものであると「自白」した。この点につき、「IV 1975年4月17日から1978年5月26日まで（" IV From April 17, 1975 to May 26, 1978"）」と題するタン・シ（Thang Si）ことチョウ・チェット（Chou Chet）の1978年5月20日付け供述調書（CMR12.22/TSA C117）69～70ページを参照せよ。逮捕された当時、チョウ・チェットは西部管区党地方書記であった。さらに別の幹部は、自分が同時に「卑しむべきホー・チ・ミンとアメリカのCIAの手先」であった証拠として女性と「最も醜悪で邪悪な行為」をしたと「自白」した。この点につき、「カエウ・サムナンこと東部管区参謀長メア・モンの回答（Responses of Meah Mon alias Kaev Samnang, Chairman of the East Zone General Staff）」と題するサムナン（Samnang）またはシトゥン（Sithun）ことメア・モン（Meah Mon）の日付のない供述調書（CMR71.10/TSA M28）7ページを参照せよ。

150 詳細につき、後掲注158～165を参照せよ。

151 革命経済の破壊を意図した「放火破壊工作」容疑はS-21の供述調書にたびたび登場する。同様の容疑は、土地を開墾し、集団化強制労働農場で労働に従事させることで農業生産における大躍進を達成するという党の方針の下で北西部管区に送り込まれた数十万人の人々が、悲劇的な収穫量と食糧危機の結果として大規模な飢餓に直面したことを、政策の失敗ではなく、「CIA一味」と革命勢力の中に潜む敵の仕業で

ある、と説明する際にも利用された。一般的に失敗に終わった農業の集団化についての分析として、以下の文献を参照せよ。Frederic L. Pryor, The Red and Green: The Rise and Fall of Collectivized Agriculture in Marxist Regimes, 1992. またカンプチア共産党が採用し、飢餓を招いた大躍進モデルについては、以下の論文を参照せよ。G.H. Chang and G.Z. Wen, "Communal Dining and the Chinese Famine of 1958-1961," p.46, Economic Development and Cultural Change 1, 1997; Dali L. Yang, "Calamity and Reform in China: State, Rural Society and Institutional Change Since the Great Leap Famine," pp.21-67, 1996; "Special Issue: China's Great Famine," p.9, China Economic Review 1, 1998. なお、上述の北西部管区での飢餓の発生につき、北西部管区党内序列第3位のサイ (Say) ことルッ・マウ (Ruch Mav) の一連の供述調書 (CMR125.10/TSA R10) のうち、1977年7月6日付け「北西部管区党員サイの供述、第4部及び第5部 (Responses of Say, Northwest Zone Member, Parts Four and Five)」45ページ及び1977年9月22日付け「親愛なる組織に敬意を表し、組織に対して私の反逆の履歴を以下の通り報告します (I would Like to Salute the Respected Organization and Present a Report to the Organization on My History of Treason, as Follows)」37〜39ページ、48〜50ページによれば、サイは収穫した米に火を放ったばかりか、「人民を耕作にではなく、収穫期の田圃の破壊に向かわせる」計画に関与し、「雑な稲刈り作業をさせて米を刈り残し」、「そこらじゅうに米をこぼし」、「ダムや水路の建設を妨害するために作業道具を破壊」した。こうした「CIA活動」が「食糧と飲料水の不足を引き起こし、人民に反革命に勝利するに足るだけ食べさせることができなかった」理由として挙げられた。つまり、こうした「破壊工作」が説明しているのは「なぜ、米不足についての宣伝が行われるのか」であり、「なぜ、食糧生産高が大幅に後退したのか」であり、「なぜ、収穫高が減少したか」なのである。

152 民主カンプチアによるベトナム領内への越境攻撃に対する反撃として1977年末に起こったベトナム軍によるカンボジア領内への侵攻は、ベトナム軍の圧倒的な軍事的優位性によってではなく、民主カンプチア軍内部に浸透したベトナムのスパイがベトナム軍部隊をカンボジア領内深くまで侵攻するのを「手引きした」ためであるといわれた。1978年1月28日付けのS-21取調官チャンことマム・ナイのノートによれば、彼をはじめとするS-21の取調官たちは、1977年末の戦闘では「内部の敵」が「ユオンども(ベトナム人)を我が国土に導き入れた」という説明を受けている。こうした説明がはっきりと書かれた供述調書の例として、取調官によってねつ造された痕跡が随所に認められるリン (Lin) またはペアム (Peam) ことソク・クノル (Sok Knol) の供述調書 (CMR131.1/TSA S42) を参照せよ。

153 前掲注 152・1978 年 7 月 25 日付け取調官チャンのノート。
154 同上。
155 同上、1978 年 4 月 12 日付け取調官チャンのノート。
156 同上。
157 同上。
158 前掲注 117・ポル・ポト論文。
159 同上 17 ページ。
160 同上 18 ページ。
161 同上 19 ページ。
162 同上 24 ページ。
163 同上 35 ページ。
164 同上 36 ページ。
165 既述の通り、大量処刑を引き起こすことになった党の方針自体とその性格には疑問は差し挟まれず、党の政策が失敗したことを正当化するためにねつ造された「自白」の内容が事実であるというのが、共通認識であった。

B　党の指揮命令系統

　民主カンプチア時代を通じて、党の民政部門と軍事部門全般にわたる指揮命令系統は、粛清を立案し、実行するための両輪であった。本書が分析の対象としている7人の最高幹部は、この指揮命令系統の中で、党の政策の立案と実行に直接、そして多くの場合は部下を介して影響を及ぼしうる枢要な地位を占めていた。そこで、我々は個々の党幹部の刑事責任についての分析に取りかかる前に、党の指揮命令系統について分析しておきたい。

　1976年1月の党大会において採択された党規約によれば、党の「最高指導機関」は中央委員会であった[166]。ポル・ポトは1963年から党中央委員会書記であり[167]、ヌオン・チアは1960年から党中央委員会副書記であった[168]。党規約は中央委員会の任務を「全土において党の路線を執行し」、下部機関である「管区、地区及び市の党組織すべてを指導し」、「地域横断的な党各部門に責任を負い」、「すべての幹部及び党員の配置と管理を行い、常にその政治的、イデオロギー的、組織的立場に関する情報を把握するとともに、政治、イデオロギー及び組織に関する思想教育を行う」[169]と定めている。

　そして管区党委員会は「大衆の中で任務を遂行するために地区及び郡の党組織と団結し、それらを指導」する立場にあった[170]。1976年当時、全土は6つの管区に分割され、それぞれに党地方書記が任命されていた。東部管区にはサオ・プーム（Sao Pheum. 1978年5月に自殺）[171]、南西部管区にはタ・モク、北西部管区にはルッ・ネム（Ruch Nheum. 1978年6月に粛清）[172]、西部管区にはタン・シことチョウ・チェット（1978年3月に粛清）[173]、北部管区にはケ・ポク、北東部管区にはヤ（Ya. 1976年9月に粛清）[174]が、それぞれ党地方書記として配置されていた[175]。のちにケ・ポクが指揮する北部管区は中央部管区となり、新たに設置された北部管区にはサエ（Sae）ことカン・チャップ（Kang Chap. 1978年8月に粛清）[176]が党地

方書記として配置された[177]。

　また 1976 年の党規約には「中央委員会組織委員会」と武装勢力、後には「党中央直属の主力部隊」[178]を指揮する「党軍参謀本部委員会」の存在が規定されている。しかしながら他の史料において政策の立案と実行に非常に重要な役割を果たした、と書かれている 2 つの機関——中央委員会常務委員会と中央委員会軍事委員会についての規定は党規約には見あたらない。

　中央委員会常務委員会が存在したことは、党大会が行われたとされる 1976 年 1 月以後の日付けが付されたさまざまな内部文書から明らかである[179]。この闇に包まれた最高指導部が果たした役割が白日の下に明らかになるのは後のことで[180]、1960 年にまで遡る常務委員会の存在についてヌオン・チア[181]、タ・モク[182]、イエン・サリ[183]ら生き残った最高幹部たちがいくつもの証言を残している。しかし、常務委員会の構成を示すクメール語の公式文書はいまだ発見されておらず、誰が常務委員であったかという点については証言に多少の食い違いがあるものの、上記の 3 人が常務委員に含まれていたことを否定する者はいない。

　ヌオン・チアによれば、常務委員会は 1960 年には 3 人の委員によって構成され、3 年後の 1963 年にはさらに 1 人が加わった[184]。イエン・サリは 1975 年 9 月に常務委員はポル・ポト、ヌオン・チア、サオ・プーム、ソン・セン、タ・モク、ヴォン・ヴェト（1978 年 11 月に粛清）[185]に彼自身を加えた 7 人であったと証言している[186]。なお、1979 年にポル・ポトとイエン・サリを裁いた、ヘン・サムリン政権の「人民裁判」[187]には、1977 年当時常務委員はポル・ポト、ヌオン・チア、サオ・プーム、タ・モク、ヴォン・ヴェト、ヴァン（イエン・サリ）、ルッ・ニュム、キュウ（ソン・セン）、ケ[188]であったとする文書の翻訳が証拠として提出された。

　1975 年 10 月 9 日の常務委員会議事録によれば、常務委員会は「すべての事項を常務委員会に集中させない」ために、ポル・ポトを「軍事、経済全般担当」、ヌオン・チアを「党務、社会福祉、宣伝および教育担当」、ヴァン（イエン・サリ）を「党の渉外および政府の外交担当」、キュウ（ソ

ン・セン)を「軍参謀総長及び治安担当」とし、常務委員会は、その下部機関が執行する党の路線を監督する、という「任務分担」と「その他の運営上の事項」を採択した[189]。

党中央委員会常務委員会の存在と構成を示す証拠として、1978年11月の党大会に出席した幹部が書き残したノートのベトナム語訳がある。

    1978年11月2日
    1　中央および常務委員会の組織および所管事項
        ポル：書記、党務、軍事全般担当
        ヌオン：副書記、教育、宣伝、保健、社会福祉、
            文化理論学習担当
        モク：副書記、農村基盤／農業担当
        ヴァン（イエン・サリ）：常務委員、党および
            政府の渉外・外交担当
        ヴォン：常務委員、経済および計画
        キュウ（ソン・セン）：党務／人事、国防担当
        コエ[190]：副書記、兵站担当[191]

党中央委員会軍事委員会は、党規約には規定されていないものの他の文書からその存在が確認されている。党規約の公式解釈によれば、こうした機関は「独立機関」として中央委員会の「直接、間接の指導」の下に設置されたという[192]。後には、遅くとも1970年以後、ポル・ポトを委員長とする軍事委員会が存在することが公表された[193]。イエン・サリによれば、ヌオン・チア、サオ・プーム、タ・モク、ソン・センがその委員であった[194]。1978年11月の党大会について記されたノートによれば、党は「軍事委員会を……中央の常務委員会指導部の下におき」、「すべての軍事問題に責任を負う」ものとし、その構成と任務分担を以下のように記している。

ポル：委員長
ヌオン：副委員長、政治担当
モク：副委員長、軍事担当
ヴァン：委員 [195]
キュウ：委員、参謀総長 [196]

　さまざまな文書や証言から、「犯罪者」や「反逆者」と目された一般市民や党員を処分する権限を公式に定めた治安政策、治安対策とその担い手となった治安機関による取締り手続きと党中央委員会軍事委員会との関係が明らかになっている。こうした治安政策の一端は、1976年1月5日に公布・施行された民主カンプチア憲法 [197] と同じ月に採択された党規約の中にも見受けられる [198]。

　1996年9月にイエン・サリのために作成された文書によれば、治安政策の立案にかかわったのは党中央の軍事委員会におかれた秘密の「治安委員会」のなかのさらに「秘密委員会」で、ヌオン・チアが委員長、ソン・センが委員を務めていたという [199]。1996年12月のインタビューの際にこの文書について尋ねられたイエン・サリは、確かに軍事と治安の両方を司る委員会が存在したが、実際には治安政策はポル・ポト、ヌオン・チア、ソン・センの3人が決めていたと主張した [200]。この主張は、党の治安機関が機能した秘訣についてのドゥックの証言とも大筋で符合する。

　憲法、党規約、中央委員会決議のいずれもが警察や治安部隊に反対派の活動や処罰の対象となるような一般市民や党員の行動を取り締まる権限を与えておらず、治安対策において最も重要な役割を果たしたS-21についても一切言及していないことは特筆すべきことである。しかしながらDC-Camが入手したかつての参謀本部会議の出席者名簿や学習会で配布された資料によれば、S-21は運用上は軍の師団または独立連隊に相当するものとして参謀総長ソン・セン直接の指揮下にあった [201]。そ

うであればこそ、S-21におかれた党支部の書記であったドゥックや他の幹部がS-21を代表して、ソン・センが招集する参謀本部直属の師団や独立連隊の書記、副書記の会議に出席することができたのである[202]。そして、1976年10月に初めて中央委員会が参謀本部で学習会を開催したとき、全国の部隊から集まった300人の軍幹部のなかにドゥックほか11人のS-21幹部も混じっていた[203]。

　公式には、中央委員会は軍事、民政にわたるすべての事項について「包括的権限」を有するとされてきた。しかし実際には軍事に関する事項についての権限を握っていたのは、委員長ポル・ポトの下でヌオン・チア、サオ・プーム、タ・モク、ソン・センによって構成される軍事委員会であった。したがって彼らが軍事に関する事項について第一義的責任を負うかにみえるが、先にも述べた通り、民主カンプチア崩壊後のインタビューでイエン・サリが語ったようにサオ・プームとタ・モクは軍事委員会に加わってはいたが、それは名ばかりのものであった。数個師団と独立連隊からなる「党中央委員会直属部隊」は参謀総長を介して軍事委員会の指揮下にあったのであり[204]、当の参謀総長はほかならぬソン・センであった。

　党中央委員会直属の部隊にくわえ、管区、地区、郡にもそれぞれの党委員会に対応する部隊が配置され、集団化強制労働農場の監督もチュロープとよばれる「スパイ」や民兵組織をかかえていた。言い換えれば、理屈の上では管区、地区、郡の党委員会は、その管轄区域内において軍事、民政にわたるすべての事項について「包括的権限」を有していたのである。同時にすべての管区とおおかたの地区には参謀部があり、その参謀長は党委員会の委員であった。地方では、中央と同様に党委員会書記から参謀長、部隊党書記へという効率的な指揮命令系統が確立されていたようである。また管区によっては、もともとソン・センがそうしたように参謀長が治安責任者を兼務し、そうでないところは党地方書記の下に軍を掌握する参謀長と治安対策の責任者が別個におかれていたようである[205]。

民主カンプチアでは「軍人」に階級がなかったので、彼らを「文民」と区別するのは困難である。党中央のポル・ポト、南西部管区のタ・モク、中部管区のケ・ポクらはそれぞれ党書記や党地方書記であって軍人ではなく、厳密にいえば、軍事にかかわる事項にも及ぶ権限をもつ政党幹部であった。このことは地区や郡においても同様であったとみられ、それぞれの党書記は「文民」でありながらも参謀部を介して「党組織の軍事部門（Angkapheap yothea）」を指揮する権限を握っていた。

　カンプチア共産党が残した文書の分析を通じて、党内に軍事、民政双方にわたる指揮命令系統が存在し、本書が焦点を絞った7人の幹部がその鍵となる地位にあったことが明らかになった。のちに第3章において詳述する通り、最高幹部たちはこの機構を存分に活用して党の残虐な方針を実行したのである。建前上であれ、事実上であれ指揮下にあった部下が犯した犯罪行為について「上官としての責任」論を適用して個々の党幹部に刑事責任を問うにあたっては、党の指揮命令系統の軍事、民政の双方にわたる側面が重要な論点となるであろう[206]。

　さて、ここで指摘しておかなければならないのは、軍の指揮官とみられてきたか文民の指導者とみられてきたかによって、7人の幹部の「上官としての責任」について立証すべき内容が変わってくることである。のちに「補論」において詳述するが、「上官としての責任」論では、軍の指揮官であれ、文民の指導者であれ部下が犯した犯罪行為の責任を問うことは充分に可能である。しかしながら最近の動向は、文民の指導者に対して適用しうる心理的要素や犯意の度合いは軍の指揮官に対して適用しうる基準よりもより厳格である。とりわけ国際刑事裁判所規程第28条は、軍の指揮官は、部下が犯罪行為を犯しているか、または現に犯罪行為を犯そうとしていることを「知っていた場合、又は当時の事情に照らして知っていたはずである場合」にその部下の違法行為に責任を負うものとしている。他方、軍籍をもたない指導者の場合には、部下が犯罪行為を犯しているか、または現に犯罪行為を犯そうとしていることを「知っていた場合、又はそのような事情を示す明確な情報を意識的に無

視した場合」にその部下の違法行為に責任を負うものとされている。これら２つの規定の違いは、「上官としての責任」を文民の指導者に帰すべきときは、部下の犯罪行為に関する明確な情報に接し、かつその情報を意識的に無視した証拠が必要となる、ということを物語っている。他方、軍の指揮官に対する客観的な犯意の基準は、たとえ犯罪行為を特定する情報に必ずしも接していなかったとしても、周囲の状況に照らして犯罪行為にかかわる認識があったのか、なかったのかが問題となるであろう[207]。したがって、この領域の法律論争が決着をみていない以上、「上官としての責任」論の下で７人の最高幹部の地位が軍の指揮官であるか、文民の指導者であるかによって適用される立証の基準に影響を及ぼす可能性がある。

　以上のようなことから、党指導部においては軍事と民政に厳格な区別はなく幹部の中にはその管轄地域で軍事、民政双方の任務を果たす者がいたといえる。また、本書が検討の対象としている党最高幹部のうち５人——党中央委員会軍事委員会委員であったヌオン・チア、管区党地方書記であったタ・モクとケ・ポク、師団の党書記であったスウ・メットとメア・ムット——は、文民の指導者としての任務と同時に軍の指揮命令系統にも加わっていたといえる。対照的にキュウ・サンパンとイエン・サリは主に文民として、指導的地位を占めてきたようである。現在、国際法上は「上官としての責任」が成立するか、しないかという基準が判然としないこともあって、我々は、７人の最高幹部一人ひとりについて、より明確な犯意の基準——上官は、部下が犯罪行為を犯したことを内容とする情報を把握していたことを要件とする——に照らして証拠を吟味してきた。そして、これまで論じてきた通り、７人の党最高幹部に関して上官としての責任を問うに足る証拠が挙げられたことは、上記の犯意の基準を満たすだけの充分な情報をもっていたということである。

166 Leakhanteka pak kommuynih kampuchea（カンプチア共産党規約）第

23条。

167 Democratic Kampuchea, Biography of Comrade Pok Pot, Secretary of the Central Committee of the Communist Party of Kanpuchea, 1978.

168 Nuon Chea, The History of the Struggle Movement of Our Kampuchean Peasants from 1954 to 1970, 1997. この回顧録（未発表）は1997年にネイト・セイヤー記者がヌオン・チアから入手したものである。題名とは裏腹にこの原稿は、ヌオン・チアの地位が党中央委員会副書記であると公式に確認されたことなど、1970年以後のできごとにも言及している。なお、以下の演説も参照せよ。"Speach by Comrade Nuon Chea, Deputy Secretary of the Central Committee of the Communist Party of Kampuchea, chairman of the Standing Committee of the Assembly of People's Representatives of Kampuchea at the Banquet Given in Honour of the Delegation of the Assembly of People's Representatives of Kampuchea, Peking, September 3, 1978."

169 前掲注166・カンプチア共産党規約第23条。

170 同上第19条。

171 サオ・プームは、1978年5月末にプーム逮捕の命令を受けた軍部隊が近くに迫った同年6月3日に自殺したといわれている。なお、プノンペンで行われた「ポル・ポト、イエン・サリ一味の集団殺害犯罪を裁くカンプチア人民革命法廷」に提出された以下の文書を参照せよ。"Greetings to our Party's Victories in the Leadership of the CIA's Kampuchean Workers' Party on June," Document 2.5.16, August 1979.

172 ムュル・ウン（Muol Un）ことルオッ・ネアムは1978年6月11日に逮捕されたのち、処刑された（CMR 87.21/TSA M191）。

173 タン・シは1978年5月26日に逮捕されたのち、処刑された（CMR 12.22/TSA C117）。

174 ヤ、スレン（Sleng）またはマエン・サン（Maen San）ことネイ・サラン（Nei Saran）は1976年9月26日に逮捕されたのち、処刑された（CMR 80.36/TSA M270）。

175 サオ・プーム、タ・モク、ルッ・ニュム、タン・シ、ケ・ポクが各管区の党地方書記であったことはたとえば、1977年12月6、10、12、14日「民主カンプチアの声」放送によって確認されている。

176 供述調書（CMR17.6/TSA C209）によれば、サエは1978年8月15日に逮捕されたのち、処刑された。

177 1977年12月8日「民主カンプチアの声」放送。

178 前掲注166・カンプチア共産党規約第1条。

179 たとえば、以下のような文書がある。"Gathering of the Standing (Committee), 9 October 1975"; "Gathering of the Standing Committee, 2 November 1975 at seven in the evening"; "Minutes of the 9 January 1976 Quorum of the Standing Committee";"Minutes of the Standing Committee Quorum (night of) 22 February 1976"; "Minutes of the Standing Committee Quorum 17 May 1976"; "Minutes of the Standing Committee Quorum 30 May 1976."

180 以下の文書では「中央委員会常務委員会」がたびたび会合し、重要な政策について検討し決定を下した、とある。"Communique of the Central Committee of the Communist Party of Kampuchea Concerning the Preparations for the Dissolution of the Communist Party of Kampuchea," December 6, 1981.

181 前掲注168・ヌオン・チア未発表回顧録。

182 1997年11月中旬に行われたネイト・セイヤーによるタ・モクへのインタビュー。詳細につき、以下のインタビュー映像を参照せよ。"Khmer Rouge Pol Pot Trip Two 'Interview' Copies des Rushes BETA SP K7 No.12 VHS PAL TC. 1."

183 前掲注128・1996年12月17日に行われたヘダーによるイエン・サリへのインタビュー。

184 前掲注168・ヌオン・チア未発表回顧録によれば、1960年当時の常務委員は、トゥ・サムト（1962年暗殺）、ヌオン・チア、サロト・ソー（Saloth Sar. のちにポル・ポトに改名）であり、1963年当時の常務委員は、サロト・ソー、ヌオン・チア、サオ・プーム、イエン・サリであった。

185 前掲注128・1996年12月17日に行われたヘダーによるイエン・サリへのインタビュー。イエン・サリによれば、ルッ・ニュムが常務委員会に加わるのはのちのことである。

186 ソク・トゥック（Sok Thuok）またはペン・トゥック（Penh Thuok）ことヴォン・ヴェト自身の供述調書（CMR124.17/TSA P374）によれば、S-21に収容されたのは1978年11月2日である。

187 しかしながら既述の通り、この裁判においてポル・ポトとイエン・サリが犯したとされる犯罪に関する直接的な証拠は何ひとつ示されなかった。裁判に提出された数々の報告書の元となった党の内部文書のオリジナルはベトナム政府が保管しているのだろうというのがヘダーの推測である。

188 People's Republic of Kampuchea, Tribunal Populaire

Revolutionnaire Siegeant a Phnom Penh Pour Le Judgment du Crime de Genocide Commis Par la Clique Pol Pot-Ieng Sary, "Extrait de Proces-Verbal de la Reunion du Comite Executif du 11 Avril 1977," Document 2. 5. 23, Phnom Penh, August 1979. これまでに判明している主要幹部に「ケ (Ke)」という名前の者はいない。これまで「ケ」はケ・ポクを示す「ケ (Kae)」の綴りまちがいではないかと思われてきた。この点につき、以下の文献を参照せよ。Ben Kienan, Ieng Sary's Regime: A Diary of the Khmer Rouge Foreign Ministry, 1976-1979, New Haven, Yale Center for International and Area Studies, September 1998. しかしながら、他の内部文書ではケ・ポクは常に「ポク (Pok)」と表記され「ケ (Kae)」という名前で表記されたことはない。ケ・ポク以外の可能性としては、「ケ」は当時新たに設置された東部管区の党地方書記、カン・チャプ (Kang Chap) こと「サエ (Sae)」の綴り間違いではなかったかと考えられる。

189 前掲注 179 に挙げた 1975 年 10 月 5 日付けの「常務委員会議事録」を参照せよ。1976 年 4 月の民主カンプチア政府人事では、常務委員には常務委員会での任務分担に応じたポストが配分された。ポル・ポトが首相となったほか、イエン・サリとソン・センはそれぞれ外務、国防担当副首相、ヴォン・ヴェトは経済担当副首相、ヌオン・チアはカンプチア人民代表議会常務委員会委員長に任命された。詳細につき、以下の史料を参照せよ。Communiqué de Presse de la Premiere Session Pleniere Legislature de l'Assemblee des Representants du Peuple du Kampuchea, April 14, 1976.

190 コエ自身の供述調書 (CMR57.33/TSA C351) によれば、キン・ソパル (King Sophâl) ことコエは、党大会が閉幕する前に逮捕された。

191 Tai lieu ve Dai hoi lan thu V cua bon Pon-Pot-Ieng Xa-ry Khoang thang 11-1978 (「ポル・ポト―イエン・サリ第 5 回党大会関係文書 1978 年 11 月頃」) 33 ページ (著者はベトナム語版のこの文書を翻訳してくれたリッチ・アラントとデービッド・W・P・エリオットに感謝したい。なお、この文書のクメール語版オリジナルはベトナム政府が保管していると思われる)。当時、党コンポンソム市委員会常務委員として党大会に出席していたチャップ・ロン (Chap Lonh) が 1980 年 3 月 11 日にヘダーのインタビューに応じて証言したところによれば、党大会に出席した常務委員は 7 人で、その構成は、ポル・ポト (書記)、ヌオン・チア (第 1 副書記)、タ・モク (第 2 副書記)、イエン・サリ (常務委員)、ヴォン・ヴェト (常務委員)、ソン・セン (常務委員候補)、コエ (常務委員候補) であったと訂正した。詳細につき、以下の資料を参照せよ。Masato Matsushita, Stephan Heder, "Interviews with Kampuchean Refugees at Thai-Cambodia Border," February-March 1980, No. 28.

192 「独立機関」として国家軍事局、国家行政局、国家文化局、国家社会活動局、ゴム農園局及び港湾局などがある。

193 前掲注167の史料を参照せよ。

194 イエン・サリの証言によれば、戦時下で北部管区党地方書記を務めたトゥック（Thuch）ことコイ・トゥオン（Koi Thuon. 1976年2月に粛清）は軍事委員会の活動に「深くではないが関与」し、また委員会におけるタ・モクの役割りは「サオ・プームに比べれば小さい」という。イエン・サリがいう軍事委員会の構成は、1972年3月にサロト・ソー（のちにポル・ポトに改名）がカンプチア民族統一戦線武装勢力の責任者であることを公然化した際のものであろう。当時ヌオン・チアとサオ・プームは、それぞれ武装勢力政治部門で序列第1位、第2位にあり、タ・モクは兵站部門責任者、ソン・センは武装勢力参謀総長の地位にあった。詳細につき、以下の資料を参照せよ。Mission du Gouvernement Royal d'Union Nationale du Cambodge, Paris, Bulletin d'Information, March 31, 1972.

195 「ヴァン（Van）」が軍事委員であったという指摘は、ヴァンという偽名を使っていたイエン・サリの軍事委員会における役割に深くかかわることである。同時にこの記述が「ヴォン（Von）」の綴りまちがいである可能性もある。この点はクメール語の原典が公表されれば明らかになることである。

196 前掲注191に挙げた史料によれば、参謀本部は参謀総長ソン・セン（キュウ）のもとにスウ・メット、タ・モク、ルーン（Reuan）によって構成されていた。

197 民主カンプチア憲法（Roatthoammanun Prateh Kampuchea Pracheathipatai）は、「人民国家に反逆して国家を危機におとしめる組織的行為は、極刑に処す」（第10条）と規定し、その他の「犯罪」は、「国家機関又は大衆組織における建設的再教育に委ねる」こととしている。憲法上「司法は人民裁判所が司り、人民の正義を代表し、人民の民主的権利及び自由を擁護し、すべての反革命行為及び人民国家に反逆する行為を処罰する」（第9条）と定めているが、「人民裁判所」が設置された形跡はない。

198 党規約には、以下のような規定がある。

> 党の政治路線、政治的立場又は党の組織原理若しくは党規約に反対し、又は党の連帯と団結に分裂を生じさせ、又は分派を結成し、又は党、革命又は人民に対する破壊活動を行い、又は任務を放棄し、又は党、革命又は人民を危険に晒す秘密を漏洩し、党の財産を滅失させ、若しくは反道徳的生活習慣に溺れたいずれの党員又は党支部も、これを党の組織紀律違反とし、違反の軽重に応じて以下の処分に処す。
>
> ・批判又は警告
> ・配置転換又は解任

・除名又はその他の制裁措置

憲法と党規約がまわりくどい言い方をした「処分」や「制裁措置」が実際にはどのような意味だったかがはっきりするのは、それから3カ月後の1976年3月30日、党中央委員会が管区党常務委員会に対して「地域の党組織内外で紀律違反者を粉砕する」権限を与える非公開決議を採択したときである。この決議では同様の処刑権限が中央委員会に付属する部門、各地の独立機関常務委員会、軍参謀本部にも与えられた。こうした機関の処刑権限はその管轄権が及ぶ党員のほか一般市民にも及んだ。したがってこの中央委員会決議は、党が「人民裁判所」を設置するという憲法の規定を無視し、違反の度合いに応じた処分を定めた党規約の規定をないがしろにしていたことをうかがわせる。さらに、どのようにして中央委員や常務委員にこの決議を適用したのかは明らかではない。この点につき、前掲注105に挙げた中央委員会決議も参照せよ。

199 The Research and Documentation Center of the Democratic National Union Movement, "The True Fact About Pol Pot's Dictatorial Regime, 1975-1978," September 8, 1996. イエン・サリは、政府への忠誠を誓う一方で、1979年に集団殺害の罪で宣告された有罪判決への恩赦を求める過程で設立されたこの民主国民統一運動の代表を務めていた。

200 前掲注128・1996年12月17日、タイ領内チャンタブリにおけるヘダーによるイエン・サリへのインタビュー。

201 S-21の師団または独立連隊相当の扱いについて、以下の文書を参照せよ。"First General Staff Study Session, 20 October 1976, Revolutionary Life Outlook Mo-21," (DC-Cam 史料番号 N0001494); "Revolutionary Army of Kampuchea, General Staff, Overall Statistics for March 1977, April 7, 1977," (DC-Cam 史料番号 N0000065)。

202 以下の資料を参照せよ。"Minutes of the Meeting of Secretaries and Deputy Secretaries of Divisions, Secretaries and Deputy Secretaries of Regiments, 2 August 1976, 07:30 hours"（1976年8月2日付け、DC-Cam 史料番号 N0001373); "Minutes of the Meeting with the Organization's Office 703 and S-21, September 9, 1976"（1976年9月9日付け、DC-Cam 史料番号 N0001445); "Minutes of the Meeting with Comrade Tal Division 290 and Division 170, September 16, 1976, 16:15 hours"（1976年9月16日付け、DC-Cam 史料番号 N0001451); "Minutes of the Meeting of Secretaries and Logistics of Divisions and Independent Regiments, September 19 1976, 07:00 hours"（1976年9月19日付け、DC-Cam 史料番号 N0001451)。

203 前掲注201に挙げた資料のほか、以下の史料を参照せよ。"Table of

Statistics on Students Studying at the First General Staff Study Session, October 20, 1976"（1976年10月20日付け、DC-Cam 史料番号 N0001512）; "The First General Staff Study Session, October 20, 1976, Revolutionary Life Outlook, Table of Splitting Up into Groups by Unit of Organization"（1976年10月20日付け、DC-Cam 史料番号 N0001511）。

204 党中央直属部隊のリストとして以下の史料を参照せよ。"Revolutionary Army of Kampuchea, General Staff, Overall Force Statistics for March 1977,"（1977年4月7日付け、DC-Cam 史料番号 N0000065）。1978年には相次ぐ粛清と部隊の改編、戦闘の拡大によってこの編成は大きくかわった。

205 東部管区における軍の編成について、カエウ・サムナン（Kaev Samnang）ことメア・モン（Meah Mon）の供述調書（CMR71.10/TSA M28）を参照せよ。モンは例外的に東部管区参謀長であると同時に S-79 というコードネームをもつ治安機関の責任者であった。一般的な任務分担については北西部管区の治安機関幹部であったメア・アエム（Meah Aem）の供述調書（CMR80.30/TSA M264）を参照せよ。

206 国際犯罪に対する個人の刑事責任には「上官としての責任」論がその根拠となっているものがある。この考え方にたてば、上官は、もしも部下が犯罪行為を犯したか、まさに犯罪行為を犯そうとしていることを知っていたか、または当然知っていたはずの場合、もしくは犯罪行為を未然に防ぎ、または犯罪行為の加害者を処罰するための必要かつ相当の措置をとらなかった場合には部下の犯罪行為に責任を負うこととなる。さらに法律上の解釈では、「上官としての責任」論を適用するに際して、上官と部下という事実上の関係が明白に存在しさえすれば、上官と部下という法的な関係が存在することは必要不可欠な要件ではない。詳細に関して、後掲「補論」を参照せよ。

207 旧ユーゴスラヴィア国際刑事法廷控訴審は、同法廷規程第7条第3項の解釈について、「部下がまさに犯罪行為を犯そうとし又はすでに犯罪行為を犯したことを、知っていたか又は当然知っていたはず」の場合には、指揮官が、部下が犯罪行為を犯したことを内容とする情報を把握していたことが証明されたものとして、上官は部下の犯罪行為について刑事責任を負うものとする、と判示した。The Prosecutor v. Zejnil Delalic, Zdravko Mucic, Hazim Delic and Esad Landzo, Appeals Chamber Judgement, February 20, 2001 (ICTY), ¶209. なお、2001年4月、旧ユーゴスラヴィア国際刑事法廷控訴審は、同様の犯意認定の基準を適用することに上官が文民であるかどうかは問題ではないと判示した。

第3章　7人の容疑者

A　要約

「補論」において解説する通り、本書は、深刻な事態を招いた一切の責任は人道に対する犯罪に象徴される国際犯罪を犯したカンプチア共産党にこそある、という前提に立っている[208]。そして本書は、こうした犯罪をめぐる個人の刑事責任を立証することに焦点を絞っている。

　第２次世界大戦後から現代にいたる国際刑事裁判の歴史において、こうした犯罪を裁くために２つのアプローチがとられてきた。国連が設置した２つの裁判所の用語にしたがえば、ひとつは、「個人としての責任」論によって、被告人が故意に、直接的に、そして実質的に、犯罪行為にかかわったことを立証し、その責任を追及することである。個人としての責任を立証することは、被告人が現に犯罪行為を実行した場合には簡単なことであるが、直接的な実行行為以外の態様で犯罪行為にかかわっている場合であっても責任を追及することは可能である。たとえば、犯罪行為を命令したり（教唆）、犯罪行為の謀議に参加したり（共謀）、犯罪行為の実行を手助け（幇助）したりする場合がこれにあたる[209]。いまひとつは、「上官としての責任」論によって、被告人が指揮監督する部下が犯した犯罪行為を未然に防止するか、犯行後に加害者を適切に処罰しなかったことを立証し、その責任を追及することである[210]。

　７人の党最高幹部が大規模な粛清をはじめとする残虐行為に関与し、１つまたは複数の罪状で刑事責任を問われることは、我々が分析した文書によって明らかである。７人のうち、とりわけヌオン・チア元・党中央委員会副書記は党の方針の立案に深くかかわり、その実行にも——部下に命令を下すことも含めて——中心的な役割を果たしたとみられる。

　７人の党最高幹部一人ひとりについて個人の刑事責任を追求する第１の根拠は、我々が検証した文書や証言が、７人の党最高幹部が広範な虐殺と拷問をはじめとする残虐行為を共謀し、命令し、直接に、あるいは結果的に実行した——ヌオン・チアはタ・モクやドゥックをはじめとする

部下に「反逆者」の処刑を命じ、イエン・サリ、ケ・ポク、スウ・メット、メア・ムットは 少なくとも尋問ののち処刑されることを知りながら配下の幹部を逮捕してS-21に送り、イエン・サリとキュウ・サンパンは熱心に「反逆者」の逮捕と処刑の必要性を説き、党員に残虐行為を唆した――ことを示していることである。さらに、我々が検証した文書や証言から、7人の最高幹部一人ひとりが広範な虐殺と拷問をはじめとする残虐行為について、犯意をもって深くかかわっていたことが明らかとなった。党最高幹部たちに届けられた数々の供述調書、地方の党組織からの報告その他の内部文書には党の敵と目された人物を逮捕し、尋問し、拷問し、「粉砕」した事実が克明に記されており、7人が民主カンプチア全土において処刑その他の残虐行為が行われ、自分たちがそれに深くかかわっていることを自覚していたことはもはや明らかである。スウ・メットとメア・ムットがそれぞれの担当地域で反逆者と目された幹部その他の「敵」を逮捕し、処刑したことを自ら報告する文書もこうした報告書の中から発見された。こうした内部文書や逮捕されてS-21に送られた下級幹部たちのおびただしい数は、最高幹部たちが自分の支配地域や所属部隊、そしてそこかしこで残虐行為が行われ、それ以上に彼らの作為や不作為こそが残虐行為を助長していたことに気づいていた動かぬ証拠となっている。

　7人の党最高幹部一人ひとりについて個人の刑事責任を追求する第2の根拠は、我々が検証した文書や証言が7人の党最高幹部の大半について上官としての責任を構成する3つの要素、すなわち第1に、上官と部下という関係が存在したこと、第2に、上官として部下が犯罪行為を犯したか、またはまさに犯罪行為を犯そうとしていることを知っていたか、当然知っていたはずであること、第3に、部下による犯罪行為を未然に防ぎ、または犯罪行為の加害者を処罰するために必要かつ相当の措置をとらなかったことを示している。本章で検討する史料からわかるのは、当時ヌオン・チア、ケ・ポク、タ・モク、スウ・メット、メア・ムットは党組織の中で制度上は高い地位に就いており、事実上も部下を指揮、

監督する立場にあったことである。彼らは党中央委員会の常務委員会や軍事委員会に籍をおいて供述調書や報告書をはじめとする党の内部文書を目にする立場にあったのだから、たとえすべてではないにせよ部下が関与した残虐行為については知っていたはずである。さらに、我々は結局のところ彼らが部下の犯罪行為を未然に防ぎ、または犯罪行為の加害者を処罰するために必要かつ相当の措置をとった形跡を見つけることはできなかった。それどころか多くの場合、とりわけスウ・メットとメア・ムットが関与した場合には、党を敵から守るために大規模な粛清や虐殺は必要不可欠であった、として残虐行為を犯した部下を賞賛していたのである。

　こうした2つの根拠に基づく証拠を総合すると、ほとんどすべての場合、逮捕された幹部は「自白」を強要され、その後処刑された。そして逮捕された者がどうなるかは党内ではつとに知られたことだったのである[211]。したがってある最高幹部が、逮捕された者が他人の名前を反逆者と名指しした「自白」を残したことを知っていたということは、紛れもなくその幹部が拷問や処刑が行われていたことを知っていたという証拠にほかならない。

208　前掲注3・国連専門家グループ報告書¶¶58-79を参照せよ。

209　ニュルンベルク国際軍事裁判所条例をはじめとする第2次世界大戦後の国際刑事法廷の規程は、犯罪行為の実行、教唆、命令、煽動、共同謀議などさまざまな態様で犯行にかかわった個人の責任を規定している。たとえば、前掲注92に挙げた国際軍事裁判所条例第6条は「(上記犯罪のいずれかを犯そうとする)共通の計画又は共同謀議の立案若しくは実行に参加した指導者、組織者、教唆者又は共犯者は、何人によって当該犯罪が行われたかを問わず、その計画の遂行上行われたすべての行為につき責任を有する」と規定するほか、1945年12月20日にベルリンで採択され、1946年1月31日に発行されたドイツ管理委員会官報（Official Gazette of the Control Council for Germany）第3号によって公布された、「戦争犯罪及び平和に対する罪並びに人道に対する罪で有罪となった者の処罰に関するドイツ管理委員会法（Control Council Law）第10号」第2条第2項にも同様の規定がある。さらに、旧ユー

ゴスラヴィアおよびルワンダの両国際刑事法廷の規程にも重大な国際人道法違反に対する個人の責任として、犯罪行為の共同謀議、命令、教唆、実行、幇助、煽動を処罰する規定が盛り込まれたほか、上官としての責任として、その指揮、監督下にある部下の犯罪行為を未然に防止するために必要かつ相当の措置をとらず、または当該犯罪行為の実行犯を処罰しなかったことを処罰する規定が盛り込まれた（前掲注13・旧ユーゴスラヴィア国際刑事法廷規程第7条第3項およびルワンダ国際刑事法廷規程第6条第1項を参照せよ）。裁判所の規程の一部に違いが生じているのは、第2次世界大戦後の国際法廷では個人の刑事責任という用語を現代の国際刑事法廷のそれと厳密に同義に使用していなかったためである。しかし、実際には旧ユーゴスラヴィアとルワンダの国際刑事法廷は、現代の戦争犯罪を裁くにあたって、ニュルンベルク国際軍事裁判所が判示した個人の刑事責任の原則を参酌している。

210 補論において述べる通り、一定の事実が立証されれば、部下が犯した犯罪行為の法的責任を軍の指揮官や文民の指導者に問うことができるとする「上官としての責任」論は、第2次世界大戦後の国際軍事裁判所の経験を皮切りに、今日ではハーグ第10条約（1907年10月18日署名）第19条、ジュネーヴ諸条約（1949年8月12日署名）の第1追加議定書（1977年6月8日署名）第86条、第87条、旧ユーゴスラヴィア国際刑事法廷規程第7条第3項、ルワンダ国際刑事法廷規程第6条第3項など多くの条約のほか、各国の軍法にも盛り込まれている。

211 前掲注121、注122および本文の関連箇所を参照せよ。

第 3 章　7 人の容疑者

B　容疑

1. ヌオン・チア

　一般に「ブラザー No.2」として知られたヌオン・チアには、虐殺や粛清に関する党の方針の立案に主導的な役割を果たした明白かつ疑いようのない証拠がある。またそうした方針の遂行にも中心的な役割を演じた明白な証拠がある。

a. 証拠の分析

i 党内での地位と役割

　ヌオン・チアが生まれた地域は、第 2 次世界大戦中は当時のシャム（タイ）支配下にあった。ヌオン・チアはバンコクで大学生活を送り、そののちタイに住みついた。タイ共産党に入党したのは 1950 年のことである。ヌオン・チアが故郷に戻り、党籍も当時はベトナムが実権を握っていたインドシナ共産党に移した数カ月のち、カンボジア人の間で独自の運動を起こそうという気運が高まった。そして 1960 年にカンボジアで共産党が結成されたとき、ヌオン・チアは党中央委員会常務委員兼

政権担当時のヌオン・チア
(© Documentation Center of Cambodia)

副書記に選出され、それ以後、党の活動に重責を担うこの枢要な地位にとどまり続けた[212]。

先に述べた通り、国家規模での虐殺や粛清に関する方針の立案と実行には党の指揮命令系統は欠くことのできないものであった。そして、ポル・ポト、ソン・センとともに党の中枢にあって虐殺や粛清に関する方針の立案に主導的な役割を果たしたのが、ヌオン・チアであったと思われるが、この点についてはさらに調査する必要がある。

虐殺や粛清に関する党の方針立案とその実行にヌオン・チアが果たした役割をめぐる重要な証言を行っているのはドゥックである。すでに述べた通り、ドゥックは1976年から1978年までS-21の責任者を務め、S-21での拷問と処刑についての裁量を与えられていた。ドゥックは自らの罪も認めつつ、ヌオン・チアは虐殺や粛清に関する党の方針の立案を主導し、その実行においても主役を演じたと主張する。以下の通り、ドゥックの証言のこの核心部分は他の証拠によっても補強されている。

ドゥックは、1978年前半に東部管区に対する大規模な粛清を実施することを決定した会議でポル・ポトやソン・センとともに決定を下したのはヌオン・チアである、と述べている[213]。東部管区に対する作戦は1978年5月25日に開始され、それを指揮したのはソン・センとケ・ポクであった。

ドゥックの証言によれば、ヌオン・チアはそれ以外の粛清にも中心的な役割を果たす立場にあったという。ドゥックの言葉を借りれば、1975年以後ポル・ポトの「党内に潜む敵を捜せ」、という指令に応じて「ポル・ポトは、その任務をヌオン・チアに委ね」、党員逮捕の波は管区から管区へと及んだ。ドゥックによれば、ドゥック自身やソン・センに「処刑を直接命令した」のはポル・ポトではなくヌオン・チアであった[214]。ときにはドゥックは特定の人物を処刑するようにヌオン・チアから直接命令されることもあったが、それ以外はソン・センを介してヌオン・チアの命令が伝えられた。ドゥックによれば「多くの党幹部を逮捕し、処刑せよ、と命じたのはソン・センとヌオン・チアだった」ので

ある[215]。

　1978年の半ばまでに、ドゥックは特別な処刑命令についてはヌオン・チアから直接命令を受ける立場にあったが、ドゥックに命令を下していたソン・センが1978年の7月に「東部でベトナムとの戦闘を指揮するよう命じられた」[216]後はドゥックはヌオン・チアの配下に「異動」させられた。ヌオン・チアはドゥックに特定の人物やグループを処刑するように――ときには文書で[217]――命令していた。そのことをドゥックは「(ヌオン・チアは)300人の味方兵士を逮捕するよう命じ、私を呼びつけて『尋問に煩わされる必要はない、すぐに殺せばいいんだ』と言ったので、私はそのようにした」、そして「ベトナム軍がやってくる前日、私は(S-21に)残っていた収容者を皆殺しにした。……私はヌオン・チアの部屋に呼びつけられ、残っている収容者を全員殺害するよう命じられたので、私はラジオでの宣伝に使うためにベトナム人を1人だけ残しておく許可を求めたが、『全員殺せ、いつだって要るときに要るだけ捕まえられる』と言われた。私はヌオン・チアに言われるがままにした」[218]と証言している。

　さらにドゥックは、1978年11月に逮捕された中央委員会常務委員ヴォン・ヴェトことペン・トゥックと12月末に逮捕されたホック(Hok)ことチャイ・クム・フオルについて、「証拠として彼ら……(の処刑されたあとの遺体)の写真を部屋にもってこい、と言われた。ヌオン・チアがどうしてもヴォン・ヴェトを処刑した証拠が要るというので、遺体を掘り返して写真を撮った」[219]と証言している。

　こうした粛清にかかわる任務は、1975年10月にヌオン・チアに与えられた党務の一環であった[220]。ドゥックによれば、「ポル・ポトはS-21について知っていたにもかかわらず直接には命令を下さなかったので、党内序列第2位のヌオン・チアが処刑に関する任務の第一人者となった」[221]のだという。ヌオン・チアが虐殺や粛清に関する党の方針の実行に主要な役割を果たした、というドゥックの証言は、これら処刑された幹部の供述調書の内容[222]とその回覧先[223]のほか、強制によらない

で書かれた文書²²⁴とも符合する。

　最後に、ドゥックの、自分は上官の命令に従って仕事をしたという主張は、党中央委員会軍事委員会においてヌオン・チアとポル・ポトがその権力を行使することによって、S-21 の任務を単なる軍の営倉から党の粛清実行機関へと変えさせていったことを示している²²⁵。

ii 供述調書

　ドゥックの証言とそのほかの証拠は、虐殺や粛清に関する党の方針全体の立案にかかわり、重要人物の処刑命令を下したのもヌオン・チアであることを示している。さらに S-21 に残されたおびただしい数の供述調書は、ヌオン・チアが処刑と拷問について少なからず知っていたという情況証拠である。たとえば、1977 年 10 月の中部管区第 174 師団の大隊幹部だったサウ (Saut) ことニュム・シム (Nheum Sim) の「自白」には取調官の手で「拷問 (terrunakam) をくわえたところ、ただちに長年にわたり警察の情報提供者で、逮捕時まで CIA の諜報員だったことを白状した」という説明とともに「写しをヌオン同志大兄に送付のこと」とする書き込みが加えられている²²⁶。北西部管区第 4 地区のバク・プレア (Bak Prea)、ドゥン・チ (Daun Tri) 郡の部隊に所属していたシエン (Sean) ことシエン・プイ (Sieng Pauy) が同じ月に残した供述調書にも当初は「白状しなかった」が、「拷問を開始したところ、組織に逮捕されるまで誰と連絡をとり、何をし、何をたくらんでいたか喋りはじめた」という書き込みがある²²⁷。

　シエンことシエン・プイの供述調書は、ヌオン・チアが拷問や処刑が行われていたことを知っていた証拠である。取調官は前政権軍に属した元兵士についてのシエンの供述を要約し、「1976 年のはじめに与えられた組織の指令は、バク・プレア郡のすべての士官 (puok bandasak) を粉砕して一掃せよ」であったと書き込んでいる。さらに 1977 年 2 月の書き込みは、シエンが再び受けた命令は「ドゥン・チ郡に残っていた

士官を一掃するために部隊を指揮せよ」というものであった。書き込みによれば、この部隊は「多くの士官を粉砕し、一掃」した[228]。

「粉砕」という言葉は党中央委員会直属海兵隊第164師団の大隊書記であったウン・ヴェト（Eung Vet）ことクン・キアン（Kung Kian）の供述調書にもたびたび登場し、「我々はすでにソパル（Sophal）ことウン（Euan）を粉砕した」とか、蔑んだ表現で「卑しむべきタン・メン（Tan Meng）」を1974年に「粉砕」した、また、現時点で身元不詳のサム（Sam）という人物を「粉砕した」などというドゥックによる書き込みが多数欄外に残されている[229]。そして、この文書には「個人的に」ヌオン・チアに提出されたという書き込みが残っている[230]。

上記の供述調書から反逆者やCIAの手先と目されて逮捕され、その一味と名指しされて逮捕されたか、まさに逮捕されようとしていた人々の様子を読みとることができる。そして「自白」に散りばめられた逮捕された者とそれに連座したとされる者の氏名は、供述調書の冒頭か末尾に一覧表にしておいて、芋蔓式に逮捕し、尋問し、処刑することを繰り返すことに利用された[231]。

さらに特筆すべきことは、選り分けられてヌオン・チアに送付された文書は、単に逮捕に関する情報を報告するためではなく、明らかに芋蔓式の逮捕を継続するかどうか指示を仰ぐためであった。たとえば、北西部管区の幹部で民主カンプチア―タイ連絡委員会の責任者だったスウ（Sou）ことカエック・ビン（Khaek Bin）の1977年7月の供述調書には以下のような記載がある[232]。

> 敬愛する同志大兄
> 1. クラエン（Khlaeng）、レン（Ren）、カウイ（Khauy）、コウ（Kou）、ムオン（Muon）他が連座していた[233]。さらに彼らはクルン（Kreun）の連座を白状した。
> 2. 末尾に反逆者として名指しされた者の一覧。

「私の裏切りによって参加したCIAの活動について組織に報告します」と題された供述調書には名指しされた者のうち16人の氏名には「逮捕済み」と手書きされ、他には「未」、「？」と手書きされている。これらの書き込みはドゥックがおそらく上官であるヌオン・チアの指示に従ったものであり、タ・モクを介して残りの者を逮捕するように指示されたのであろう。

iii 末端党組織からの報告

　管区、地区その他の党組織と党中央の間で交わされた指令や報告の電報では、他の党内文書と同様に「粉砕」とか「一掃」といった間接的な表現が使用されていたが、ヌオン・チアが全土にわたる拷問や処刑について知っていたという証拠を強く補強するものである。
　こうした報告は、通常「同志大兄」、「組織」あるいはコード・ナンバー870として党中央委員会宛に提出されたが、なかには固有名詞やイニシャル、もしくはコード・ナンバー009としてポル・ポトに宛てたものもある。日常的には地方からの通信の写しはヌオン・チアをはじめとする最高幹部——普段は首都に住んでいる5人の党中央委員会常務委員全員またはその何人か——に送付され、報告 (châmlâng choun) された。通常、こうした報告の宛先は「伯父」(ポル・ポト)、「ヌオン伯父」(ヌオン・チア)、「ヴァン大兄」(イエン・サリ)、「ヴォン大兄」(ヴォン・ヴェト)、「キュウ大兄」(ソン・セン) とされた[234]。こうした報告だけでは誰が、どのような問題について決定権をもち、あるいは決定にあたってどのような討議がなされたは判然としない。しかしながらこうした報告の数々はヌオン・チアとイエン・サリもポル・ポト、ヴォン・ヴェト、ソン・センにつながる同一の情報の流れの中に位置していたことを物語っている。少なくとも、これらの報告を受ける者には、重大な犯罪が行われていることが知らされていたはずである。
　我々が文書を分析したところ、尋問ののちに「敵」と決めつけられた

山岳少数民族出身の民主カンプチア兵士の処分[235]、武装反革命勢力に加わりたかったと「自白」した者の処分[236]、上官の命令を拒否した地方幹部[237]や「道徳違反」を「自白」した地方幹部[238]の処分など、ヌオン・チアが反逆者と目された者についての指示を求められ、拘束や処刑を承認する立場にあったことは明らかである。

　しかも重要なことは、各師団からヌオン・チアに提出するように指示が付された報告には、戦争犯罪をはじめ、処刑や残虐行為の証拠となる内容が盛り込まれていることである。たとえば、1977年12月に党中央委員会直属の海兵隊第164師団党書記メア・ムット[239]が送った文書には「ユオン（ベトナム）であれ、他のいかなる敵であれ、敵の秘密分子は容赦せず一掃し、祖国社会主義カンプチアを断固として防衛する」[240]決意が表明されている。

　また、カンボジア―ベトナム国境での武力紛争に関する報告の多くがヌオン・チアに送付されている。とりわけ国境紛争が激化した1977年以後は、ヌオン・チアほかの受信者はカンボジア側の捕虜となったベトナムの民間人と兵士に関する報告、ベトナムの民間人を標的とした攻撃の結果に関する報告を多数受けとっている。たとえば、1977年10月29日付けの東部管区から第870号事務室(党中央委員会)に宛てた電報は、「我が方がタ・デヴ（Ta Dev）村の一般民家で捕獲したユオン（ベトナム人）の問題に関する第870号事務室の見解」を求め、「最近奴らを捕獲し、尋問している」という報告に加えて「要請があれば、そちらに護送する」ことが提案されている[241]。また1977年11月18日付けの東部管区からの電報は、ベトナム領トゥオン（Truong）の市街地と守備隊の駐屯地を攻撃したことを報告し、「我が方は94戸の敵の民家と駐屯地を焼き払い、市場と市場の北側を掃討したが敵方に人的損害はなく、戦利品も捕獲していない」[242]と報告している。この通信では焼き払った「建物」を指すのにクメール語の「民家」という単語を充てていることに注目すべきである。さらに1978年3月20日付けのソン・センから発出された電報は、「3頭の」ベトナム人を捕獲したが、そのうち2人が逃

走を図ったので「射殺処分」し、残り1人は「21に送った」というものであった。この「21」とは、言わずと知れたS-21のことであろう[243]。さらに1978年4月1日に海兵隊第164師団党書記メア・ムットが発出した概況報告は「1978年3月27日から30日の間に捕獲、射殺したユオン（ベトナム人）は120頭」[244]というものであった。これが事実であるとすれば降伏し、または捕虜となった敵兵を処刑、虐待してはならない、という国際人道法に違反したことになり党幹部が戦争犯罪を犯した証拠となる[245]。

　さらに、ヌオン・チアは1977年半ば以後、のちに粛清される民主カンプチア駐ベトナム大使ソク・チェアン（Sok Chhean）からカンボジア―ベトナム国境で民主カンプチアが繰り返していた残虐行為に対するベトナム側の抗議についても報告を受けていた。たとえば、1977年6月15日にはベトナム当局者がその前日の6月14日に起きた民主カンプチア軍による越境攻撃によって「ベトナム市民が惨殺され、民家に放火された結果、多数の犠牲者が出た」ことについて抗議を申し入れ、「民主カンプチア軍が国境を侵犯し、市民を殺害し、民家に放火して破壊している証拠写真を提示する用意がある」[246]と抗議してきたことを報告している。また1977年7月20日付の公電では、ベトナム当局が3日間にわたって民主カンプチア軍が「人口密集地域に攻撃を加えた結果、死者30人、負傷者50人、焼失家屋多数という被害が生じた」[247]ことをチェアンに文書で抗議してきたことを伝えている。さらに同年8月4日には、チェアンは「キエンザン（Kien Gian）省ハーティエン（Ha Tien）県で民主カンプチア軍がベトナムの一般住民1,000人を殺害した」[248]という情報がハノイで広まっていることについて報告し、8月末にはさらに10人以上の「一般住民」が民主カンプチア軍の越境攻撃によって殺害されたことをベトナム政府が公式に確認した、とも伝えている[249]。これらの通信記録は、民主カンプチアが関与したとされる戦争犯罪――故意に一般住民と民用物を目標とした攻撃や無差別攻撃――の明白な証拠である[250]。

こうした情報とともに、1978年1月下旬まで東部管区における国境紛争の戦況と内部粛清の状況についてヌオン・チアが受けていた報告の内容は、ベトナムが公式に発表してきた内容と大筋において一致している。さらに、こうした通信記録に登場する党幹部もベトナムの一般住民が殺害されていることを知っていたことに疑いの余地はない。たとえば、1978年1月19日付けの電報は、東部管区第24地区からベトナム側に2キロほど越境した部隊からは「敵軍住宅30棟を粉砕」し、さらに「一般民家多数」[251] を焼き払った上で「敵の民用船舶2隻を撃沈して、乗っていた敵民間人は全員木っ端微塵に粉砕」[252] した結果、「1月18日の攻撃で敵30頭を粉砕」[253] し、さらに「107ミリ迫撃砲弾の連射によってホック・ゲウ（Hok Ngeu）の市街地が炎上しているが敵の損害は不明」[254]、という報告が送られている。このような通信内容を見るかぎり、カンボジア軍は軍事行動に際して一般住民の犠牲と民用物の損害を防止するための事前警告義務を果たしていなかったばかりか、一般住民と民用物を標的とした攻撃がたびたび繰り返されたことは明らかで、カンボジア軍には国際人道法を尊重する意思がなかったのだといわざるをえない[255]。一方、前線のカンボジア側においては、ベトナム軍との戦闘に巻き込まれて散り散りになった、とされるカンボジアの一般住民が「我々の支援で集められ」、「再教育、選別ののち粛清」[256] される運命をたどった。

　これらの証拠を総合した結論は、「私（＝ヌオン・チア）は、殺人については何ひとつ知らなかった。それは無責任な下の者の仕業だろう。私の妻の一族でも、私の一族でも若い者は皆、粉砕されてしまった。我々の目が下の者まで行きとどかなかったのだ」[257] といったヌオン・チアら党最高幹部の主張とはまったく相容れないものである。

b. 法的分析と結論

　この節において検証した証拠から、ヌオン・チアには一見して党が犯した数々の犯罪行為に刑事責任があると考えられる。ヌオン・チアが部

下に犯罪行為を命じていたことは、個人としての責任の原則に照らして、最も重い責任を負うべきであろう。また、ヌオン・チアには他の実行犯が犯した犯罪行為を幇助し、煽動した責任がある。さらにヌオン・チアが他の党最高幹部たちとともにこうした党の方針の立案に加担していたことは「共通の計画または共同謀議」論に照らして訴追を免れ得ない。最後に、ヌオン・チアは民主カンプチアが権力の座にあった期間中に実行された犯罪行為について、上官としての責任の原則に照らしても責任がある。

i 個人としての責任

a) 命令の発出

これまで挙げてきた証拠が示す通り、もしもヌオン・チアが国際法上、犯罪行為とされることを実行するよう部下に命令していたとすれば、ヌオン・チアには個人としての責任があり、訴追は免れ得ない。とりわけヌオン・チアに関する文書や供述は、ヌオン・チアがその権限と監督の下にある個人に対して処刑を執行する命令を下したことを示している。このほかにもヌオン・チアは多くの人々の逮捕を命令し、逮捕された人々は処刑をはじめとするさらなる犯罪行為の被害者となった。おそらくこうした行為の最たる事例は「(ヌオン・チアが) 300 人の味方兵士を逮捕するよう命じ、私を呼びつけて『尋問に煩わされる必要はない、すぐに殺せばいいんだ』と言ったので、私はそのようにした」[258] というドゥックの供述であろう。

b) 共通の計画または共同謀議論

1) 犯行

「共通の計画または共同謀議」論に照らせば、党の犯罪行為の責任を

第3章　7人の容疑者

ヌオン・チアに問うための第2の潜在的根拠があるといえよう。詳細は補論を参照願いたいが、「共通の計画または共同謀議」論では刑事責任を問うためには、以下の3つの要件を満たす必要がある。第1に、容疑者が複数の人物とともに犯罪行為に関与していること、第2に、共通の計画または共同謀議が存在すること、そして第3に、容疑者がこの共通の計画や共同謀議に参加していることである。もしもヌオン・チアについてこれらの構成要件が満たされれば、「共通の計画または共同謀議」論に照らして、ヌオン・チアは自身の命令によって実行された犯罪行為の責任を問われるばかりでなく、ポル・ポト、ソン・センほかの党最高幹部たちと虐殺や粛清に関する党の方針という犯罪行為を共謀した責任を問われることとなる。

先に挙げた3つの構成要件のうち、最初の2つはこれまでに示した証拠によって満たされている。民主カンプチア政権崩壊後のドゥックの証言によれば、ヌオン・チアは党の最高指導部に名を連ね、ポル・ポト、ソン・センらとともに、本書第2章で略述した3つの虐殺や粛清に関する党の方針を立案した最高幹部のひとりであった。とりわけ、ヌオン・チアが党中央委員会副書記兼常務委員会「秘密委員会」委員の地位にあったことは、ヌオン・チアが党の虐殺や粛清に関する党の方針の立案に中心的な役割を果たしていたことをうかがわせるものである[259]。この点に関連してドゥックは、ポル・ポト、ソン・センと共謀して1978年の東部管区の大粛清を計画したのはヌオン・チアだと証言している[260]。

「共通の計画または共同謀議」論の第3の構成要件は、被疑者が共通の計画や共同謀議に参加しているかどうかであるが、ポル・ポト、ソン・センと共謀して1978年の東部管区の大粛清を計画したというドゥックの証言[261]、1975年以後、ドゥックをはじめとする部下に命じて党内に潜む「敵」の探索を指揮したことを裏づける数々の証拠[262・263]、管区党幹部の逮捕を提案したこと[264]、党地方書記にクメール共和国軍の元・兵士を確実に処刑するよう指示するなど虐殺や粛清に関する党の方針を指揮したことを示す数々の供述調書[265]が存在することなど、ヌオン・チア

が虐殺や粛清に関する党の方針の実行に深くかかわったことは、おびただしい数の証拠によって立証されるであろう。

2) 犯意

「共通の計画または共同謀議」論に照らして個人としての責任を問うためには、検察官は被告人が犯罪行為を実行しようとして計画や計略を練ったことを証明しなければならない。ヌオン・チアが党の虐殺や粛清に関する党の方針立案に関与した意図は、先に述べた通り、ポル・ポトやソン・センに協力した事実から相当程度推論することができよう。この仮説は、ヌオン・チアがドゥックに命じてある党幹部を逮捕、処刑させた上、遺体の写真を持ってこさせたことをはじめとして[266]、積極的かつ公然と党の方針を支持し、実行したことを示す証拠によっても補強されている。またドゥックの供述の信憑性は、逮捕された幹部の「自白」によって反逆者と名指しされた幹部を芋蔓式に逮捕すべきかどうか、ヌオン・チアに指示を仰いだ書き込みのある27件の供述調書の存在によっても裏付けられている。なにより、ドゥックが作成した重要人物の「粉砕」についての数々の報告は、S-21が行っていた逮捕と処刑についてヌオン・チアが報告を受けていた、という論点に明確な答えを与えるものである。蛇足ながら、供述調書やそれらへの書き込みに加えて、S-21の取調官のノートによれば、少なくとも1人はヌオン・チアの直接の命令によって逮捕されている[267]。

c) 幇助および教唆

ヌオン・チアには反逆者と目された人々の逮捕と処刑という犯罪行為について、幇助および教唆という点で責任があるといえよう。とりわけ、先に示した通り反逆者と目された人々の逮捕や拘束について管区党組織から党中央に指示や承認を仰いだ電報の存在は、ヌオン・チアをはじめとする最高幹部が犯罪行為に関与したことを如実に物語っている[268]。管

区党組織からの要請に対してヌオン・チア自身が直接に指示を与えたという証拠は未だ発見されてはいないが、少なくとも逮捕と処刑を決定する場にいたことは明らかである。

これまでに示してきた通り、拷問によって証言を引き出した上で、「反逆者」を「一掃した」という取調官の報告や、一般住民の人口密集地域に攻撃をしかけ、民家を焼き払うという重大な国際人道法違反についてのカンボジア―ベトナム国境の管区党組織からの報告[269]をはじめとする血生臭い情報を目にすることでヌオン・チア自身、自分の命令が犯罪行為の遂行に重大な影響を及ぼすことを認識していたことは明らかであろう。

ii 上官としての責任

a) 上官―部下関係

詳細は補論を参照願いたいが、「上官としての責任」論に照らして、上官の刑事責任を問うためには、第1に、上官が現実に部下に対してその権威を行使する上官―部下関係が存在すること、第2に、上官が、部下が犯罪行為を犯したか、またはまさに犯罪行為を犯そうとしていることを知っていたか、当然知っていたはずであること、第3に、部下の犯罪行為を未然に防ぎ、または犯罪行為の加害者を処罰するために必要かつ相当の措置をとらなかったこと、といった要件を立証する必要がある。党中央委員会副書記、党中央委員会常務委員、党中央委員会軍事委員会で治安問題を担当する「秘密委員会」委員としてヌオン・チアは制度上――おそらくはポル・ポトに次いで――きわめて重要な権限をもつ立場にあった。ソン・センやドゥックをはじめとする部下に命令を下していたことからみても、ヌオン・チアが配下の者を支配する現実的な権力をもっていたことは明白である。この点についてイエン・サリは、ヌオン・チアがポル・ポトやソン・センとともに処刑命令を下していたと述べ

ており[270]、ドゥックもS-21での処刑はヌオン・チアの命令によって実行されたと証言している[271]。またドゥックは、1978年の東部管区における大粛清が開始されるときにはヌオン・チアがポル・ポト、ソン・センとともに重要な役割を果たしたと指摘している[272]。さらに、ドゥックがヌオン・チアの命令によって300人の味方兵士を処刑したことがあると語ったことは、制度上、命令を発する権限をもつヌオン・チアが配下の者の行動を支配する力をもち、部下もヌオン・チアの命令を遂行していたことを物語っている[273]。こうしたヌオン・チアの権限に関するドゥックの証言は、ヌオン・チアの命令である幹部を逮捕、拘束した、というS-21の別の取調官が残したノートの記述とも一致する[274]。最後に、反逆者と目された幹部を逮捕し、拘束し、処刑する指示や承認を求めた文書が、ヌオン・チアが委員を務める党中央委員会常務委員会に回されていたことも、ヌオン・チアに事実上の権限があったことを補強する証拠である[275]。

b) 犯意

数々の証拠は、ヌオン・チアは部下がまさに犯罪行為を犯そうとしていることを知っていたか、当然知っていたはずであることを示している。とりわけ部下が殺人を行っていることなど知らなかったという、ヌオン・チアの主張は直接証拠や情況証拠によって偽りであることが明らかである[276]。さらにヌオン・チアは党軍事委員など軍の中で指導的地位にあったことから、部下が関与している処刑その他の残虐行為について充分な情報が回されていたことはもはや明らかである。

ヌオン・チアは党中央委員会常務委員会に提出された数々の文書の配布先として氏名またはコード・ネームによって挙げられており[277]、そのうちの27件の供述調書は特にヌオン・チアを宛先として提出されていた[278]ことは、ヌオン・チア自身が、部下が関与している犯罪行為について知らされていたか、また現実に部下の犯罪行為に気づいていたか、と

いう点についての証拠である。とりわけ重要なことは、ヌオン・チアに提出された数々の供述調書に拷問を加えたという取調官の書き込みがあることである[279]。もしもヌオン・チアがこうした文書に目を通していれば、少なくとも部下が犯罪行為に手を染めていた可能性には気づいていたはずである。補論で詳述する通りヌオン・チアの責任を問うには、ヌオン・チアが実際にこうした情報に気づいていたことを立証する必要はなく、こうした情報が提出されており、さらにいえば提出される立場にあったことが立証できれば足りるのである[280]。

供述調書のなかにはヌオン・チアに直接手渡されたものもあったという取調官による覚え書き[281]をはじめとする補強証拠も加えれば、ヌオン・チアが党内の部下が実行していた犯罪行為を知っていたことは充分に立証できる。

最後につけ加えておくべき情況証拠として、党が犯した犯罪行為は充分に練られ、調整された上で実行されていること、またこれらの犯罪行為が似かよった手口で実行されていること、民主カンプチア時代全体を通じて犯罪行為が広範かつ大規模に行われた、などの特徴からみて、ヌオン・チアは一件一件の犯罪行為は知らなかったとしても、党内の部下が犯罪行為に手を染めていることには充分に気づいていたはずである。

2. イエン・サリ

　イエン・サリは、党が権力の座にあった時期を通じて、繰り返し公然とその手中にあった民主カンプチア外務省とカンボジア全土における逮捕や処刑を奨励し、外務省職員の大量逮捕とS-21への引き渡しを防止することを怠るどころか、それらを推しすすめることで犯罪行為に積極的に荷担したという、個人としての責任を問うべき重大な証拠がある。

a. 証拠の分析

i 党内での地位と役割

　イエン・サリの経歴を示す証拠によれば、イエン・サリは共産党で枢

政権担当時のイエン・サリ（右から3人目）
右から2人目は1978年に粛清された党中央委員会常務委員ヴォン・ヴェトことペン・トウック
(© Documentation Center of Cambodia)

要な地位にあり、虐殺や粛清に関する党の方針を公式に認めた党中央の幹部に一定の影響力をもっていたことが明らかとなっている。また、イエン・サリはその地位の高さによって党の内外で行われた広範な逮捕と尋問に関する秘密情報に触れることのできる立場にあった。

そもそもイエン・サリは1950年代に留学先のフランスでフランス共産党に入党し、1960年の党大会でカンプチア共産党の中央委員に、1963年には党中央委員会常務委員に選出された[282]。イエン・サリは1971年9月の党大会に先だって、同年8月に「王国民族連合政府国内局特別使節」の肩書きで北京に派遣された後は、表面的には、その前年の1970年に北京でカンプチア王国民族連合政府（GRUNK）とカンプチア民族統一戦線（FUNK）の樹立を宣言し[283]、国家元首となったノロドム・シハヌークの下で働いていた[284]。しかし、イエン・サリが胸中に秘めた真の目的は、GRUNKとFUNKに共産主義政権の樹立を目指して党がカンボジア国内ですすめていた武装闘争を支援するように仕向けさせることであった。そしてイエン・サリのいまひとつの任務は、党の国際関係を指導することであった[285]。

イエン・サリは党が勝利をおさめた1975年4月17日から約1週間後にカンボジアに帰国し、8月には正式に民主カンプチア政府の外務担当副首相に任命された[286]。そして、新たな任務としてGRUNKやFUNKの外交官たちをはじめ、海外在住のカンボジア人の本国帰還を手配した。なかには新政権に加わるよう誘われた者もいたが、帰還者の多くは共産主義者ではなかった。これは1975年9月に党が決定した方針に沿うものであった。党の方針では、まず海外在住者の帰国を許すが、共産主義に与しないGRUNKやFUNKの高官は逮捕し、党の管理下におくというものであった。そして党の決定は帰国者には労働を通じた「教育と改造」が必要であるとも言及していた[287]。

共産主義者ではなく、GRUNKの駐ユーゴスラヴィア大使だったフォト・サムバット（Huot Sambat）が残した「自白」によれば、1975年12月にイエン・サリは帰国してきたGRUNKの外交官や政治家を歓迎

し、まず最初のイデオロギー教育を一定期間のあいだ受け、農村での農作業に従事しながらさらにイデオロギー教育を受けた後は、外務省に勤務するか、在外公館で外交官の職に戻ってもらう、と語った[288]。こうした党の方針は、1976年の前半までのことであった[289]。

1976年の後半に入ると党の方針は劇的に変化し、イエン・サリを含む党指導部は公然と党の内外に潜む「敵の手先」や「反逆者」を排除し「粉砕」せよ、と呼びかけ始める。1976年末には党幹部たちは、カンボジア全土で始まった共産党員やGRUNK、FUNKに加わっていた人々の逮捕を黙認するか、みずから逮捕に加担するようになる。そして逮捕された人々はS-21に連行され、尋問の後処刑された。この時期、外務省それ自体も数多くの逮捕劇の舞台となり、捕らえられた人々は尋問の後に処刑という運命の待つS-21へと連行されていった。

ii 演説と声明

イエン・サリは外務担当副首相として1976年から一般向けの演説と共産圏・非共産圏の記者からの質問への回答で、公然と「党内に浸透した敵諜報員」の逮捕や反体制謀略の「粉砕」について語り始めた。しかしながらイエン・サリはさまざまな場で、進行中と目された民主カンプチアの大量処刑政策については知らないと否定しつづけた[290]。事実は、イエン・サリは権力の座にあったほかの幹部の誰よりも、公然と、時をおかずに処刑された人物に対する党の方針について説明した。以下に論じる通り、こうした声明がさらなる残虐行為を奨励することになったし、民主カンプチアの犯罪行為に対するイエン・サリ個人の刑事責任——故意に犯罪行為に加担したこと——の核心にあるのも、こうした声明の数々である。

民主カンプチアによる残虐行為が続けられているあいだ、イエン・サリは党の方針に従い、それらを正当化しつづけた。たとえば、1977年4月17日のプノンペン「解放」2周年記念日には、イエン・サリは「我々

の大勝利の成果を破壊しようとする敵の策謀」に対する党の対抗策について説明し、「我らがカンボジア人民と革命軍は、策謀をめぐらすあらゆる敵を打倒し、スパイ網を粉砕し、民族独立、主権、領土保全と神聖な革命の成果の防衛に成功した」[291]と演説した。こうした文脈で「粉砕」や「打倒」という言葉を使うときはかならず処刑を意味する、ということは先に述べた通りである[292]。ちなみにこの演説が行われたのは、1977年の2月から3月にかけて、ポル・ポトやヌオン・チアに対して「クーデタを企んだプチ・ブル知識層の一味」が摘発された直後である[293]。

同様に、1977年10月の国連総会においてもイエン・サリは「民主カンプチアの破壊をもくろむ敵のさまざまな策謀」に対して、人民は「革命的警戒心をつねに研ぎすまして敵の革命転覆の企てを徹底的に粉砕し、革命の偉業と革命権力をさらに強固にし、前進させた」[294]と演説した。この演説もイエン・サリや外務省が粛清を正当化した数々の声明に続くものであった[295]。

ほぼ同じ頃、1977年9月に外務省が作成した報告書は民主カンプチアが政敵を処刑していることに言及している。この報告書は、省内での粛清について「敵CIA、KGB、領土浸食者ユオン（ベトナム）を粉砕し、一掃した」ことを宣言している[296]。さらにこの報告書は、「敵に与し、我が労働者と貧農の国家権力を奪取しようとクーデタを画策した主要な一味は打倒され、一掃された」[297]と1977年の2月から3月にかけて行われた波状的粛清によって拘束された者からS-21が引き出した「自白」にもとづいて、さらに逮捕された者が出ていることもほのめかしている。

こうしたイエン・サリの声明の多くは、時期的には党による残虐行為の実行にあわせて発せられているが、なかにはこうした犯罪行為を弁護する目的で後になって発せられたものもある。たとえば、東部管区での粛清を賞賛した1978年6月25日付「外務省スポークスマン」名の声明は、「（東部管区での戦闘は）ベトナム社会主義共和国に煽動され、民主カンプチアの破壊を意図した新たなクーデタ計画」を「殲滅」するためのものであり、クーデタ計画に関与したカンボジア人は「クーデタ計

画を実行するために長期にわたってベトナムが組織し、浸透させ、さらに自らすすんで計画を推進した」者たちで「2月、3月、4月、5月初旬と秘密の会合をかさねてクーデタの決行を謀った、堕落した犯罪者」であったが「結果的には粉々に粉砕された」[298]、という。こうしたイエン・サリ率いる外務省の声明は、1978年5月上旬にポル・ポト、ヌオン・チア、ソン・セン、キュウ・サンパンが秘密裏に会合して決定を下し、同年5月25日にソン・センとケ・ポクが指揮した東部管区での大粛清を全面的に正当化し、擁護するためのものであった[299]。

　こうしたKGB、CIA、ベトナムによるとされる謀議の「粉砕」を賞賛する声明や演説のなかに粛清された人々の「自白」を再構成して盛り込んでいることは、イエン・サリが自白の裏側にある党の筋書きを承知しており、おそらくは特定の供述内容については熟知していたであろうことを物語っている。たとえば、イエン・サリがいう1978年の「クーデタ計画」[300] は、1976年以後にベトナムの指令を受けて謀議に関与した容疑で摘発された人々の「自白」内容に沿っており、その後数週間、数カ月間にわたって続けられた摘発で逮捕された幹部がありもしないクーデタ計画を「自白」することをあらかじめ暗示するものであった[301]。このことはイエン・サリが「反逆者」を逮捕し、排除するというポル・ポト、ヌオン・チア、ソン・センらが練り上げた党の方針を漠然とではあれ承知し、同意していたことにほかならない。さらに1978年4月にアメリカのマルクス—レーニン主義組織へのメッセージのなかでイエン・サリは、過去に5回あったとされるクーデタ計画に連座した幹部たちの「自白」に言及しており[302]、1978年6月の東部管区における幹部の逮捕は外務省声明によれば6回目のクーデタ計画ということになる[303]。こうした声明は、単にイエン・サリが強要された供述内容を熟知していたことを示すのみならず、イエン・サリが、党員であるか否かにかかわらずCIA、KGB、ベトナムの手先であると自白した者は「粉砕」する、というポル・ポト、ヌオン・チア、ソン・センらが採択した党の方針に同意を与えていたことを含意している。

iii 供述調書

　捕らえられた人々の供述調書が物語っている本質は、つまるところイエン・サリ率いる外務省が逮捕された党幹部の身柄を拘束しておく施設として使用されたことからも明らかな通り、イエン・サリが一部の幹部の逮捕に個人的に一定の役割を演じた、ということである。またイエン・サリが何件かの供述調書に直接目を通していたということから、イエン・サリが「反逆者」と目された幹部を党が逮捕し、尋問していたことを認識し、そうした党の活動に協力していたことは明らかである。少なくとも、外務省所属の幹部2人の供述調書にはイエン・サリに写しを回付するように、との指示が書き込まれており、イエン・サリが省内の会議で別の2件の供述調書を読んでいたという目撃証言もある。このうちの1件については、他の証拠ともあわせて、本書で後に末端党組織からの報告についての分析をする際に詳述し、イエン・サリが党の方針にもとづいて逮捕された者が処刑されることを認識していたことを立証する。

　1976年に駐ラオス大使に任命されていた北部管区幹部ケァム（Kæm）ことメア・トゥック（Meat Touch）が1978年2月に残した供述調書には、「同志ヴァン（イエン・サリの暗号名）に回すように」というヌオン・チア手書きの指示が添えられ、さらにドゥックの筆跡で「親愛なる同志大兄」に「ケァムはラオスで以下の2つの活動に関与した。1. 奴は帝国主義者の国連難民高等弁務官事務所と接触。2. 奴はユオン（ベトナム）大使と日常的に接触」と書き込まれている。結局ケァムはラオスの首都ビエンチャン在住のカンボジア人に「人民の権利と自由を抑圧する独裁政権によって人民が悲惨な目に遭っている」ことをはじめとする「祖国の人民が直面している困難について吹き込んだ」と「自白」した。この供述調書に添付された「活動に関与した者の名簿」のうち「逮捕済」と書き込まれているのは10人で、残り50人のうちには「反逆者」という書き込みが付けられている者とこの時点では摘発の対象にされていな

かった者がいた[304]。

　イエン・サリ宛に回されたとされる第2の供述調書は、外務省傘下のプノンペン「国営市場」に勤務していたサン・パウ（San Pau）が残した一連の調書で、「1978年7月28日に私は組織によって逮捕され、まっすぐにこの場所（おそらくS-21）に連行された」という書き出しで始まる供述調書の末尾には「国営市場服務員サン・パウの活動履歴から抽出した反逆者一覧」として34人の氏名が列挙され、そのうち2人が逮捕済となっている[305]。

　イエン・サリが供述に関して認識していたとするさらなる証拠は、当時外務省で働いていたフランス人女性ローレンス・ピック（Laurence Picq）によるものである。ピックによれば、イエン・サリは、のちに処刑されるテウ（Teut）ことヴェン・ピニー（Van Piny）とレアン・シリヴット（Lean Sirivut）から1978年4月に逮捕された幹部までの一連の供述調書に目を通し、ピニーやシリヴットが敵の手先であるというS-21の「認定」に同意を与えていた[306]。こうした方法でイエン・サリは外国の手先と思われた党幹部を逮捕する——そして、そのほとんどが処刑されることは避けられない——という党の方針に忠誠を尽くしていたのである。

　元・GRUNK外務副大臣であったヴァン・ピニーは、当時自分が責任者を務めていたK-17再教育キャンプの門前で逮捕された[307]。このキャンプはGRUNKやFUNKの関係者を再教育するためのもので、プノンペン市南部のボエン・トラバエック（Boeng Trabæk）地区に設置されていた。ピニーは経験豊かな外交官であったが、1960年代には左翼学生のリーダーとして、また1970年に北京に移り住むまではフランスにおけるFUNKの指導者として名を馳せていた。ピニーはまず最初に、北京においてGRUNKに属する非共産党系外交官たちとイエン・サリが政策と人事をめぐって論争した際に前者についてイエン・サリと衝突し、さらに1975年9月に北京からカンボジアに帰国した外交官たちに「再教育」を課した党の指令に反対したことを供述している[308]。のちに自分はフ

ランスの情報機関とCIAの諜報員であった、というピニーの「自白」[309]をイエン・サリは是としている。外国情報機関の諜報員であったと認定されたレアン・シリヴットもまた非業の死を遂げた。1970年に留学中のフランスでFUNKに加わり、活動の舞台を北京に移したのち1975年にカンボジアに帰国したシリヴットは逮捕、処刑までの日々を「再教育」を受けながら過ごした。そして、再教育キャンプ入所者が担当党幹部への反感を募らせていた1977年11月にプノンペン市南部ボエン・トラバエック地区におかれたK-15キャンプの門前で逮捕され、自分はCIAとKGBの諜報員であった、という「自白」を残して処刑された[310]。

ヴァン・ピニーの供述からは、逮捕され、処刑されたGRUNK、FUNKの幹部たちには、党の方針に同調しなかったこともさることながら、イエン・サリと衝突した経験があるという共通点がある。この仮説は、ピニーの供述と以下に述べるようなイエン・サリが特定の外務省幹部の粛清を阻止しようと試みたこととのあいだの明暗の差によって裏付けられよう[311]。この図式はトゥイ・カムドゥン（Tauch Kham Deuan）の供述にもみることができる。そもそもカムドゥンは北京で活動していた当時にイエン・サリに秘密裏に選抜されて「イエン・サリ大兄が代表を務める党」への入党を許されたGRUNK・FUNK幹部のひとりである[312]。「自白」によれば、カムドゥンはGRUNKの駐キューバ大使であった1972年に当時のクメール共和国政権との和平交渉をめぐって党の方針に反対し、駐中国大使であった1975年初頭にはシハヌークの役割をめぐってふたたび党との対立を深めた。1975年12月にカンボジアに帰国したのちは一定期間、思想教育を受け、1976年2月にイエン・サリ率いる外務省に配属された。この頃にはカムドゥンは党の方針に同調するようになっていた。しかし、一時期農村での農作業に従事し、3月に外務省に戻ったときには、ポル・ポト、ヌオン・チア、イエン・サリを暗殺し、キュウ・サンパンその他の指導部を逮捕した上で新しい政府を樹立する、というベトナムが指揮し、KGBとCIAが実行する暗号名S-808作戦なるものに関与したことになっていた。カムドゥンはKGBの諜報員であっ

たとして大勢の党員が逮捕された外務省での粛清に続いて、1977年3月14日に逮捕された[313・314]。

イエン・サリに部下の逮捕を決意させ、部下やその家族など50人をくだらない関係者が「自白」を残してS-21で処刑された原因が、こうした仕事上の確執によるのかどうかははっきりしない[315]。しかしながらS-21が顔写真を添えて整備した「収容者の人事記録」には、外務省関係者は、当初外務省構内に身柄を拘束されていたという記述がある[316]。このことは外務省とその指導部が逮捕と処刑に関与していたことをうかがわせるものである。なお、S-21が収容者を外務省から「受領」していたことは、取調官チャンことマム・ナイがドゥックに提出した数々の報告書によって明らかとなっている[317]。

幹部用の官舎も併設された外務省の敷地を逮捕された者の身柄拘束に利用したことは、北西部管区バッドンボーン（バッタンバン）におかれた民主カンプチア—タイ連絡委員会の委員長を務め、「1977年3月4日に電報で革命組織からプノンペンへの出頭命令を受け」、そののち約1カ月にわたってイエン・サリの南・東南アジア歴訪[318]に随行したスウ（Sou）ことカエック・ビン（Khaek Bin）の供述調書に以下のように述べられている。

　　　　帰国後、私が革命組織によってプノンペンの外務省内に拘束されていた5月、6月の間は、ろくにすることもなかった。言い方を換えれば、私は1977年6月21日に国家治安省に引き渡されるまで、外務省に留置されていたわけである[319]。

スウは、身柄を拘束されていた外務省で「我々の大勝利の成果を破壊しようとする敵のスパイ網を粉砕し、神聖な革命の成果を防衛」した、などというイエン・サリのプノンペン攻略2周年記念演説[320]を聞き、自分が「敵」だと名指しこそされなかったものの戦慄をおぼえたことであろう。これとほぼときを同じくしてS-21で逮捕された者の「自白」

に名を連ねた外交官たちが海外の任地から次つぎと呼び戻され、帰国したその足でS-21に送られたことは、粛清に外務省が深く関与していたことを示している[321]。

しかしながら、稀なことに、CIA、KGBまたはベトナムの手先としてこの時期に逮捕されたトゥイ・カムドゥンほかの「自白」に名を連ねた「反逆者」のうち、外務省の中堅幹部で逮捕されなかった者がいたことは、イエン・サリの介入によるものであろう。逮捕を免れたのは、ほとんどは北京その他の場所でイエン・サリとともに働いた経験のある人々であった[322]。さらに、供述調書からイエン・サリが特定の幹部については処刑されないように試みたふしさえある。たとえば、軍参謀本部に勤務したあと1978年12月に逮捕されるまで外務省に勤務したティエン（Teanh）ことスン・チ（Sun Ti）の供述調書によれば、もしも逮捕されるようなことがあれば、「先に逮捕された誰かが誤って自分のことをCIAの手先だと告発したのであって、命だけは助けてほしい」と言うようイエン・サリに指南されていた。ドゥックを介して「敬愛する党書記大兄」に宛てたノートには以下のような文面が読みとれる。

　　　　命より大切な党、同志、友人へ。私はまちがっていました。私は党を裏切ったことなどありません。私は尋問に答えませんでしたが、棒で散々に打ち据えられたあとはすべて話しました。私の命は党に捧げますから、どうぞ私の調書に名を連ねた者を逮捕しないでください。友人たちに罪はありません。CIAでも「自由クメール」でもありません。どうか、私の命を助けてください。私は党に身を捧げた共産主義者です。これは私がCIAだと苦し紛れに言った卑しむべきヴォンやカエットやクン・ソパルのせいなのです。私を奴らと一緒にしないでください。
　　　　　　　　　　プノンペンにて、ティエンことスン・チ（署名）

また、欄外にはティエンがドゥックに宛てた書き込みも残っている。

こうした見解はヴァン同志大兄（イエン・サリ）が外務省の執務室で教えてくれたことです。同志、どうか破り捨てないでください。これは私の最後の叫びなのです。

1978 年 12 月 15 日 [323]

　このようなノートからイエン・サリがティエンを反逆者の嫌疑から守ろうとしたことがうかがわれる。つけ加えるならば、イエン・サリは、こうして反逆者の嫌疑をかけられた者はほぼ例外なく処刑されることを知っていた、ということである。

iv 末端党組織からの報告

　イエン・サリが党中央委員会常務委員の地位にあり、ポル・ポト、ヌオン・チア、ヴォン・ヴェト、ソン・センと同じ情報に接する立場にあったということは、イエン・サリがプノンペン以外の場所でも行われていた虐殺をはじめとする犯罪行為を知りうる立場にあったことを強くうかがわせるものである。このことはすでに紹介したようにヌオン・チアをはじめとする最高幹部に宛てられた電報の写しを目にしていたということであり、イエン・サリがカンボジア―ベトナム国境付近で敵の手先と目されて逮捕されたり、虐待された者[324]、タイ領内で CIA と接触したと疑われた兵士[325]や「不良分子」として尋問を受けた中央委員会直属部隊幹部[326]についての報告にも目を通していた、ということである。こうした通信のなかには尋問ののちに「敵」と判定された山岳少数民族や元・民主カンプチア軍兵士の処刑許可を求めるもの[327]や、反革命武装組織に属していたことを「自白」した者の処分を問い合わせる通信[328]も含まれている。また上級機関の命令に反抗した指揮官[329]や、「道徳的に堕落」した幹部にも「自白」が強要された[330]。さらに、敵の一味と目された容疑者を S-21 に引きわたすことを提案する通信も残されている[331]。こうし

た文書のなかにイエン・サリが逮捕や処刑を承認する立場にあったことを示すものはなく[332]、地方の党組織から承認や指示を求める通信はポル・ポトやヌオン・チア、そして時折ソン・センに宛てられている。しかしながらそれらの写しが配布されていたということは、イエン・サリが逮捕され、尋問を受けた者がどのような運命をたどるかを知っていた、ということである。

さらに、ヌオン・チアをはじめイエン・サリも含めて党中央委員会常務委員に配布されたことを示す指示が付けられた文書には残虐行為を報告するものも多く含まれている。これらのなかには、元・クメール共和国軍兵士のあいだに「潜んでいた敵の一味」を「一掃した」、党の経済政策から逸脱した者を「措置した」、兵士のなかに「敵の子分」を見つけて粛清した、といった類の報告[333]のほか、地方の党政治部門と軍部隊が協力して「あらゆる種類の敵を一掃する措置を講じた」という報告[334]、党中央委員会直属部隊の「潜入した敵分子を中途半端な措置によらず、完全に一掃する」という決定[335]、末端党組織が集団化強制労働農場からの脱走者や軍の脱走兵を「一掃」した、という報告[336]、ベトナムの浸透を阻止できなかった指揮官を「一掃」[337]し、米を隠匿していたり、「タイへの逃亡を図った反逆者を発見した」という報告[338]、幹部のなかに「卑しむべき反逆者をみつけ、その配下の反党分子も逮捕した」という報告[339]、「ベトナムに情報を流していた指揮官を措置した」という報告[340]のほか、ベトナムの越境攻撃に際して一時ベトナム軍に身柄を拘束された一般住民を「粉砕」した、という報告[341]、国境地域の住民のうち「ベトナムに繋がる敵分子を粛清した」という報告[342]などが含まれている。

さらに、イエン・サリには前線の部隊からヌオン・チアに宛てて捕虜となったベトナム軍兵士をどうするか、命令を仰ぐ通信[343]やベトナム領内の民用物への放火に言及した通信[344]、ベトナム領内でベトナム人一般住民を「粉砕」した報告[345]、民主カンプチアによる殺戮に対するベトナム側の抵抗の様子[346]と民用物に対する攻撃[347]に言及した通信の写しが配布されていた。

最後に、イエン・サリはヌオン・チアには配布されていない通信の写しも閲覧していた。未だに理由ははっきりとしないものの、たとえば1978年4月8日に乗っていた車が対戦車地雷に触れて党中央委員会直属第703師団党書記ピン（Pin）が負傷した事件は「内なる敵の仕業」と非難された結果、「敵を発見するために、事態の評価と調査に必要な措置を適宜講じた」[348]と報告されている。また同じ日に民主カンプチア軍はベトナム領内「ドンタップ（Dong Thap）の人口密集地域、トラペアン・ペアム（Trapean Peam）とトエン・チュウ（Toeng Chouv）の南に侵攻し」、「数百棟の家屋を焼き払い、ベトナム側に多数の死者と負傷者」を出す事態となった。カンボジア側はさらに「107（ミリ・ロケット弾）と無反動ライフルでトエン・チュウに攻撃を継続中」という通信を送り、さらに「カンボジア側にあっては次々に粛清を継続中」と結んでいる[349]。

こうした報告を総合すると、イエン・サリが、外務省幹部に対してS-21が犯した犯罪のみならず、カンボジア全土で繰りひろげられた残虐行為についての重要な情報を、電報の配布先として名の挙がった最高幹部とともに握っていたことは明らかである。さらにカンプチア共産党最高幹部のひとりとして、イエン・サリはこうした犯罪行為が党の名において行われていたことを充分認識していたはずである。

b. 法的分析と結論

前節までの分析によって、イエン・サリと外務省が発表した演説や声明が虐殺や粛清に関する党の方針を積極的に唱導し、ときに弁護し、下級党員に対しては上層部が発した命令を実行するように鼓舞していたことが明らかとなった。このことは、裏をかえせばイエン・サリが幇助と教唆を通じて直接的にあるいは結果的にカンボジア全土で展開された犯罪行為に加担していたことを意味する。

また、外務省においてイエン・サリが部下の大量逮捕とS-21への収容を阻止しなかったことは、虐殺や粛清に関する党の方針の推進にかか

わり、民主カンプチアの犯した残虐行為に手を貸したことにほかならない。

　党内での地位や職責に照らせばなおのこと、イエン・サリが民主カンプチア時代の残虐行為の責めを負うべきことは、イエン・サリが公式の発言や演説においてくりかえし処刑その他の犯罪行為を公然と鼓舞したことからも明らかである[350]。1977年4月17日のプノンペン・ラジオを通じて「カンボジア人民と革命軍はあらゆる敵の謀略を粉砕」し、「そのスパイ網を打倒した」[351]、と宣言し、1978年6月25日の外務省声明では同年5月下旬に東部管区をはじめとする各地で行われた大粛清を賞賛し、後にはこの大粛清がベトナムとその一派が仕組んだとされるクーデタ計画の失敗によるものであり、東部管区が「恥ずべき大敗北」[352]を喫したためではない、とした。こうした数々の発表は、事件のあと数週間、数カ月間にわたって拘束された幹部がクーデタの謀議を「自白」することを暗示していた[353]。こうした一連の事実は、イエン・サリと外務省が幹部の裏切りを恐れ、粛清によってその芽を摘まなければならない、というポル・ポトやヌオン・チアをはじめとする党指導部の意向を汲んでいたことを物語っている。

　こうした声明は大規模な残虐行為が行われたとき、さらにはイエン・サリ率いる外務省が残虐行為の舞台となったときに発表されている。したがって声明が作成された文脈に即して考えれば、イエン・サリの声明が直接的または結果的に党の虐殺や粛清に関する党の方針の実行に寄与することを含意するものであった。

　さらに、イエン・サリが積極的に第三者の逮捕を提案し、または幹部の逮捕や処刑を承認する立場にあったことを立証する証拠は見あたらなかったが、外務省でおびただしい数の党員が逮捕され、また外務省の敷地が逮捕された者の身柄拘束に利用されたことからみて、イエン・サリは明白かつ暗黙のうちにこうした行為を承認する地位にはあったと考えられる。事実、先に述べた通り、供述調書などの文書によれば、イエン・サリは外務省幹部の逮捕とその「自白」内容を把握する一方、自ら介入

して部下の逮捕を阻止することには失敗している。

　結局のところ、これまで述べてきた通り 1978 年までに元・クメール共和国軍兵士が処刑されていたことを知っていた、というイエン・サリ自身の証言や末端党組織において処刑や虐待が行われていたとする報告に目をとめていたこと[354]、残虐行為が行われているまさにそのときに、そうした事実に言及した文書の配布先となっていたことなども含め、イエン・サリが自ら残虐行為に加担していたという認識があったことを立証することは相当程度可能である[355]。

第3章　7人の容疑者

3. キュウ・サンパン

　元・民主カンプチア国家幹部会議長キュウ・サンパンに関する証拠によれば、本書が分析の対象とする他の6人ほどではないにせよ、党の犯罪行為にかかわったことは明らかである。現存する史料は、当時キュウ・サンパンが党の残虐行為を認識しており、党の政策を支持する声明を発表すること、および地方の党組織による政策の実施状況を監督することでこうした犯罪行為に加担したことを示している。

a. 証拠の分析

　キュウ・サンパンが当時党には虐殺や粛清に関する明確な方針が存在し、それらが実行されていることを認識していたことはさまざまな文書によって裏付けられている。またこうした証拠によって民主カンプチアが権力の座にあった期間を通じてキュウ・サンパンが党内の枢要な地位を歴任していたことも明らかである。たとえば、史料によればキュウ・サンパンは1971年に、党中

政権担当時のキュウ・サンパン
(© Documentation Center of Cambodia)

央委員会に加わった[356]。1975 年にポル・ポトが「キュウ・サンパン同志は党中央委員としての資格を有する」という曖昧な発言をしていることから、おそらくは党中央委員候補であったと考えられる[357]。いずれにしても、キュウ・サンパンは1976 年 1 月の党大会までには正規の党中央委員となっている。このように、キュウ・サンパンは体制の敵とみなされた個人を逮捕し、処刑する、という方針をはじめとする党の機密事項に関与する地位にあったと考えられる[358]。たとえキュウ・サンパン自身が自分の国家幹部会議長としての地位は1976 年に創設された多分に儀礼的なものにすぎない、などと言い張ったとしても党中央委員としての地位にあったことは――他のすべての党中央委員と同様に――敵の手先と目された人々を処刑する、という党の方針を認識していたはずである、と言わざるを得ない。

　1977 年、キュウ・サンパンは表向き党中央委員会の事務局であった「第 870 号事務室」の責任者に昇格した[359]。この第 870 号事務室責任者の地位は公式には広範な裁量権を有するものではなかったが、実態は党中央委員会常務委員会の決定にもとづいて「その路線を執行する」任務を帯びていた。この地位にあったことからキュウ・サンパンは、党中央委員会常務委員会が下した逮捕や処刑に関する決定を承知していた、と考えられる[360]。とりわけ、ポル・ポト、ヌオン・チア、ソン・センが東部管区党地方書記サオ・プームの粛清と東部管区の軍と党の幹部の多くを殺害することを決定した1978 年前半の秘密会合には記録係として出席していたのである[361]。

　キュウ・サンパンが党の残虐行為を知っていたことは、拷問され、処刑された人々の供述調書が存在し、その内容を承知していたという証拠によって裏付けられている。こうした証拠のなかには、イエン・サリ同様にキュウ・サンパンも公の会合でこうした供述調書に目を通していた、と断言する者もあることからキュウ・サンパンが供述調書の存在とその内容を承知していたことにもはや疑いの余地はない。1996 年に著者のインタビューに応じた元・党員のひとりは、1976 年末にプノンペンの

オリンピック・スタジアムで行われた集会において、キュウ・サンパンが北東部管区党地方書記であったヤ（Ya）ことマエン・サン（Mæn San）の供述調書[362]をはじめとして、最近捕らえられた人々の供述調書を朗読した、と語っている[363]。当時党内では反逆者は処刑されることはつとに知られたことであり、供述調書のなかでヤが裏切り行為を犯したことを「自白」していたことは、キュウ・サンパンがヤをはじめとする人々がどのように処分されたかを知っていたことを物語っている。

キュウ・サンパンは末端党組織からの報告を受け、カンボジア—ベトナム国境付近で敵の手先として人々が捕らえられ、虐待されていたこと[364]やタイ領内でCIAと接触したと目された兵士が「粉砕」されていたこと[365]、中央委員会直属部隊で「不良分子」が摘発されていたこと[366]を知りうる立場にもあった。というのも、こうした報告には「事務室用」、「保存用」などという印がつけられていたことは先に述べた通りであり、第870号事務室の任務が党中央委員会常務委員会が決定した方針の執行を監督することであったことからみて「事務室用」とされた文書の行き先が、1977年初頭以後キュウ・サンパンが責任者となっていた第870号事務室であり、「保存用」とされた文書の行き先もまた第870号事務室が管理する党中央委員会の文書保管庫であったとしても不思議ではあるまい。

こうした証拠は1979年の民主カンプチア政権崩壊以後にキュウ・サンパンが発表した釈明の声明によっても補強されている。1987年7月15日、キュウ・サンパン率いる民主カンプチア連合政府外務担当副大統領府は、ポル・ポトやキュウ・サンパン自身をはじめとする最高幹部が党が権力の座にあった当時の「大量虐殺」や不可避的に多くの犠牲者を出したことにまつわる責任から逃れることをもくろんで、ひとつの文書を作成した[367]。その文書は「大量虐殺」の釈明という趣旨にもかかわらず、党がベトナムの手先という嫌疑によって1万1,000人もの党員を処刑したことを認めている。もちろんその文書は処刑された者のうち8,000人は実際に「民主カンプチアを打倒するための活動に系統的に関

与した」ことが明らかであると主張し[368]、残りの 3,000 人は「ベトナムの手先を逮捕し、処罰する」路線のもとで誤認逮捕され、「我々の過ちによって」処刑された人々である、としている。しかし、ここで重要なことはこの文書が「微罪を犯したか無実の市民」[369] を処刑した、と認めていることであり、大量虐殺など存在せず誤って反逆罪で告発された者は 1 人だけだと信じている、などというキュウ・サンパンの説明とは明らかに食い違っている点である[370]。

　この文書の発表に先だって責任を回避するために発表した声明や談話のなかでキュウ・サンパンは、数件の逮捕や処刑については知っていたものの党中央委員は大量虐殺には一切関与していない、と主張していた。たとえば、政権崩壊の翌年の 1980 年 8 月に著者が行ったインタビューにおいてキュウ・サンパンは、いずれの処刑もついには処刑された党内の反逆者自身によって仕組まれたものであったと主張した。キュウ・サンパンは「人民の生命に危害を及ぼすようなことがあっただろうか？」ともったいぶった言い回しで自問したのち「確かにあったことはあった、しかしそれは大虐殺と呼ばれるほどの規模ではなかった」と述べ、「そうした人殺しは、ベトナム人のスパイや管区党地方書記をはじめとする国家権力の枢要な地位にありながらベトナムの手先となったカンボジア人の仕業であることは明白である」と付け加えた。その上でキュウ・サンパンは「1977、8 年まで、我々は反逆者を排除し、国内の秩序を適切に保った」と語り、反逆者と目された人々が粛清されたことをほのめかす証言を行った[371]。

　このほかの一連の証拠もキュウ・サンパンが党の犯罪行為に加担していたことを裏付けている。しかしながら、今日にいたるまでキュウ・サンパンが誰を逮捕し、処刑するかを決定する権限をもっていたことを裏付ける証拠やクメール共和国軍兵士の殺害に直接関与したことを示す証拠はみつかっていない。つまり、キュウ・サンパンは敵の手先と目された「反逆者」は処刑する、という党の方針に自らが公然と支持を表明することによって、人が反革命分子に対して断固たる措置をとるよう仕向

けたのである。たとえば、1975年12月の民主カンプチア憲法制定記念式典においてキュウ・サンパンは「外国の帝国主義者」がカンボジアに対して「浸透を図り、国家の転覆をもくろんでいる」と警鐘を鳴らし、「帝国主義者どもがどのような隠れ蓑を使おうとも、我々がどれほどの犠牲を払おうとも、断固として戦い抜く」決意を表明した[372]。この声明が発表されたとき、S-21はすでに活動を始めており、少なくとも18人の幹部が逮捕され、「敵の秘密工作員であった」ことを「自白」したのち処刑された。党の権力構造からみたキュウ・サンパンの地位に照らせば、この種の声明は下級幹部に対して前政権の関係者も含めて反逆者と目された人々を逮捕し、処刑することを奨励するのに絶大な効果があったことであろう。

S-21に残された供述調書によれば、キュウ・サンパンは1976年末に党から情報宣伝省幹部に対する調査を命じられ、この任務のなかで、反逆者の嫌疑をかけられ逮捕されて処刑されることを恐れた情報宣伝省幹部プルム・サム・ア(Prum Sam-A)の自殺に直接関与することとなる[373]。キュウ・サンパンが「プルム・サム・アを調査し、敵なのかそうでないのか結論を出すよう」情報宣伝省に差し向けられたのは、プルム・サム・アが党の見解と異なった発言をしたことが「組織」——おそらくはヌオン・チア——の目にとまったためであった[374]。1977年初頭、プルム・サム・アは自らに逮捕の手が伸びていることを悟って自殺した。キュウ・サンパンはただちに事態を「組織」に報告し「死体を秘密裏に処理せよ」という命令を受けた[375]。

キュウ・サンパンが第870号事務室の責任者として、ヌオン・チアまたは常務委員会の直接の指揮のもとで党中央委員会常務委員会が決定した粛清が確実に実行されるよう監督する立場にあったことを物語る供述調書は、ほかにも存在する。たとえば、西部管区党地方書記タン・シことチョウ・チェットの供述調書によれば、1977年8月に不明確な粛清の実施状況を調査するために西部管区に派遣されたキュウ・サンパンの報告書は党地方書記タン・シと副書記ヘン・パル(Heng Pal)のあいだ

の確執にも言及し、この報告が「組織」がタン・シの逮捕を決定する引き金となったとみられている[376]。

こうしたできごとに続いて、1978年4月17日の「解放」記念日前後にキュウ・サンパンが国家幹部会議長として行った演説では「党内に潜んでいたベトナムの手先」が逮捕され、反革命分子が「苦い思いをしている」ことを賞賛している。演説のなかでキュウ・サンパンは「国家の転覆を意図したスパイ行為やベトナムの党細胞の結成によってカンプチア共産党の権力を打倒し、民主カンプチアの国家の転覆を図るクーデタが計画されていた」ことを糾弾し、また、粛清によって生じた空席には新たにより優れた幹部を就かせるので心配はない、とも語っている[377]。当初、党幹部を対象とした粛清ではチョウ・チェットをはじめとする西部管区が標的となったが、この1カ月後には東部管区に対する大粛清が開始される。そしてドゥックによれば、党最高幹部のあいだで行われた東部管区粛清の秘密決定を記録したのはほかならぬキュウ・サンパン自身であった[378]。

また、供述調書のなかには、キュウ・サンパンが1978年半ばの東部管区に対する大粛清に際してある幹部が身柄を拘束されるような切迫した嫌疑がなかったにもかかわらず、この人物を逮捕するよう仕向けることに一役買った、と述べているものもある。この人物——プオン（Phuong）ことヴゥン・チェム（Veung Chheam）はゴム農園担当の党中央委員であったが、プオンは表向き東部管区の再編についてポル・ポト、ヌオン・チアらと相談するために第870号事務室を訪れた際にヌオン・チアの誘いにのってキュウ・サンパンが主宰する党中央委員会の夕食会に臨み、1978年6月8日に他の中央委員もろとも逮捕された。皮肉にも夕食会の話題はもっぱら粛清と逮捕についてであった[379]。プオンを逮捕するかどうかはキュウ・サンパンが記録係として陪席し、ポル・ポト、ヌオン・チア、ソン・センらが東部管区に対する大粛清を決定した会議で話し合われていたようである[380]。したがって、プオンにまつわる文書はキュウ・サンパンが自分の任務を果たすうちに党の残虐行為を認識し、その上で

それらに一役買っていた、ということを示している。

b. 法的分析と結論

　我々が分析した証拠は、民主カンプチア国家幹部会議長キュウ・サンパンが、民主カンプチアが犯した残虐行為について個人としての責任を負っていることを示している。さらにキュウ・サンパンが虐殺や粛清に関する党の方針を認識していたにもかかわらず、それらを阻止するための行動をとらなかったばかりかこうした方針を支持する声明を公にし、党の方針に沿って粛清が実行されているかどうかを調査するなどして虐殺や粛清に関する党の方針の実行に故意に関与したことを示している。

　先に述べた通り、キュウ・サンパンは1975年12月以後、さまざまな演説や声明を発表して党による残虐行為を正当化してきた。このなかには1978年4月の「解放」記念日に際して「国家転覆を意図したスパイ行為やベトナムの党細胞の結成によってカンプチア共産党の権力を打倒し、民主カンプチアの転覆を図るクーデタが計画されていた」ことを糾弾し、反革命分子が「苦い思いをしている」ことを賞賛している。先に述べた通り、この演説の中でキュウ・サンパンは粛清によって生じた空席には新たにより優れた幹部を就かせるので心配はない、とも語っている[381]。これまで論じてきた通り、こうした演説や声明は国内で共産主義に与しない人々を処刑していた時期から党内の粛清が拡大していた時期に公にされたものである。キュウ・サンパンが高い地位にあったことに照らせば、こうした演説や声明が逮捕と処刑を奨励する効果を果たしたことは言うまでもない。さらに供述調書の内容を吟味すると、キュウ・サンパンが「見えない敵」の特定と逮捕に積極的に関与していたことがうかがわれる。たとえば情報宣伝省で党の方針に異論を唱える者を調査し[382]、西部管区では結果的に処刑されることになる党地方書記タン・シの調査を指揮し[383]、1978年半ばには結局処刑されたであろう東部管区の幹部たちの逮捕にも関与した[384]。

キュウ・サンパンが認識していた党幹部の逮捕、尋問、処刑の時期は、虐殺や粛清に関する党の方針を示すさまざまな証拠とも合致する。先に述べた通り、1976年1月以後キュウ・サンパンは正規の党中央委員となり、1977年初頭には第870号事務室の責任者に就任して党中央委員会常務委員会が決定した方針の執行を監督する立場となった[385]。こうした2つの地位にあったことから、キュウ・サンパンは先に論じた1976年3月の党中央委員会の決定——革命に反逆する重大な犯罪で有罪と認められた者を処刑する権限を管区党委員会をはじめとする党の機関に付与する決定——をはじめとする虐殺や粛清に関する党の方針にかかわる文書や情報にふれていたはずである[386]。

　また、キュウ・サンパンは1978年にポル・ポト、ヌオン・チア、ソン・センが東部管区の大粛清を決定した会議も出席していた[387]。さらに1976年末には供述調書の内容にふれた演説を公然と行っていた証拠もあることから、虐殺や粛清に関する党の方針を認識していたこととも併せて考えれば、供述調書が存在し、それらが党の方針のもとでどのような意味をもつものなのかを自覚していたことを示している[388]。

　1987年7月に民主カンプチア連合政府外務担当副大統領府が少なくとも3,000人の無実の人々を誤って処刑した、と声明のなかで述べたことをはじめ民主カンプチア政権崩壊後、キュウ・サンパンが明らかにした声明をも分析した結果、キュウ・サンパンは党が権力の座にあった時期に残虐行為が行われていたことを認識していた、という結論に達した[389]。

4. タ・モク

　南西部管区党地方書記を務め、党中央委員でもあったタ・モクについては、南西部管区で部下を直接指揮して幹部を逮捕、処刑させ、また、部下による残虐行為を防止せず、残虐行為にかかわった者を処罰しなかったことをはじめとして、虐殺や粛清に関する党の方針の実行に中心的な役割を果たしたという明白な証拠が存在する。

近年のタ・モク（前列右）
左はキュウ・サンパン
（1998年1月撮影。©毎日新聞社）

a. 証拠の分析

i 党内での地位と役割

　タ・モクは1950年に出身地のカンボジア南部ターカエウ（タケオ）州でインドシナ共産党に入党した。1950年代末には郡党責任者となって活発に活動し、1963年にはカンプチア共産党の中央委員に選出された[390]。さらに1968年には党中央委員会常務委員と軍事委員を兼務するかたわら南西部管区党地方書記も務めた。こうした地位にあったことは、少なくとも南西部管区においては制度上も事実上も直接に部下を指揮する立場にあったことを示している。

ii タ・モクらの政権崩壊後の声明

　民主カンプチア政権崩壊後にタ・モクをはじめとする最高幹部が明らかにした声明を考え併せれば、タ・モクは民主カンプチアによる残虐行為を認識していたばかりでなく、党地方書記としての権限を使って虐殺や粛清に関する党の方針の実行に深く関与していたことは明らかであり、こうした証拠はタ・モクに個人としての責任のみならず、上官としての責任を問うに足るものである。

　タ・モクはこれまで、民主カンプチアが手を染めた残虐行為に自分は無関係であると言い張ってきた。また1997年には、大量虐殺には関与していないし、そのような事実も知らなかったと主張し、ポル・ポトとドゥックを非難しさえした。1978年末には、かつて自分は「農村部についてのみ責任を負う立場だった」ことは認めたが、自分の管轄地域においてもいわんやS-21における処刑についても関与を否認してきた[391]。タ・モクによれば、党中央委員会書記として——ドゥックを使って——S-21を「直接指揮していた鍵を握る最重要人物」はポル・ポトをおいてほかになく「ポル・ポトが最高指導者であり、カンボジアで起こったことはすべてポル・ポトの仕業である。ヌオン・チアでさえ、何も知らない。ましてソン・センに何がわかるというのか」とまで言い切っている[392]。

　それでもタ・モクは党中央委員会常務委員会は「会合し、合同学習会をひらき、常務委員はさまざまな議題を持ち寄って討論した」ことは認めた。そしてまわりくどい言い方で自問自答した。

　　　　ポル・ポトが処刑の件で誰かに相談したか？　誰かに質問したか？　ポル・ポトとあの刑務所長ではないか……ふたりだけだった。誰かが逮捕されれば、刑務所長が尋問に連れてゆき、その結果をポル・ポトに報告する。そしてポル・ポトが決定を下す。常務委員会は何が行われているのかわからなかった。常務委員会は治安問題にはかかわっていない[393]。

「S-21に関する事項はポル・ポトの所管事項」だったので「そこで何が起こっていたかは不確かではっきりしない」というのがタ・モクの言い分であった[394]。

S-21に対して直接の権限はなかった、というタ・モクの主張はイエン・サリとドゥックの発言によって裏付けられるが、S-21の活動や南西部管区での虐殺について何も知らなかった、何も関与しなかった、というタ・モクの主張とは食い違いがある。ドゥックによれば南西部管区内には「タ・モクが管轄する収容所」があり、「たくさんの人が拷問を受け、殺害された」という。またドゥックはヌオン・チアの命令を受けたタ・モクが1978年11月にプノンペンの自宅で常務委員であったヴォン・ヴェトことペン・トゥック（Penh Thuok）を「個人的に逮捕」し、S-21に連行したと聞いたことがあるとも語っている[395]。また、イエン・サリによれば1975年以後、タ・モクが党中央委員会軍事委員会の委員となったのは名目的にすぎず[396]、「処刑と虐殺についてはポル・ポト、ヌオン・チア、ソン・センが決定を下し」タ・モクは党地方書記としてその命令を実行していたにすぎないという[397]。ヌオン・チアも「南西部管区では少なからぬ人数の人々が殺された」と証言している[398]。こうした発言は南西部管区でタ・モクが虐殺や粛清に関する党の方針を実行するために党地方書記としての権限を行使していた事実を明らかにするものであり、タ・モクが残虐行為に深くかかわっていた、というイエン・サリ、ドゥック、ヌオン・チアの発言は1976年3月の中央委員会の決定とも符合する。

iii 供述調書

DC-Camは南西部管区で逮捕された人々がS-21に移送されたことを示す文書を入手しており、S-21にも南西部管区から送られてきた党幹部ら30人以上の供述調書が残されている[399]。党地方書記というタ・モクの地位に照らせば、これほど多くの部下が自分の管轄からよそに移さ

れることは知っていなければならなかったであろう。

　さらに、タ・モクは明らかに党の犯罪行為について書かれた供述調書の写しを受け取っていた。多くの供述調書にタ・モクに写しを送付するように印が付けられており、それらからはタ・モクが民間人の大量虐殺を含む逮捕と処刑を知っていたことのみならず、南西部管区内で逮捕や処刑に直接かかわったことが示されている。そうした供述調書のひとつ、表紙に「南西部　モク同志大兄に送付済み　1977年11月12日」という書き込みがある南西部管区第25地区党書記、シット（Sit）ことトゥム・サン（Teum San）の供述調書には第25地区内で起こった農民のデモについて「逮捕、処刑し、処理せよ」と鎮圧命令を受けた地元部隊が約50人の農民を捕らえ、10人を選んで処刑したことが記されている[400]。

　逮捕されるまで南西部管区第25地区党書記であったスダオエン（Sdaoeng）ことサオム・チア（Saom Chea）の1978年3月の供述調書においてもタ・モクが処刑について承知しており、熱心に供述調書を読み、「モク同志読了　1978年4月18日」などと書き込まれた供述調書をみたことがあると言い残している[401]。サオム・チアはのちに逮捕されることになる前任者——第25地区党書記セン（Seng）またはタ・チェイ（Ta Chey）ことチェイ・スウォン（Chey Suon）[402]——と同じくのちに逮捕される隣接する東部管区第24地区党書記チゥーク（Chhouk）ことスック・ノヴ（Such Nôv）[403]と1975年5月に会った際の会話について以下のように述べている。

　　タ・チェイは最近幹部との間で路線対立があり、指導的立場にある幹部のほとんどが、社会主義革命を達成しようとする長い道のりのためには抑圧的、独断的で人民の自由と権利を制約することもある、という党の路線に反対しているのだと言っていた。とりわけ歴戦の幹部は思想的逸脱者というレッテルを貼られ、党にとっていわば古い大きな荷物を抱えているようなものであり、彼らに社会主義建設などできるわけがないのだから、

きれいに粛清しなければならないのだという[404]。

　先にふれたウン・ヴェトことクン・キエンの供述調書の表紙にも、調書がタ・モクに送られたことを示す「抄録をモク同志に送付済み 1977 年 5 月（以下日付けの判読不能）」という書き込みがあり、さらに欄外にはドゥックと思われる筆跡で「卑しむべきタン・メン（Tan Men）は同志大兄 15（タ・モク）によって粉砕済み」と書き込まれ、さらに「裏切り行為に加担した」とされる南西部管区第 33、第 35 地区の幹部の氏名が記され、それぞれに下線や「×」、囲みが付されている[405]。こうした書き込みは、明らかに氏名を特定された人々がそののち逮捕され、処刑されたことを物語っている[406]。

　このウン・ヴェトの供述調書には末尾に「私の反逆部隊の名簿」が付けられている。この名簿に挙げられた 65 人の氏名のうち 4 人には「逮捕済み」、12 人には「組織により更迭」、4 人には「外国に異動」と書き添えられ、そのほか 26 人の氏名には「×」印や下線が付されている[407]。このような供述調書の内容とそれらに目を通していたことからみてタ・モクが虐殺について認識し、それらに関与していたことは明らかであろう。

b. 法的分析と結論

　これまで分析してきた証拠は、さまざまに異なった根拠から立証された党の犯罪行為にタ・モクが刑事責任を有することを示している。もっとも特筆すべきことはタ・モクが南西部管区の責任者であったことである。部下を指揮して党幹部を逮捕、処刑させたことに関してタ・モクは個人としての責任を負わなければならない。また、これまで吟味した証拠は、南西部管区で指揮下にあった部下が犯した犯罪行為を未然に防止しなかったこともしくは、犯行後に加害者を適切に処罰しなかったことについてもタ・モクが責任を負わなければならないことを示している。

i 個人としての責任

　我々が分析した文書から、南西部管区党地方書記として与えられた権限を行使して命令を下し、ときとして自ら指揮して党幹部を逮捕させ、結果的に多くの人々を死に追いやったことについてタ・モクが責任を負わなければならないことは、もはや明白である。南西部管区内にタ・モクが管理する収容所が設置されていたことや 1978 年 11 月に当時党中央委員会常務委員であったヴォン・ヴェトことペン・トゥックをタ・モク自らが逮捕して S-21 に収容した、というドゥックの証言をはじめとする数々の証拠がタ・モクが犯罪行為に関与したことを示している[408]。

　さらに供述調書の内容からタ・モクが「反逆者」の処刑に直接関与したことも明らかとなっている。たとえば、タ・モクに送付されたある供述調書の欄外にはドゥックの筆跡で「(モク同志が) 粉砕」という書き込みが残されており、南西部管区の幹部であったタン・マン (Tan Mang) がタ・モクの命令で処刑されたことを示している[409]。このほかにもタ・モクが支配していた南西部管区の幹部や党員で先に逮捕された者の供述調書のなかで「反逆者」と名指しされた者の氏名の横には「発見」という書き込みや「×」印が付されている[410]。こうした書き込みは、供述調書が次に誰を逮捕するか命令を受けるためにタ・モクに送られたことを示している。さらに、もともと部下のなかから幹部を登用し、さらには S-21 に送られた幹部の後任者を任命する立場にある管区の責任者であったタ・モクが――たとえ自らは実行に直接関与していなかったとしても――南西部管区から 30 人以上の幹部が S-21 に移送されたことを知らなかったはずはなかろう。

　結局のところ、タ・モクが党の方針を決定する最高意思決定機関の一員であり、数々の供述調書にも目を通して命令を下し、収容されれば処刑されることが明白な S-21 に南西部管区から数多くの幹部を移送したことは、タ・モクが部下に逮捕と処刑という犯罪行為を犯すよう命令していたことにほかならない。

ii 上官としての責任

a) 上官―部下関係

　タ・モクが党内で部下に対して権力を行使できたのは、南西部管区党地方書記でありまた党中央委員会常務委員の地位にあったからにほかならない[411]。先に述べた通り、管区党地方書記には、1976年3月30日の党中央委員会の決定にもとづいて管区において党内外の敵を「粉砕」する権限が与えられた[412]。こうした地位についていたことでタ・モクは上官としての責任を負う立場にあり、たとえタ・モクが党内序列ではポル・ポトやヌオン・チアよりも下位にあったとしても部下に対しては強力な権限と支配を及ぼしていたことに変わりはない[413]。

　党が犯した残虐行為をめぐってはポル・ポトひとりがすべてを牛耳っていたという主張の反面、1978年11月以後は「地方」における活動に「責任を負っていた」ことは、1997年の声明のなかでタ・モク自身が認めていることであり[414]、1978年11月の党大会に関する幹部のメモによっても裏付けられている[415]。こうした地位にもとづく権限を「上官としての責任」論に照らせば、タ・モクはプノンペンが発した違法な命令を部下に下達し、さらに自己の管轄管区内における部下の犯罪行為を未然に予防せず、事後に処罰しなかったことに関して刑事責任を負わなければならない[416]。

　また、さまざまな証拠によってタ・モクが南西部管区を事実上支配していたことが明らかである。ドゥックの証言によれば、南西部管区には独自に収容所が設置され、タ・モクの命令で処刑が行われていた[417]。また、南西部管区における党の方針の執行についてポル・ポト、ヌオン・チア、ソン・センはタ・モクを頼りにしていた、というイエン・サリの主張は、タ・モクが部下を支配し、前政権の関係者であったと目された一般市民の殺害や党員の粛清を決定し、実行する権限をもっていたことを示唆し

ている[418]。この主張は、1976年3月の党中央委員会の決定[419]にもとづいてタ・モクをはじめとする管区党地方書記が処刑についての決定権限を制度上与えられていたことや、南西部管区から多数の幹部がS-21に移送されたことをタ・モクが認識していた、という証拠によっても補強されている。

b) 犯意

　部下に命令するなどして直接、間接に反逆者と目された人々の処刑に関与したことを示す書き込みが欄外に残された供述調書をはじめとして、DC-Camの所蔵史料のなかには、南西部管区をはじめ各地で行われた残虐行為を知らなかった、というタ・モクの主張が信用できないものであることを示す証拠が多数存在する[420]。またタ・モクの主張は、党地方書記が上級機関から処刑を執行するように命令されていた、というイエン・サリの証言にも矛盾する[421]。
　こうした証拠は、幹部の供述調書の内容やそれらがタ・モクに提出されていた事実によっても補強されている。たとえば、タ・モクに回して精査を受けるように印が付けられ、実際タ・モクが熟読したことを示す書き込みが残された供述調書は数多く存在する[422]。しかもこうした供述調書には地方の農村部での大量虐殺や古参党員の粛清について記述されたものも数多く含まれている[423]。
　カンボジア全土のなかでもとりわけ南西部管区で残虐行為が広く行われていたこと、その南西部管区を支配する党地方書記であったこと、さらに党中央委員会の常務委員会と軍事委員会の一員でもあったことという情況証拠と、これらの委員会の合同学習会に出席していたという本人の証言[424]から、タ・モクには党とその最高幹部が残虐行為に手を染めていたことを知っていたか、少なくとも知っていたはずであると断定できるだけの充分な理由がある。

5. ケ・ポク

　北部、中部管区で党地方書記を務め、党中央委員会の一員でもあったケ・ポクが管轄管区内で反逆者と目された幹部の逮捕を指揮し、その幹部が尋問ののち処刑されたことに直接かつ重大な責任を負っているという証拠が存在する。またこうした証拠は、管区をあずかる党地方書記であったケ・ポクには上官として部下が犯した犯罪行為を未然に防止せず、犯行後に加害者を適切に処罰しなかったことについて責任を負わなければならないことを示している。

政府に投降後のケ・ポク
(© Documentation Center of Cambodia)

a. 証拠の分析

i 党内での地位と役割

　ケ・ポクの党内での地位に関する証拠は、ケ・ポクが虐殺や粛清に関する党の方針の実行に加担し、とりわけ北部管区、中部管区において部下が犯した残虐行為を認識していたことおよび部下が関与した残虐行為に上官として直接の責任を負っていることを示している。

　ケ・ポクは1957年に

コンポンチャム州で共産党に入党し、1967年には当時の北部管区党副地方書記となった。1975年には北部管区党地方書記となり、1977年に北部管区が中部管区に改編された後も自身が粛清されるかも知れないおそれがあるにもかかわらず党地方書記の地位にとどまり続け、民主カンプチアが権力の座にあった期間を通じて党中央委員の地位にもあった。党中央委員としてケ・ポクは虐殺や粛清に関する党の方針の立案と実行に深く関与し、党地方書記としてはタ・モクらと同様に管区内で幹部を処刑する権限を与えられていた。

ケ・ポクの副書記であったスレン（Sreng）ことチョ・チャン（Cho Chhan）は、北部管区で逮捕された後の供述調書で管区レベルから村にまで張り巡らされた治安機関網は日常的に前政権の関係者を探索し、処刑していた、と語っている。このため末端行政機関では粛清されるべき人物のリストを次々と作成し、ケ・ポクが支配する管区党組織が処刑すべき人物を選定していた。末端行政機関では上級機関が選定した人物を指示に従って尋問、処刑していた[425]。

さらに、イエン・サリやタ・モクの部下と同様に逮捕された者がケ・ポクの管轄地域から S-21 に移送されていたことも S-21 に残された史料によって確認されている[426]。残された供述調書から、北部、中部管区から S-21 に移送され処刑された幹部の数は 100 人以上に上ることも確認されている[427]。以下に述べる通り、こうした文書はケ・ポク自身の部下のうち相当数が逮捕され、処刑されたことを示している。

ii 供述調書

旧北部および中部管区の幹部が残した供述調書は、ケ・ポクが逮捕と処刑に関心を払い、いくつかの逮捕案件——逮捕された者は皆処刑された——について命令を下したことを示している。

旧北部および中部管区から S-21 に移送された後に処刑された 100 人を超える人々が残した供述調書のうち、4 人分には明らかにケ・ポク

に提出された印が付され、残りの供述調書にも中部管区に提出された旨の書き込みがある。おそらくこれらも管区の責任者であったケ・ポクの目にふれたことであろう[428]。

　ケ・ポクに提出された供述調書をみるかぎり、この党地方書記が管区内での逮捕と処刑について認識していたことはまちがいなかろう。たとえば、中部管区第42地区バライ（Baray）郡党委員会に所属し、郡の治安委員会副委員長であったサエン（Saen）ことアエム・ミン（Aem Min）[429]は1975年4月時点の党の方針について供述調書に以下のように書き残している。

　　　党の計画によれば、我々は首都プノンペンと各州の州都から送られてくる人民を受け取り、従前から村に住んでいる旧住民と一緒に生活させるというものだった。身元を隠していた者を摘み出し、ひとところに集めた上で尋問し、前政権の関係者だとわかれば一人ひとり粉砕することも止むを得なかった[430]。

さらに続けて、

　　　党からはさらに指令が来た。それは素性を隠して村に潜む前政権の関係者を捜し出し、逮捕して治安機関に連行して誰が関係者で誰が関係者でないか判別せよ、その上で、徐々に排除せよ、というものだった[431]。

　サエンの供述調書はバライ郡コキ・トム（Koki Thom）村で身元を隠して暮らしていた一団の人々が1976年12月に「党によって粉砕された」ことにも言及している。
　サエンの供述調書はさらにサエンとその仲間の「反逆者」が1975年4月に示された党の方針に反して、前政権関係者が他の「新人民」とともに集団化強制労働農場で生活し、粛清を免れることを許した、と書き

記している。党が第2の指令を発した後、サエンと「そのCIAの一味」は「その姿を公然化し、村々の人民のあいだに潜んでいた前政権の関係者との関係を強化して」ふたたび党の方針に背いた。そして

> 前政権関係者は田畑その他の労働現場で秘密裏に逮捕する、という党の方針に反して公然と前政権関係者を連行し、我々の秘密の活動を新人民や旧人民に露見させてしまった[432]。

その結果、「前政権関係者と一緒にいた数人」は逃亡を図って森に逃げ込んだ。その後40人あまりが逮捕され、「中部管区第42地区バライ郡の治安機関に連行されて身柄を拘束されて」尋問を受け、命令違反の嫌疑が明らかとなったものの、2カ月あまりで釈放された。サエンの供述調書によれば、これは「逮捕された者の尋問はほどほどにしておけ。彼らはわれわれの同胞なのだから、寛大に処遇しなければならない。釈放して労働に従事させ、それでも逃げるというなら好きにさせればよい」[433]という命令を出した当時のバライ郡党書記チャン（Chan）[434]のおかげだったという。こうした供述調書はケ・ポクの目にもとまり、党内での粛清のありさまを認識させることとなったはずである。

このほかにもケ・ポクに提出された供述調書のなかには、自らが逮捕された事情に明白に言及しているものや上級機関から逮捕命令を受けた者がケ・ポク自身であったことに言及しているものがある。このなかのひとつ、1977年5月に作成されたプノンペン郊外の技術訓練所責任者リ・ハク（Li Hak）の供述調書には1977年5月8日付けで「写し1部をポク同志に送付済み」という書き込みに加えて「ダン（Dan）、シン（Sin）の配偶者その他北部管区の多数と関係あり」という書き込みがあり、巻末に付けられた名簿には85人の氏名が列挙されている。このうち10人の名前の横には「逮捕済み」と記入され、そのほかの名前にも囲みや下線が引かれ、彼らがおそらくは逮捕されたことを示している。このうち5人は北部管区と北部管区に隣接する第106地区の幹部であった。

さらに書き込みには「この名簿はすべての氏名の抜粋ではない。本文も参照せよ」と記入されている[435]。こうした文書は、これらを受け取る地位にあったケ・ポクが供述調書の欄外の書き込みをもとに「反逆者」を逮捕するよう命じられていた可能性を裏付けており、同時に供述調書が存在したことのみならず、こうした供述調書によって芋蔓式に次の犠牲者を生み出していった虐殺や粛清に関する党の方針について承知していたことをも裏付けている。

iii 末端党組織からの報告

数々の供述調書に加えて、末端党組織やケ・ポク自身から党中央に提出された報告書によってヌオン・チアとともにケ・ポクも粛清に深く関与していたことを読みとることができる。さらに、こうした報告書からはイスラム教徒であったチャム族が虐殺の標的となったことも明らかとなっている[436]。たとえば、ケ・ポク自身が発信した1976年4月2日付けの電報によれば、前政権軍の兵士や党の方針に異論を唱えた幹部でチャム出身者と特定された者を「反党活動家一味」として密かに内偵し、逮捕した後に「措置」することが約束されている[437]。また、ケ・ポクは1978年3月に逮捕した2人の兵士について身元を特定するために党中央委員会に協力を要請[438]しており、こうした証拠からケ・ポクが虐殺や粛清に関する党の方針に深く関与していたことはもはや明らかであり、この結果党が標的にした人々は、先にも述べた通り逮捕された後、ほぼ例外なく尋問ののち処刑されている。

b. 法的分析と結論

上記のような証拠から、ケ・ポクが旧北部および中部管区において反逆者の嫌疑をかけられた人々の探索と逮捕を推し進めたことによって管区内で行われた処刑にも責任を負うものと考えられる。またこれまでに

分析した証拠から、旧北部および中部管区党地方書記として、ケ・ポクは制度上も事実上も部下の下級幹部に対して上官としての権限を行使していたことから、部下が関与した残虐行為を未然に防止せず、また加害者を処罰しなかった点について上官としての責任を負うべきものと考えられる。

i 個人としての責任

これまで分析してきた供述調書や末端党組織からの報告書は、ケ・ポクが民主カンプチアが犯した犯罪行為に深く、直接かつ故意に関与したことを示している。たとえば、通称スレンの名で通っていたケ・ポクの副書記チョ・チャンの供述調書によれば、ケ・ポクは下級機関から提出された前政権関係者の名簿をもとに誰を処刑するかを決定していた[439]。また、1976年4月2日付けでケ・ポク自身が党中央委員会に宛てた電報によってケ・ポクが管区内での逮捕と処刑について直接関与していたことが証明されている。上級機関に提出された報告書によれば、党の方針に異論を唱えた幹部を「反党活動家一味」として密かに内偵し、逮捕した後に「措置」することが約束されている[440]。さらにこれまで述べてきた通り、数々の供述調書がその後に命令を求めるためにケ・ポクに提出されていたことも明らかとなっており、ケ・ポクが幹部の逮捕と処刑を意のままに行っていたことに疑いの余地はない。

ii 上官としての責任

a) 上官―部下関係

党地方書記と同時に党中央委員として、タ・モクが南西部管区でそうであったように、旧北部および中部管区においてケ・ポクも部下に対する指揮権を有していた[441]。さらに証拠によってケ・ポクが事実上も部下

に対する指揮権を行使していたことが証明されている。たとえば100人分を上回る、旧北部および中部管区の幹部らの供述調書がS-21で発見されたことは明示的であれ、暗示的であれ管区の責任者であったケ・ポクがおびただしい数に上る部下の逮捕と移送にある種の権限を行使していたことを示していることに他ならない[442]。さらにつけ加えるならば、タ・モクの場合と同様に供述調書の書き込みは管区の責任者による命令を仰ぐためにそれらがケ・ポクに提出されていたことを示しており、これはケ・ポクが部下に対する指揮権を事実上も行使していた動かぬ証拠である[443]。最後に、供述調書のなかには末端の党組織が地域内の前政権関係者の名簿を作成して管区党組織に提出し、そこで名指しされた者を再び末端の党組織が見つけだして「粉砕」すなわち逮捕し、尋問し、処刑する、という手続きについて説明したものがあり[444]、こうした手続きの存在によってもケ・ポクが事実上も制度上も党組織の中で指揮権を行使する地位にあったことが証明されている。

b）犯意

供述調書の内容を裏付けるこのほかの文書によれば、ケ・ポクは管区内で部下が行った残虐行為——部下のうちの誰が前政権関係者を処刑し、あるいは自身の命令に従って仲間の幹部を逮捕したかを含めて——を認識していた、または認識していたと信ずるに足る充分な理由がある。とりわけケ・ポク自身が作成した報告書によれば、チャム族の人々、前政権の関係者、党の方針に異論を唱えた幹部、逮捕された者の供述調書で名指しされた人々が粛清の標的となった[445]。さらに4件の供述調書にはケ・ポクに提出するように印が付けられ、そのうちのひとつは管区内での幹部の粛清について言及している[446]。このほかの供述調書も管区党組織に提出されたことから、管区の責任者だったケ・ポクの目にふれても不思議ではあるまい[447]。さらに本書が分析の対象とした他の党最高幹部と同様に、残虐行為が国中で行われていたことと犠牲者の多さからみ

て、ケ・ポクにはカンボジアの他の地域同様に自分が支配する管区内で残虐行為が行われていたことを認識していた、少なくとも認識していたとみなすべきであろう。

　本章の冒頭において指摘した通り、ケ・ポクが部下による犯罪行為を未然に防止し、犯行後に加害者を適切に処罰したことを示す証拠は何一つ発見されていない。

6. スウ・メットおよびメア・ムット

　軍部隊の党書記であったスウ・メットとメア・ムットに関する文書から、この2人が所属する部隊幹部を逮捕し、処刑のためにS-21に移送したことに直接関与したことが立証されている。こうした証拠は同時に両名の部隊で部下が行った逮捕や処刑についても責任を負うべきことを示唆している。

a. 証拠の分析

i 党内での地位と役割

　スウ・メットとメア・ムットはともに軍のなかでこれまで分析の対象にしてきた最高幹部に次ぐ地位にあり、党の方針を自ら実行し、また部下である下級幹部に党の方針を実行するように指揮する立場にあった。

　スウ・メットは党中央委員会直属の民主カンプチア空軍第502航空師団を指揮する党書記であり[448]、メア・ムットも党中央委員会直属の民主カンプチア海兵隊第164師団を指揮する党書記であった。この両名とも南西部管区党地方書記との親戚関係を背景に、南西部管区内の軍部隊で昇進してきた。スウ・メットは、1968年に死亡するまで南西部管区党地方書記を務めたパン（Pang）ことマ・マン（Ma Mang）の息子であり、メア・ムットはマ・マンの後継者となったタ・モクの娘婿である。スウ・メットは1978年11月にソン・センが参謀総長を務める参謀本部の常務委員に選出されると同時に党中央委員にも選出されたと考えられている[449]。こうしてスウ・メットとメア・ムットはソン・センを中心とする参謀本部の指揮命令系統において本書が分析対象としている7人の中で党最高幹部に次ぐ地位を確保していったのである。ソン・センは1997年に殺害されたが、長年にわたって党中央委員会常務委員兼軍事委員であり、党の残虐行為に深く関与していたことは今さらいうまでもなかろう。

ii 参謀本部会議議事録

　DC-Cam が収集した党中央委員会直属部隊の指揮官が集まる参謀本部会議の議事録およびソン・センと各部隊指揮官とのやりとりの記録によれば、1976、77 年にかけてスウ・メットは毎回、メア・ムットは時折、この参謀本部会議に出席して同僚指揮官の報告を聞き、ソン・センの演説を耳にしていた。こうした会議の議事録からスウ・メットとメア・ムットがソン・センや他の部隊指揮官——ほとんど全員がすでに死亡している——の話から「大物反逆者一味」というレッテルを貼られた人々をはじめとして「粉砕」や「一掃」と称して党幹部と一般市民が逮捕されていたことについて認識していたことがうかがわれる。党がすすめてきた逮捕、尋問、処刑をめぐる方針にスウ・メットとメア・ムットがいかに深く関与し、またソン・センがそうした方針をいかに具体化していたかは、以下に紹介する会議の議事録によって、いっそうはっきりとするであろう。
　1976 年 5 月 16 日、スウ・メットは各部隊の党書記が「反逆者」の逮捕状況を報告する党中央委員会直属部隊の指揮官会議に出席していた。本書第 2 章で述べた通り、党内では逮捕が不可避的に尋問と処刑に帰結することは当時においてもよく知られたことであった。この会議で後に自らも粛清される第 703 師団党書記ピン (Pin)[450] は、プノンペン市内の中央市場で「色白の長髪の人物 2 人を逮捕」し、同じく後に粛清されることになる第 180 師団党書記メア・タル (Meah Tal) ことサム・フイ (Sâm Huoy)[451] も「CIA 要員 2 人、兵士 2 人のあわせて敵 4 人」を逮捕したと報告している[452]。
　1976 年 8 月 30 日に「敵の状況とそれへの対処」を議題とする参謀本部会議に出席したスウ・メットは、会議の冒頭にソン・センから 4 日前に南西部管区内カンダルスタン (Kandal Steung) 郡アン・プロウク (Ang Prouch) の第 25 地区と第 33 地区の境界付近で不穏な動きがあったことが報告され、デモの参加者は「ひもじい生活から（椀 1 杯の米から）、仏教

よ、永遠なれ、白色クメール解放戦線よ、永遠なれ」などという横断幕を掲げたということを聞いた[453]。また、この仏教支持・反共・反集団主義運動は「より大きな騒ぎを準備していたが、すでに地元党組織によって 160 人以上が逮捕され、排除された」ことも聞いている。さらにソン・センは、逮捕された者の尋問によって「こうした状況と我が軍に関係がある」ことが明らかとなったと説明した。そして、ソン・センは逮捕された者がプノンペン郊外に駐屯する党中央委員会直属第 170 師団の党書記であったノヴ・メアン（Nôv Mean）ことチャン・チャクレイ（Chan Chakrei）が騒動の首謀者であると供述していることを明らかにした[454]。ちなみにチャクレイ自身は 1976 年 3 月 15 日に第 170 師団党書記から参謀本部次長に転属した直後の同年 5 月 19 日に逮捕されている[455]。

ソン・センは、一連の騒動と軍の問題の裏には「指揮命令系統に潜り込んだ敵」がいる証拠として、第 170 師団を脱走した兵士が東部管区第 20 地区に逃げ込んだ上、さらに反抗を呼びかけていると指摘し、スウ・メットをはじめとする会議の出席者に「各部隊における不良分子対策を徹底し、不良分子は分断して管理せよ」、すなわち部隊の他の兵士から引き離した上でひとまとめにして監視するよう訓示した。この会議の席上、スウ・メットは自分の部隊で兵士 1 人が首を吊って自殺した際に脱走した者が 1 人いることを報告し、他の出席者はそれぞれに部隊内での粛清動向について報告している[456]。

ソン・センはこの会議の最後を「敵が活動していることは明らかだ。しかもどこでも同じようなスローガンを掲げ、同じようなことが起こっていることからみて一連の事件は繋がっている」と締めくくり、以下のような警告を発した。

　　　　　敵は、不良分子を糾合して蜂起する機会をうかがっている。敵 CIA は、地位や階級に執着する者、革命組織に一掃された者の家族、革命によってそれまでの地位を失った者、革命運動のなんたるかをのみこめず、ついてこられない者、そして一時

的な困難や食糧不足にとらわれて革命を理解できない新人民などを糾合して我々を攻撃させる機会をうかがっているのだ[457]。

スウ・メットが出席した1976年9月16日の会議では、逮捕についてさらに多くの報告があり、ソン・センからもさらに指示が下されたことから、スウ・メットは敵と目された人々に対して党がどのような方針で対処するのか、認識を深めたことであろう[458]。この会議においてソン・センは、「アメリカ帝国主義とその手先による敵対活動」について、1975年4月以後にアメリカをはじめとして海外各地から帰国し、S-21で尋問を受けた人々の供述調書にもとづいた演説を行い、「海外から帰国し、革命組織が労働に従事させた者たちの供述によれば、奴らはベトナム南部のCIAに報告するために逃亡した」と指摘し、フランスおよびアメリカ帝国主義者によるカンボジア南部シャム湾に浮かぶ島への攻撃計画があることを明らかにした[459]。

さらにソン・センは先に逮捕された第170師団ノヴ・メアンことチャン・チャクレイの「浸透者の一味」についてふれ、「チャクレイ一味はアメリカ帝国主義とソ連およびベトナム修正主義の双方と繋がりをもって革命組織に浸透しようとした一味であり、革命軍を混乱させ、革命政権を転覆しようした」と決めつけ、ソ連、ベトナム、CIAはこぞってチャクレイと接触し、「最近の軍内部での騒ぎは、CIAと誤った革命的立場に立つ者との繋がりを露呈したものである」と説明した。そして、こうした情報から、1970年から1975年にかけての武力闘争の間に脱走した兵士その他の不良分子をはじめとする「これまでまったく闘ってこなかった新参者」から果てはプノンペンから強制移住させられた者までに1975年以後、革命軍に加わることを許した点において軍は緊張感を欠いていたことが明らかになったと指摘した上で、会議に出席していた幹部に対して、兵士とりわけ最近入隊してきた者の経歴を念入りに調べ直すことを命じた。これは明らかに軍内部で不良分子と目された人々を排除するためであったが、その方法については明言されなかった[460]。こうし

た命令は、スウ・メットやメア・ムットのような師団指揮官に党の粛清方針を示唆し、それぞれの方法でそれを実行するように仕向けるものであった。

1976年9月19日にS-21で開かれた参謀本部会議にS-21内の序列第3位の幹部フイ（Huy）らとともに出席したスウ・メットとメア・ムットは、ソン・センから「国内および軍部隊内で敵の活動が続いており、これらはすべてCIAの仕事である」と聞かされる[461]。そしてソン・センは「攻撃にもかかわらず、人民と軍に紛れ込んだ敵は今や反撃され、粉砕されつつある」ことを強調し、以下のように訓示した。

> 敵がすべて排除されたとみるのは正しくない。奴らはさらに我々を攻撃するための活動を続けている。それ故楽観視はできないのだ。

とりわけソン・センは軍幹部に対して「反革命分子は断固として粛清しなければならない。中途半端なことではだめだ」[462]と強調している。

この会議でスウ・メットとメア・ムットは、他の師団幹部からも逮捕の状況についての報告を聞いている。そのなかのひとり、第310師団党書記ウン（Euan）ことスバウ・ヒム（Sbauv Him. 後に粛清）[463]は、師団内部で「数多くの反逆者」が「発見」されたことを報告し、「具体的な状況」についてはこれが「外部からもたらされた情報」、すなわちS-21で録取された「自白」にもとづく逮捕であることをほのめかした[464]。

この会議に出席したメア・ムット自身は、党の粛清方針に共鳴する一方で、「盗みが横行している」ことや一部の兵士が部隊の紀律を乱していること、病院に入院したはずの幹部が勝手に出歩いていることなど9月に入って部隊の状況が悪化していることを報告している[465]。

一方、スウ・メットは、第502航空師団幹部の政治学習会の場でカービン銃が発見され、「敵が政治学習会に参加した幹部を暗殺しようとしたのではないかと推測している」こと、北西部管区バッドンボーン（バッ

タンバン）近郊の飛行場を警備していた部隊の「不良分子が粛清された」こと、さらに部隊の兵士と幹部の大多数は「社会主義建設に邁進」しているにもかかわらず、なかには「足を引っ張る」者がおり、「敵の女性」を警護するよう命じたところ「倫理上の問題」を引き起こしたことを報告している[466]。

スウ・メット率いる第502航空師団での逮捕状況は、参謀本部のトゥム（Tum）ことシエット・チャエ（Siet Chæ. 後に粛清）[467]が主宰する1976年9月30日の会議において報告された。議事録の「敵の状況」という項目においてスウ・メットは「9月に脱走を図った者15人」を逮捕することができ、「奴らが紀律に反する勝手な行動をする者であることを確認した」ことが記されている[468]。そして1976年10月9日、スウ・メットの副書記ネム・サン（Nem San. 後に粛清）[469]は、第502航空師団が2人の幹部を逮捕し、そのうちの1人オヴ・プリン（Ov Pring）[470]が尋問のなかで第33地区内のボエン・トムで革命に反対するデモを1976年10月12日に準備していたことを「自白」し、さらに33人の同調者の氏名も「自白」した、という新たな「敵の状況」に関する報告とともに同調者とされた人々の名簿を参謀本部に提出している[471]。

メア・ムットとスウ・メットは1976年10月9日にもソン・センが招集した師団幹部の会合に出席している[472]。その席上、出席者はメア・ムットとスウ・メットそれぞれの副書記であったドゥム（Deum. 後に粛清）やネム・サンの報告に入る前に第450師団党書記スオン（Suong. 後に粛清）から「両親を一掃された幹部をめぐる問題」について聞かされている。これに続いてドゥムはメア・ムット率いる海兵隊第164師団で最近4件の逮捕事案があったことを報告し[473]、ネム・サンも「502師団前線における逮捕事案」[474]について報告した。ネム・サンの報告は第502航空師団から脱走して盗賊化する者が増えていることと師団幹部の不満に関するものであったが[475]、ネム・サンは「すでに政治的に不良な傾向をもつ者80人以上を逮捕し、師団から排除した」と宣言して報告を結んだ[476]。

この会合について特筆すべき点は、ソン・センが「これまで党に潜

り込んだ数々の反逆者を逮捕」してきたことがいかに「祖国を防衛する重責」に合致しているか、演説していることである。そしてソン・センは出席者に対して「祖国防衛の重責を果たすために我が党が蓄積してきた経験」とこれまで実行されてきた「措置」について別途学習させると語っている[477]。

　さらにソン・センは、反逆者の濡れ衣を着せられ死に追いやられた人々を「党と国家を裏切った歴史上重大な大物反逆者」[478]呼ばわりし、「基本的に一掃」された者を「党内に潜むCIA」と「CIAに指導された反逆者一派」とするなど、当時党内でよく使われていた独特の言い回しで「我々は反逆者一味の指導部を基本的に一掃」した、と説明した上でさらに、「奴らの手下はまだいる」として以下のような警告を発した。

> 我々の革命的立場と展望に照らして、我々はさらに革命的警戒心を高めなければならない。高度な革命的警戒心をもたずして、党と軍を防衛することはできない。
>
> 強固で現実的な革命的警戒心とは、組織の各部をしっかりと統制して敵の潜入を防ぎ、我が軍を防衛するために必要であれば、いかなる措置も躊躇してはならない、ということである。アメリカ帝国主義者CIAもユオン（ベトナム）・ソ連修正主義者たちも党内に潜り込んで我々に対抗する新たな分派をつくろうと策動しているのだ[479]。

　さらにソン・センは、会議の出席者に対して部下の幹部を指導して「潜入した敵が仕掛けてくる罠について理解させる」よう指示した。

　これに対して海兵隊第164師団のドゥムはまっ先に「党の指導の下に団結する」と宣言し、「以前は反逆者ではないかと疑った者もあり、疑わなかった者もいたが、これからは今まで以上に革命的警戒を怠らないようにする」と決意表明した[480]。

この会議に出席した党幹部によるこうした発言がしばし続いた後、メア・ムットの順番がめぐってくると、メア・ムットはソン・センの発言を賞賛した後、海兵隊第164師団を「浄化する」として次のような決意を表明した。

> 私は党内に潜む敵の活動に対して我が党が勝利をおさめてきたことについて発言したい。この勝利は、いま一度革命的警戒心を強くしなければならない、という教訓を導いている。
>
> 我々は、我々の革命を攻撃しようと虎視眈々としているアメリカ帝国主義者や修正主義者といった敵を鋭く分析し、党の正しい見解を学習してきた。
>
> 革命組織の部隊、幹部、兵士の統制という問題について言えば、未だそれらをしっかりと統制できている、とは言い難い。そのためにいたるところで不良分子の潜伏や敵の潜入を許している。この際、最も重要なことは中核組織を思想面でしっかりと統制することである[481]。
>
> 前進するためにあらゆる措置を講じなければならないことはもはや言うまでもない。この点について私は全面的に党の路線に賛同し、党の下に団結する。主導権を握り、敵の拡大強化を阻止するためにはいかなることもしよう[482]。

第502航空師団党書記スウ・メットも同様の発言をしている。

> 党がアメリカ帝国主義者・修正主義者に繋がる反逆者一味の存在を暴露してからというもの、私は党への忠誠を一層強めている。この経験で党が情勢を正しく把握し、常に警戒を怠らな

いことが明らかとなった。あらゆる矛盾を克服して我が党が勝利することはもはや疑いようもない。

　敵は基本的に一掃されたが、一層の措置を講じてさらなる敵の策動を阻止しなければならない。

　我が軍が政治的に強固であるかぎり、敵は手も足も出ない。党を政治的、思想的、組織的に一層強固にしなければならない。そのためには躊躇することなく断固として粛清を断行しなければならない[483]。

　こうした決意表明を受けてソン・センも「断固たる階級闘争の見地に立てば、断固として不良分子を粛清することは避けられない」[484]と発言して会議を締めくくった。

　このように、誤解のしようのない明瞭な言葉で内部の反逆者とおぼしき者は抹殺する、という党の方針をソン・センの口から聞かされた後、スウ・メットとメア・ムットはこうした方針に全面的な賛同の意を表したばかりでなく、その実行を誓ったのである。

　1977年3月1日にソン・センが師団幹部を招集した会議にもスウ・メットが出席していたことは注目すべきことであろう。というのもこの日の議題はいつもの「内部の敵の状況」にとどまらず、「組織を浄化するための部隊内部の粛清対象」だったからである[485]。この会議の席上、スウ・メットは「先に第502航空師団で逮捕された多くの者が、敵分子であったこと」がはっきりし、「50人を上回る不良分子」をS-21に収容したことを明らかにした[486]。しかしこの会議のあいだを通じて、ソン・センは反逆罪に問われた者が処刑された、ないしはこれから処刑されるとは明言してはいない。発言のなかではいつもの通り「大物反逆者」や「粉砕する」という表現を使っていることからその意味するところは明らかであろう。なおソン・センが好んで繰り返し使う危険分子の「再

教育」という言い回しも「絶対的粛清」ほどに明確ではないが処刑を意味している。

　いつもの会議同様、スウ・メットは各部隊での逮捕や粛清の報告[487]を聞き、ソン・センが状況は党が1976年末に予測していたよりも悪化しているが、とりわけ党が東部管区第25地区党書記チュークや北西部管区党地方書記やらの「反逆者のネットワーク」を一網打尽に「殲滅」したにもかかわらず、さらなる「反逆者のネットワーク」の存在が明らかとなり、これらが「基本的に一掃」されたことは「偉大な大勝利」であった[488]、と発言して会議を締めくくったのを耳にしている。なお、ソン・センはこの会議において「CIAも修正主義者も我が革命に反対する点では、つまるところは同じ穴のムジナである。革命への脅威が続くかぎり、我が方も政治教育、思想教育を強化し……単なる教育では不充分である。断固たる粛清で対抗し続けなくてはならない」[489]、すなわち「部隊における避けがたい措置とは、不良分子を徹底的に粛清することである」[490]と主張している。

　このように参謀本部会議の議事録からは会議に出席していたスウ・メットとメア・ムットが党の逮捕、尋問、処刑をめぐる方針を認識し、それらに深くかかわっていた姿が浮かび上がってくる。また議事録からは党の方針を細部にわたって立案し、その実行に際してはスウ・メットやメア・ムットをはじめとする部下の幹部たちに指令を発して反逆者と目された人々を特定させ、逮捕させ、処刑させていたのがソン・センであったことも明らかとなっている。

iii スウ・メットおよびメア・ムットの報告とその他の文書

　スウ・メットやメア・ムットのの署名が入り、ドゥックに宛てられた逮捕された者の移送に関する文書をはじめ、第502航空師団や海兵隊第164師団からS-21に送られた数多くの幹部や兵士に関する記録がいまも残されている。先に紹介した証拠から、2人の師団党書記が党の

方針に従い、「反逆者」の逮捕に積極的に関与していたことは、この2人の幹部がそれぞれの師団においても逮捕と処刑に主要な役割を自覚的に果たしていたことを物語っている。

　スウ・メットの署名が入った1976年9月1日付けの参謀本部宛の報告書は、第502航空師団第513大隊が1976年8月19日にプノンペン郊外のポチェントン空港南側のフェンス近くで「スット（Sut）とエン（Eng）と名乗る2人を逮捕」したことを報告している[491]。この数日前に第513大隊の守備範囲で何者かが盗みをはたらいた事件があり、尋問に際して2人は党中央委員会直属の海兵隊第152師団に所属する兵士であると名乗ったものの、スウ・メットは2人が敵のために活動していたと見なした。報告書は、2人が「あちらこちらで米や鶏など食べる物を盗み歩いた」ことを「自白」したが、こうした「窃盗行為」は「革命は困難で、米は不足し、軍の士官だけが大物になれる、と宣伝した」[492]ソヴァン（Sovan）[493]とサン（San）[494]の2人を中心とした組織的敵対活動の一環であると決めつけた。

　上記のような文脈の下でスウ・メットが、脱走した者、「紀律に反する勝手な行動」をとった者、「組織の紀律違反」を犯した者、「先に逮捕された者に反逆者と名指しされた者」計4人を逮捕し、S-21に送って粛清しようとしたのは、ソン・センの命令に従ってのことであったことは明らかである。1977年6月1日および2日付けのスウ・メットからドゥックへの連絡には第502航空師団からS-21に逮捕された者を移送するわけとして先にあげた4つの理由を記している[495]。さらに同様の連絡は1977年10月4日に2人の逮捕された者を移送する際にも行われている[496]。言い方を換えれば、スウ・メットが関与することなしに、少なくとも67人にもおよぶ第502航空師団の幹部や兵士の供述調書がS-21から発見されるとは考えられない[497]。

　一方、メア・ムットについて言えば、我々はメア・ムットが逮捕に関与した証拠となる文書をそれほど多く発見したわけではない。メア・ムットが反逆者を逮捕する、という党の方針に協力したことは、S-21から少な

くとも24人の海兵隊第164師団関係者の供述調書が発見されたことによって裏付けられており、師団党書記としてこれほどの規模で逮捕された者が出たことを知らないはずはあるまい[498]。このほかにも1976年2月22日のソン・セン宛の連絡において、海兵隊第164師団が逮捕した8人のうちの1人を尋問し、自分はプレイ・ヌップ（Prey Nup）郡ヴェアル・リン（Veal Rinh）の北西部を根城とする盗賊団に属し、反動的政治活動をしてきたと「自白」させたことを報告している[499]。

b. 法的分析と結論

スウ・メットおよびメア・ムットに関する証拠は、この2人が自らの部隊の幹部や兵士を逮捕し、処刑するためにS-21に送ったことについて個人としての責任を有することを示している。さらに、この2人にまつわる証拠は、指揮下にあった部下が犯した犯罪行為を未然に防止せず、犯行後に加害者を適切に処罰しなかったことについても上官としての責任を負わなければならないことを示している。

i 個人としての責任

スウ・メットおよびメア・ムットそれぞれから参謀本部に宛てた「反逆者」の逮捕と尋問に関する報告[500]、スウ・メットが自分の師団からS-21に逮捕された者を移送する際に作成した連絡文書[501]をはじめとする、これまで吟味してきた証拠は、スウ・メットとメア・ムットが自らの部隊の幹部や兵士を逮捕し、S-21に送るように指揮した数多くの事案を明らかにしている。各地の師団からS-21に逮捕された者が移送されていた、という事実は海兵隊第164師団と第502航空師団に所属していた人々が残した膨大な数の供述調書がS-21から発見されたことで証明されている。また、スウ・メットおよびメア・ムットが師団幹部の会議において「敵」を逮捕し、S-21に収容することを是認する内容の

発言をしたことも記録として残っている。さらに、先に分析、紹介した文書からこの2人が、逮捕した者を処刑するという党の方針を承知していたことも明らかである。スウ・メットおよびメア・ムットが、部下を逮捕してS-21に送ることを許可し、またそうした行為を指揮したことは、言い換えれば処刑に直接、深く、しかも故意に関与したことにほかならない。したがって、2人は被害者に対する残虐行為については個人としての責任を負わなければならない。

ii 上官としての責任

a) 上官―部下関係

先にあげた証拠から、スウ・メットおよびメア・ムットの師団の下級幹部たちは、2人の指揮官が個人として責任を負うべき処刑の犠牲者であると同時に、指揮官の命令に従って党幹部らを逮捕した実行犯でもある。したがって、両名の指揮官は「上官としての責任」論に即してその責任を負わなければならない。

党中央委員会直属の民主カンプチア空軍第502航空師団を指揮する党書記スウ・メットおよび党中央委員会直属の民主カンプチア海兵隊第164師団を指揮する党書記メア・ムットは、ソン・セン率いる参謀本部を頂点とする軍の指揮命令系統において部下に対する制度上の命令権限を享有していた。師団党書記の地位にあった2人は参謀本部の会議に師団を代表して出席して自らの部隊の活動についての報告を提出し、他の部隊の活動についての報告を受け、それぞれの所属部隊で党の方針を執行するように命令されていた。

スウ・メットが部下を逮捕し、移送することを命令する指揮権をもち、現に部下を指揮していた、という事実はこの制度上みとめられた指揮権の存在をさらに補強するものである。たとえば、1976年9月30日の参謀本部の会議の議事録によれば、スウ・メット率いる第502航空師

団は 15 人の脱走兵を逮捕している[502]。1977 年 3 月 1 日の会議では、スウ・メット自身が「50 人の不良分子」を逮捕して S-21 に移送した、と報告している[503]。なかでも最も明白な犯罪の証拠は、逮捕した幹部や兵士を S-21 に移送するための数々の書類にスウ・メット自らが署名していることである[504]。

　一方、メア・ムットについても、海兵隊第 164 師団で敵と目される容疑者を逮捕し、尋問している旨のソン・セン宛の報告書[505]など、スウ・メットと同様の犯罪行為の証拠がある。さらに、1976 年 9 月 24 日付けのメア・ムット宛電報で当時の副書記ドゥムは「同志の命令どおり敵を措置したところ、そのうちの 5 人が森に逃げ込んだが逮捕した」と報告している[506]。

　最後に、参謀本部の会議での発言に示された通り、スウ・メットとメア・ムットが党の方針を実行するのに熱心であった、という情況証拠を考え併せれば、おびただしい数——第 502 航空師団関係 67 人分、海兵隊第 164 師団関係 24 人分——の供述調書[507]が S-21 で発見されたことは、スウ・メットとメア・ムットがそれぞれの部隊で部下に反逆者と目された人々を逮捕し、移送を命令するに足る指揮権を現に行使していたことに疑いの余地はない。

b) 犯意

　逮捕と処刑について話し合われた度重なる会議にスウ・メットとメア・ムットが出席していたこと自体が、2 人の党書記が党の犯罪行為を認識していた、という重要な証拠である。参謀総長ソン・センが主宰し出席者が逮捕と処刑について話し合った 1976 年 8 月 30 日[508]、1976 年 9 月 16 日[509]、1976 年 9 月 19 日[510]、1976 年 9 月 30 日[511]、1976 年 10 月 9 日[512]、1977 年 3 月 1 日[513]の参謀本部会議の議事録には、スウ・メットとメア・ムットのどちらか一方または両方の名前が出席者として残されている。さらに、数々の参謀本部会議の議事録には、スウ・メットとメア・

ムットが虐殺や粛清に関する党の方針を実行したことを報告し、また党の方針を支持する発言を繰り返していたことが記録されている[514]。

また、スウ・メットとメア・ムットは自分が指揮する部隊における粛清について報告書を作成し、参謀本部に提出している。たとえば、1976年9月1日付け、スウ・メットの署名入りの報告書では、1976年8月19日に指揮下の大隊が2人の者を逮捕し、尋問していることが報告されている[515]。さらにスウ・メットは直接ドゥックに文書を送り、逮捕した部下をS-21に移送している[516]。こうした証拠とともに、スウ・メットとメア・ムットが党の最高幹部に次ぐ地位にあったという事実、そしてこの2人が指揮する部隊から多くの者が逮捕されているという事実から、スウ・メットとメア・ムットは部下が逮捕と処刑に関与していたことを知っていた、または知っていたはずであり、こうした犯罪行為を防止するための必要かつ適切な措置を講じず、またこうした残虐行為の加害者を処罰しなかったことは明らかである。

212 前掲注168に挙げたヌオン・チアの回想録のほか、1997年11月中旬に行われたネイト・セイヤーによるタ・モクへのインタビュー映像（"Khmer Rouge Pol Pot Trip Three 'Nuon Chea', Copies des Rushes BETA SP K7 No.24"）を参照せよ。

213 前掲注12に挙げた "Death in Detail" および "I Am in Danger" を参照せよ。

214 前掲注12に挙げた "Death in Detail" を参照せよ。

215 前掲注199に挙げた文書を参照せよ。このなかでドゥックは人々を逮捕するのは「ヌオン・チアとソン・センの日課」であり、ヌオン・チアの指揮の下でソン・センは「処刑の第2の責任者」と語っている。

216 前掲注12に挙げた "Death in Detail" および "I Am in Danger" を参照せよ。

217 前掲注12に挙げた "Death in Detail" を参照せよ。

218 ドゥックは「自分の上官であったヌオン・チアとソン・センの命令」に従って、処刑を行ったと証言している。詳細につき、前掲注12に挙げた "Death in Detail" を参照せよ。

219 こうした点は、2人が残した供述調書とも符合する。詳細につき、ヴォン・ヴェトの供述調書（CMR124.17/TSA P374）およびホックの供述調書（CMR21.25/TSA C383）を参照せよ。

220 "Gathering of the Standing (Committee), 9 October 1975."

221 前掲注12に挙げた "Death in Detail" を参照せよ。

222 たとえば、東部管区党地方書記メア・モンことカエウ・サムナンは、供述調書のなかで1976年半ばに東部管区の粛清に着手したのはほかならぬヌオン・チアだったと供述している。この時期に東部管区を視察したヌオン・チアは管区軍幹部パル（Phal）ことリ・パエン（Li Phaen）の逮捕を提案し、翌月にこの提案は中央委員会名で承認された。詳細につき、パルことリ・パエンの供述調書（CMR64.5/TSA L40）および1978年6月2日付け「東部管区参謀長メア・モンことカエウ・サムナンの裏切りの履歴についての供述（"Responses of Kaev Samnang alias Meah Mon, East Zone General Staff, On the History of His Own Activities of Batrayal"）」と題するメア・モンことカエウ・サムナンの供述調書（CMR71.10/TSA M28）50～52ページを参照せよ。

223 先に述べた通り、DC-Camは供述調書その他の内部文書を収集、所蔵しており、それらにはS-21の責任者であったドゥックやソン・センをはじめ、20人の幹部の名前が送付先として書かれている。国連に提供した供述調書の送付先リストの内訳は、ヌオン・チアだけに宛てたものが27件、名指しでポル・ポトに宛てたものが1件、「組織」に宛てたものが33件、ヌオン・チアかポル・ポトもしくはその両方を意味する「同志大兄」に宛てたものが残り21件となっている。「組織（angkar）」は党を意味するほか、それぞれ「ブラザーNo.1」、「ブラザーNo.2」と呼ばれたポル・ポトとヌオン・チアを意味する。なお、党学校（S-71）責任者であったスゥン（Seuang）またはパン（Pang）ことチェウム・サム・アオック（Chheum Sam-aok）の日付不詳の供述調書（CMR15.6/TSA C175）の書き出しは、まず「尊敬する偉大な両大兄に敬意を表して」、次に「偉大な党の敬愛する兄弟たち」と続き、最後に「敬愛する特殊機関の同志」となっている。したがって、供述調書をみるかぎり「組織」はヌオン・チアかポル・ポトもしくはその両方を意味し、「同志大兄」は、「ブラザーNo.1」、「ブラザーNo.2」と呼ばれたポル・ポトとヌオン・チアもしくはその両方を意味することは明らかである。以上のことから供述調書の取扱いと粛清に関してはヌオン・チアがポル・ポトよりも重要な役割を果たしていたと思われる。

224 たとえば、S-21の取調官チャンことマム・ナイのノートによれば、ポル・ポトの副書記であったパン（Pang）ことチェウム・サム・アオック（Chheum Sâm-aok）は1978年半ばにヌオン・チアの命令によって逮捕された。1978年8月11日付けの書き込みは「パンも敵の一味だと白状した、とパンの逮捕を命令したブラザーNo.2に

報告した」と記している。こうしたノートの中には、ヌオン・チアは「国家への奉仕という仕事を失敗させる」ような私情を挟まずに「社会主義革命のモデル」を目指していたという記述もある。その証拠に、マム・ナイのノートの 1978 年 5 月 3 日付けの書き込みには「ブラザー No.2 はサット（Sat）という名の甥を自ら逮捕した」と書かれている。サットと名乗っていた幹部の供述調書として、1975 年 10 月 1 日に S-21 に収容されたソ・サット（So Sat）ことソ・ネム（So Nem）の供述調書（CMR140.9/TSA S184）、1977 年 12 月 9 日に S-21 に収容されたサットことラック・サム（Lach Sam）の供述調書（CMR66.9/TSA L73）があるが、サットが何者であったかは明らかではない。また西部管区党地方書記タン・シことチョウ・チェットは、1978 年 5 月 20 日付けの「IV 1975 年 4 月 17 日から 1978 年 3 月 26 日まで（"IV From 17 April to 26 March 1978"）」と題する供述調書（CMR12.22/TSA C117）の中で、1976 年にタン・シを訪問したヌオン・チアが「奴らが古い考え方を捨てるのは容易なことではないのだから」前政権の兵士をひとり残らず処刑するように指示され、たとえ、子どもであっても「革命に刃向かう者は誰であれひとり残らず一掃します」と答えた、と書いている。

225　前掲注 199 に挙げた文書を参照せよ。

226　"Notes on Nheum Sim alias Saut, Former Agriculturalist, Who Before His Arrest was Member, Battalion 701, Regiment 601, Division 174, Central Zone, 26 October 1977"（1977 年 10 月 26 日付け、DC-Cam 史料番号 BBKKh176）.

227　"On the Record of the Activities of Sieng Pauy alias Sean, formerly Secretary of a Company, Battalion 45, Sector 4, Before Beong Arrested Was Combatant at the Office of Duan Try District (Number 42), Sector 4, Northwest, 28 October 1977"（1977 年 10 月 28 日付け、DC-Cam 史料番号 BBKKh734）.

228　取調官がシエンの供述調書に残した書き込みから、これら 2 つの作戦の詳細を読みとることができる。1976 年はじめに「通称バク・プレア（Bak Prea）と呼ばれたクポップ（Khpop）郡で士官を一掃せよ」という作戦に参加したのは第 4 地区におかれていた第 453 中隊であった。また供述調書によれば、1977 年 2 月の作戦では「組織の計画に沿って、1 個小隊がドゥン・チ郡の敵を一掃した」となっている。

229　この供述調書には海兵隊第 164 師団所属の他の書記が「自白」したとされる以下のような会話が引用されている。

「すでに我々の部隊から何人かが組織に逮捕されている。もしも我々が活動を続け、組織に逮捕された者から素性が割れたら、全員ではないにせよ…。尋問されてもお互いのことは言わないでおこう。強要されて他人のことを言おうが言うまいが、殺され

るのだから、言うよりは言わないほうがましだろう。革命組織に逮捕されて帰ってきた者などひとりもいない。おまえが消されるのも時間の問題だ」。

230　1977年5月26日付け「海兵隊第164師団第63連隊第631大隊書記ウン・ヴェトことクン・キエンの活動歴についての供述（"Responses of Kung Kien alias Eung Vet, Secretary of Battalion 631, Regiment63, Division164: On the History of the Activities of Kung Kien alias Eung Vet: 'He Himself Confesses'"）(DC-Cam史料番号 BBKKh300)。この文書には「ヌオン大兄宛て提出　秘密」と書かれ「1. この供述内容は極めてはっきりしている。2. 関係者のほとんどはこの部隊で、そのほか33および35地区の者も関与している、1977年5月23日」という書き込みがある。

231　たとえば、シエンの供述調書には「シエンことシエン・プイの履歴に関与した反逆者一覧」が付けられ、逮捕された12人とシエンが「反逆者」と名指ししたものの逮捕されていない29人の氏名が挙げられている。サウことネウム・シムの供述調書にも「供述によって名指しされた反逆者一覧」として逮捕された8人と未逮捕の19人の「反逆者」の氏名が挙げられている。

232　1977年7月21日付け「スウことカエック・ビン尋問の録音からの書取り、タイ人との接触、自身の裏切り行為の履歴（"Article Transcribed from a tape of Responses to Questions, Khaek Bin alias Sou: Contacts with the Thai: On the History of His Own Traitorous Activities"）」と題するスウことカエック・ビンの供述調書（CMR48.20.49/TSA K105）（DC-Cam史料番号なし）には「ヌオン大兄は写しを受領済み」との書き込みがある。

233　クラエン（Khlaeng）、カウイ（Khauy）ことチュム（Chum）、レン（Ren）ことサウ・レン（Sau Leng）はパイリンにおかれた北西部管区第2師団の党書記、副書記と党員であった。スウ（Sou）の供述調書にはカウイとレンは「未逮捕」という書き込みがあるが、S-21に残されたファイルによれば、レン（CMR147.3/TSA S304）が収容されたのは1977年8月24日、カウイ（CMR21.33/TSA C391）が収容されたのが同年9月1日である。さらにクラエンも逮捕されている。コウ（Kou）ことラン・チェット（Ran Chet）（CMR127.5/TSA R59）は北西部管区第3地区の党副書記で1977年12月14日にS-21に収容されている。ムオンは北西部管区所属の大隊党書記である。なお、ソン（Song）ことアエム・ムット（Aem Mut）の1978年3月18日付け「北西部管区治安機関党副書記ソンことアエム・ムットの裏切りの履歴（"History of the Traitorous Activities of Aem Nut alias Song, Deputy Secretary, Northeast Zone Security, March 18, 1978"）」と題する供述調書（TSA E29）を参照せよ。

234　配布先リストは通常文書の末尾にタイプしたものが添付される。先に述べた通り、1978年初頭からキュウの名前がたびたび配布先リストからはずれるのはベト

ナム国境地域での任務に就いていたためと思われる。また文書には常務委員に加えて「事務室用」、「保存用」の写しがとられた。

235 Telegram 07, Band 545, "Be it Please Reported to Respected Brother, June 15, 1977."

236 Telegram 14, Band 273, "Respected and Beloved Organization Be Informed That, June 15, 1977."

237 Division 260, Political Section, "Report Presented to Beloved and Missed Brother 009, April 14, 1978."

238 Telegram Number 54, Band 290, "Respectfully Presented to Respected Brother, April 23, 1978."

239 メア・ムットはいまも生存している。この電報のほか、メア・ムットが犯罪行為を実行した証拠となる文書は数多く存在する。詳細につき、後掲本章第6節を参照せよ。

240 Telegram 00, Band 354, "Respectfully Presented to Committee Mo-870," December 31, 1977, signed Mut, p.92.

241 Telegram 60, Band 378, "Respectfully Presented to Beloved and Missed Mo-870," October 29, 1977, signed Chhon, p.105.

242 Telegram 82, Band 328, "Respectfully Presented to Beloved and Missed Brother Pol," November 18, 1977, signed Chhon, p.58.

243 Telegram 16, Band 598, "Respected and Beloved Brother 009 Be Informed," March 20, 1978, signed 47.（47はソン・センのコード・ネームと推定される。）

244 Division 164, Political Section, "Secret Telephone dated April 1, 1978," signed Mut, p.139. 捕らえられたベトナム人と殺害されたベトナム人が別人なのかどうか、この表現では捕らえられた後に殺害されたベトナム人の数が不明瞭である。

245 傷者、病者および難船者をいかなる場合においても人道的に処遇し、身体を保護し、虐待を禁止した条約の規定として、「戦地にある軍隊の傷者及び病者の状態の改善に関する1949年8月12日のジュネーヴ条約」（ジュネーヴ第1条約）第12条、「海上にある軍隊の傷者、病者及び難船者の状態の改善に関する1949年8月12日のジュネーヴ条約」（ジュネーヴ第2条約）第12条、「捕虜の待遇に関する1949年8月12日のジュネーヴ条約」（ジュネーヴ第3条約）第3条、「国際的武力紛争の犠牲者の保護に関し、1949年8月12日のジュネーヴ諸条約に追加される議定書」（第1追加議定書）第10条、「非国際的武力紛争の犠牲者の保護に関し、1949年8月12日のジュネーヴ諸条約に追加される議定書」（第2追加議定書）第7条を参照せよ。

246 Telegram 46, Band 600, "Respected and Beloved Brother," June

15, 1977, pp.83-84.

247 Telegram 56, Band 660, July 20, 1977, pp.21-22. 戦争犯罪を犯すかどうかは状況に応じて個別に決定されたのであろう。同時に、民間人の死傷者数が相当数にのぼることは軍事目標と一般住民を誤認したというよりも故意に一般住民を攻撃したことを物語っている。

248 Telegram 62, Band 1474, "Respectfully Presented to Respected and Beloved Mo-81," August 4, 1977, pp.68-71.

249 Telegram 68, Band 1630, "Respectfully Presented to Beloved and Missed Mo-81," August 30, 1977, signed Chhean, pp.113-115.

250 たとえば、軍事行動から一般住民と民用物を保護することを定めた「国際的武力紛争の犠牲者の保護に関し、1949年8月12日のジュネーヴ諸条約に追加される議定書」（第1追加議定書）第51条、第52条を参照せよ。

251 Telegram 15, Band 791, "Respectfully Presented to Beloved and Missed Brother P, We would like to report on the situation in Sector 23, Sector 24 and on the Route 22 battlefield, as follows," January 19, 1978, signed Chhon, pp.91-93.

252 同上。

253 同上。

254 同上。

255 武力紛争における一般住民の保護の原則について、以下の国連総会決議のほか、前掲注210に挙げた第1追加議定書第48条、第51条、第57条、第58条、第2追加議定書第13条を参照せよ。Basic Principles for the Protection of Civilian Populations in Armed Conflict, G.A. Res. 2675, U.N. Doc. A/8028 (1970), ¶¶3-4.

256 Telegram 15, Band 791, "Respectedly Presented to Beloved and Missed Brother P, We would like to report on the situation in Sector 23, Sector 24 and on the Route 22 battlefield, as follows," January 19, 1978, signed Chhon, pp.91-93. さらに東部管区から続報を伝える電報（Telegram 16, Band 634, "Respected and Beloved Brother P," January 25, 1978, signed Chhon, pp.101-102）は、「東部管区内のベトナム国境付近の一般住民は国境から離れた地域に移動させ、常時、教育のために政治集会に参加させている。ユオン（ベトナム）に内通している裏切り分子は粛清しており、一般住民に混乱はなく、分散して管理し、教育している」と報告している。また別の電報（Telegram 16, Band 318, "Respected and Beloved Brother 009, Be Informed," March 20, 1978, signed 47, p.103）によれば、「東部管区におけるベトナムの攻撃が集中している部

隊の卑しむべき幹部はベトナムに情報を流していると思われるので、この部隊の不良分子を措置した」と報告している。

257　前掲注 168 に挙げた回想録の中で、ヌオン・チアは「下の者」として粛清された西部管区党地方書記タン・シことチョウ・チェット、同じく粛清された北部管区党地方書記トゥックことコイ・トゥオンのほか、旧北部管区党地方書記を指す。また南西部管区党地方書記タ・モクについては名指しは避けながら、「卑しむべきシとトゥックらは無責任な行動をとり、南西部管区でも少なからぬ人々が命を奪われた」と指摘している。

258　前掲注 12 に挙げた "Death in Detail" を参照せよ。

259　前掲注 199、200、212 および本文の関連箇所を参照せよ。

260　前掲注 213 および本文の関連箇所を参照せよ。

261　前掲注 212 および本文の関連箇所を参照せよ。

262　同様に、カール・バウアー（Carl Bauer）、エルンスト・シュラメヒ（Ernst Schramech）、ヘルベルト・ファルター（Herbert Falter）を被告人とする、フランス人レジスタンス闘士の殺害を部下に命じた大佐に関する戦争犯罪事件において、国際軍事裁判所は「本件においてバウアー個人は、ヒトラーの指令に従い、部下に命令を下したことにより犯罪を犯したことに責任を負う」と判示した。国際軍事裁判所条例第 6 条は「共通の計画又は共同謀議の立案若しくは実行に参加した指導者、組織者、教唆者又は共犯者は、何人によって当該犯罪が行われたかを問わず、その計画の遂行上行われたすべての行為につき責任を有する」と規定している。詳細につき、以下の文書を参照せよ。United Nations War Criminal Commission, 7 Law Report of Trials of War Criminals, 1949, p.21.

なお、部下に命令を下したことによって訴追された上官に加害者としての責任を問うという流れは旧ユーゴスラヴィア国際刑事法廷にも引き継がれ、ドゥスコ・タディッチ（Dusko Tadic）を被告人とする戦争犯罪事件において同法廷は「加害者としての刑事責任は、犯罪行為の実行者のみならず、何らかの方法で犯罪行為の物理的遂行を可能ならしめたすべての者も共犯としての責任を負うべき」と判示した。詳細につき、以下の判決と意見を参照せよ。The Prosecutor v. Dusko Tadic, Opinion and Judgement, 7 May 1997, Case No.IT-94-1 (ICTY Trial Chamber Ⅰ), ¶192.

263　前掲注 214～219 および本文の関連箇所を参照せよ。

264　たとえば、前掲注 222 に挙げたメア・モンの供述調書を参照せよ。

265　たとえば、前掲注 224 に挙げたタン・シの供述調書を参照せよ。

266　前掲注 219 および本文の関連箇所を参照せよ。

267　前掲注 224 に挙げたチャンのノートを参照せよ。

268　前掲注 235～238 および本文の関連箇所を参照せよ。

269 前掲注 251〜256 に挙げた東部管区からの 1978 年 1 月および 3 月の電報を参照せよ。また、一般住民の生命の損失、危害、損害を防ぐために事前の警告を与えること、および一般住民を軍事行動の標的としないことで軍事行動から生じる危険から一般住民を保護するためのあらゆる努力を求めた国連総会決議 2675¶¶3,4（前掲注 255）を参照せよ。

270 前掲注 12 に挙げた 1996 年 12 月 17 日のヘダーによるイエン・サリへのインタビューを参照せよ。

271 前掲注 214〜219 および本文の関連箇所を参照せよ。

272 前掲注 213 および本文の関連箇所を参照せよ。

273 たとえば、前掲注 218 および本文の関連箇所を参照せよ。

274 前掲注 224 を参照せよ。

275 前掲注 235〜238 および本文の関連箇所を参照せよ。

276 前掲注 257 および本文の関連箇所を参照せよ。

277 前掲注 212 および本文の関連箇所を参照せよ。

278 前掲注 223 を参照せよ。

279 前掲注 226、227 および本文の関連箇所を参照せよ。

280 前掲注 12 に挙げた旧ユーゴスラヴィア国際刑事法廷控訴審判決（The Prosecutor v. Zejnil Delalic, Zdravko Mucic, Hazim Delic and Esad Landzo, Appeals Chamber Judgement, February 20, 2001）¶207 を参照せよ。

281 前掲注 229 を参照せよ。

282 前掲注 168 に挙げたヌオン・チアの回想録を参照せよ。

283 シハヌークによれば、カンプチア王国民族連合政府もカンプチア民族統一戦線もその目的は、シハヌークを追放した「ロン・ノル親帝国主義反動主義者による独裁と抑圧から祖国を解放する」ことであった。詳細につき、以下の報道を参照せよ。"23 March Communiqué; Issued in Peking by Sihanouk's Private Secretariat," New China News Agency, South Vietnam Liberation Press Agency, March 24, 1970.

284 Letter to Norodom Sihanouk from Khieu Samphan, "Deputy Premier [and] Minister of Defence," in the name of "the Section of the Council of Ministers inside the Country," July 12, 1971.

285 前掲注 12 に挙げた 1996 年 12 月 17 日のヘダーによるイエン・サリへのインタビューを参照せよ。

286 Radio Voice of FUNK, August 12, 1975.

287 "Document Number 6, September 22, 1975: On the Grasping and Implementation of the Political Line of Gathering in the Party's National

People's Democratic United Front Forces"（DC-Cam 史料番号なし）。なお、この時期に帰国した GRUNK、FUNK の関係者のうち共産主義者でない者を処刑する決定を実行する計画があったという証拠は見あたらない。

288 1976 年 10 月 4 日付け「カンボジアに最初に帰国した者たちとの連絡に関する戦線前大使フオト・サムバットの供述：第 20 ラウンド（Responses of Huot Sambat: 20th Round: Former Ambassador of the Front: On Liaison with the Links Who Returned to Cambodia First）」と題するフオト・サムバットの供述調書（CMR35.1/TSA H89）を参照せよ。

289 ポル・ポトは GRUNK の元・大使を復職させることを許さず、政治的に信頼できる党員のみを一定期間の「再教育」ののちに「補佐」として使うよう繰り返した。なお、詳細につき、以下の文書を参照せよ。"Summary of the Decisions of the Standing Committee at its Meetings on 19, 20 and 21 April 1976", "Minutes of the Standing Committee 17 May 1976."

290 たとえば、前掲注 12 に挙げた 1996 年 12 月 17 日のヘダーによるインタビューにおいてイエン・サリは、後になってクメール共和国軍士官、高官、「秘密諜報員」を処刑することが決定されたことを知った、と主張した。しかしながら党が権力の座にあった間に、カンボジア政府が旧社会のエリートを虐殺しているのではないかという疑惑に初めて率直に答えたときでさえ、1978 年 12 月のエイザベス・ベッカーによるインタビューにこたえて、イエン・サリは「率直にお答えして、いわゆる虐殺や惨殺については、我々は処刑を阻むことはできません」と、計画的であるか、大量虐殺であるかといったことを否定した上で、何人かの士官と高官を処刑したことをしぶしぶながら認めたにすぎず、党の方針は元・クメール共和国軍兵士の「問題を解決」し、「これ以上の殺人を防ぐ良い方策がある」とし、「あなたはお信じにならないかも知れないが」と前置きした上で「我々は祖国に対して責任があり、実情は把握している」と述べている。詳細について、以下の報道を参照せよ。Elizabeth Becker, "A Journey into the New Cambodia," Washington Post, December 26, 1978. Elizabeth Becker, "The Cambodian Experiment: Great Change at Heavy Cost," Washington Post, December 29, 1978. 上記のインタビューにおいてイエン・サリは逮捕が行われていることは知っていると認めていたが、1981 年のベッカーによるインタビューでは、「自分は治安問題担当ではなかったので」1979 年以前に反逆者と目された人々が処刑されたことについては知らないと語っていた。また、ポル・ポト、ヌオン・チア、サオ・プーム、ソン・センが治安問題に関する報告を常務委員会に提出していることは認めたが、「その内容は逮捕についてであって、処刑についてではない」と語っている。

前掲注 12 に挙げた、1999 年 1 月 4 日のヘダーによるインタビューにおいて、イエン・サリはふたたび逮捕された幹部が処刑されていた事実は知らなかったと発言し、

また自分には逮捕を命令する権限はなかったと語った。また、自分がこの問題に関与したのは外務省の局長たちが S-21 に逮捕されるのに強く反対したときだけで、そのときに逮捕された者も「再教育」のために連行されただけで処刑のためではない、と主張している。しかしながら同時に、農村問題に関する末端党組織からの報告によって尋問の過程での虐待や処刑が行われていた、という情報を目にする機会があったことを認めたものの、それさえも 2、3 回にすぎないと主張した。

291 Phnom Penh Radio, April 17, 1977.

292 前掲注 102 を参照せよ。

293 この粛清は、外務省をはじめとするプノンペンの行政機関に勤務する知識人階層に属すると目された幹部が、党から除名された上で逮捕、処刑されたものである。このなかには当時外務省の局長で、GRUNK の駐キューバ、中国大使を務めたトゥイ・カムドゥン (Tauch Kham Deuan) が含まれる。

294 Democratic Kampuchea, Ministry of Foreign Affairs, Department of Press and Information, Kampuchea Democratique, Phnom Penh, March 1978, p.32.

295 たとえば、1978 年 3 月 17 日付けの非同盟諸国運動に宛てた民主カンプチア外務省名の声明において、イエン・サリは党内粛清の加速に関連して、「民主カンプチアに対するスパイ活動、秘密工作をはじめ、あらゆる方法の地下活動」によって「クーデタをもくろみ、体制の転覆を企てている」とベトナムを非難している。また、カンボジアとベトナムの間に設けられた「連絡委員会を通じた公然の接触」を利用して「民主カンプチア政権を打倒することを目的としたスパイ活動、転覆工作、蜂起の唆し」を展開し、1975 年 9 月、1976 年 4 月、1977 年 4 月、1977 年 9 月、1978 年 1 月の 5 回にわたってクーデタを企てた、と主張している（同上声明）。さらにイエン・サリは、ベトナムは先のクーデタ計画の失敗にもかかわらず「公然、非公然の転覆工作、内政干渉、人民の間に軋轢を生じさせ、蜂起を唆す」活動を継続し、これらはいずれも「カンボジアに傀儡政権を樹立することを目的とするベトナムの計画の一端」であるとも主張している（同上声明）。また、1978 年 5 月に友好的関係にあったアメリカの共産主義団体の代表団がカンボジアを訪問した際には、「クーデタによって我々の政治権力を奪取しようと謀った敵の企みを失敗に終わらせた」ことについて、以下のように説明している。

> 1975 年の革命後、我々がただちに直面した問題は、組織内に潜んでいた墓荒らしどもによる治安の攪乱と国境をまたいでの攻撃であった。CIA、KGB、ベトナムをはじめとする敵は、我々に対するクーデタを企てようとして躍起になっていた。我々は、1976 年の 4 月と 9 月には国境地域とプノンペンにおいてベトナムと KGB の手先を摘発している。奴らは 1977

年にクーデタを実行しようと謀議している。（中略）敵が次々と引き起こす治安問題はいまも続いている。CIA に魂を売ったカンボジア人は 1977 年 1 月にもクーデタを企んでいた。1 月末にカンボジア―タイ国境でアメリカ人の CIA 要員とおちあった奴らは「ベトナムがすでに失敗したクーデタをどうやって成功させるのだ？」と言われ、4 月までにもっと勢力を拡大するように言われた。我々がこの CIA の手先どもを逮捕したのは 3 月のことであった。さらに 9 月には反政府活動を準備していた別のグループも摘発した。奴らの中には革命家を装って 1958 年から CIA のために働いていた者までいた（Kampuchea Today, 8, pp.47-50. からイエン・サリの発言を引用）。

296 "Working with the Committees of Every Unit of Organization," (DC-Cam 史料番号なし). 先に述べた通り、「粉砕」、「一掃」といった言葉は殺害したことを示す間接表現として使用されてきた。

297 同上。

298 "Note of the Ministry of Foreign Affairs of Democratic Kampuchea," June 25, 1978.

299 前掲注 12 に挙げた "Death in Detail" および "I Am in Danger" を参照せよ。

300 たとえば、1976 年 8 月 2、3 日付け「秘密自由クメール団のカンボジア計画の全体的像：チャクレイ 170 の自白全文（"An Overall Perspective on the Cambodia Plan of the Undercover Khmer Serei: The Complete Text of Chakrei, 170"）」と題するチェイ・スオン（Chey Suon）ことノン・スオン（Non Suon）の供述調書（CMR13.28/TSA C150）25 ページ、1977 年 1 月 15、16 日付け「第 2 部、質問に対する農業技術者 12 号の第 9 回答　1. ヤの紹介に従った 1975 年 5 月から 1976 年初旬にかけての同志クオンとの連絡活動について、2. 第 24 地区党書記、チュークを介したベトナムからの計画の受領について（"The ninth Response of XII of Agriculture: Part 2: 1. Liaison Activities with Brother Khuon from May 1975 until Early 1976 in Conformity with Ya's Introduction; 2. The Receipt of Plans from Viet Nam via Chhouk, Secretary of Sector 24"）」と題するリン（Lin）またはペアム（Peam）ことソク・クノル（Sok Knol）の供述調書（CMR131.3/TSA S42）6、7 ページ、1977 年 1 月 29 日から 2 月 4 日付け「農業技術者 12 号の第 13 回答：解放後の活動について（" XII's 13th Response: Post-Liberation Activities"）」と題するリン（Lin）またはペアム（Peam）ことソク・クノル（Sok Knol）の供述調書（CMR131.3/TSA S42）19、20 ページ、1978 年 2 月 18 日付け「東部管区事務所委員長リンまたはペアムことソク・クノルの件（"On the

Case of Sok Knol alias Lin alias Peam, Chairman of the East Zone Office")」と題するスレン(Sreng)ことチョ・チャン(Cho Chhan)の供述調書(CMR12.25/TSA C120)4ページ、1977年2月23、24日付け「1975年4月17日以後の活動("Post-17 April 1975 Activities")」27ページ、および「東部管区農村家内産業委員長ユックことユン・スゥンの件の概要("A Summary about the Case of Yun Seuan alias Yuch, the Cottage Industry Chairman of the East Zone")」と題する東部管区農村家内産業委員長ユック(Yuch)ことユン・スゥン(Yun Seuan)の供述調書(CMR163.1/TSA Y63)を参照せよ。

301 たとえば、1978年6月21日付け「卑しむべき東部管区第22地区党書記チェアンの供述("Responses of the Contemptible Chhean, Secretary of Sector 22, East Zone")と題する東部管区第22地区党書記チェアン(Chhean)ことメア・チュオン(Meah Chhuon)の供述調書(CMR71.12/TSA M30)7〜11ページ、1978年5月9日および5月20日付け「IV 1975年4月17日から1978年3月26日まで("IV From 17 April 1975 to 26 Masrch 1978")」タン・シことチョウ・チェットの供述調書(CMR12.22/TSA C117)、1978年6月22日付け「東部管区第5師団党書記ヘン・キエムの裏切り活動の履歴に関する供述("Responses of Heng Kiem, Secretary of Division 5, East Zone: On the History of His Own Activities of Betrayal, 22 June 1978")」と題するヘン・クム(Heng Keum)の供述調書(CMR35.8/TSA H96)20〜45ページ、および「東部管区第5師団党書記ヘン・キエムの東部管区の秘密トンネルに関する逮捕前の供述("Notes on the Responses Heng Kiem, Secretary of Division 5, East Zone Before His Arrest: On the Situation of the Secret Tunnels in the East Zone")」と題する添付書類7ページ、1978年6月20日付け「卑しむべき東部管区第20地区党書記スンの1975年4月17日以後に関する供述記録("Record of the Responses of the Contemptible Sun, Secretary , Sector 20, East Zone, After 17 April 1975")」と題するスン(Sun)またはコエム(Khoem)ことクン・チェア・シン(Kung Chea Sin)の供述調書(CMR16.4/TSA C180)10ページ、日付け不詳の「自身の裏切り活動に関する第290師団党書記メア・タルことサム・フイの供述("Responses of Sâm Huoy alias Meah Tal, Secretary of Division 290, On the Story of His Own Personal Activities of Betrayal")」と題するメア・タル(Meah Tal)ことサム・フイ(Sâm Huoy)の供述調書(CMR144.3/TSA S249)28ページを参照せよ。

302 たとえば、1976年初頭の党中央委員会直属第170師団幹部ソク・チャン(Sok Chhân)の供述調書(CMR145.13/TSA S277)、西部管区第15地区幹部ドゥオン・サム(Duong Sam)の供述調書(CMR24.13/TSA D19)、1976年末の北

西部管区党地方書記ヤことマエン・サンの供述調書（CMR80.36/TSA M270）、東部管区第24地区党書記チューク（Chhouk）ことスック・ノヴ（Such Nôv）の供述調書（CMR132.4/TSA S54）、元・GRUNK 駐ユーゴスラヴィア大使フオト・サムバット（Huot Sambat）の供述調書（CMR35.1/TSA H89）、元・GRUNK 外務政務次官、ラン（Lân）ことハク・シエン・ライ・ニ（Hak Sieng Lay Ni）の供述調書（CMR39.10/TSA H224）、さらに1977年初頭のソット（Sot）こと第106地区党書記パ・パル（Pa Phâl）の供述調書（CMR110.11/TSA P126）、旧・北部管区党副地方書記スレン（Sreng）ことチョ・チャン（Cho Chhan）の供述調書（CMR12.25/TSA C120）、外務省局長トゥイ・カムドゥン（Tauch Kham Deuan）の供述調書（CMR174.14/TSA T119）、民主カンプチア―タイ連絡委員会委員長スウ（Sou）ことカエック・ビン（Khæk Bin）の供述調書（CMR48.20.49.1/TSA K105）を参照せよ。

303 たとえば、チェアン（Chhean）ことメア・チュオン（Meah Chhuon）の供述調書（CMR71.3/TSA M31）、ヘン・クム（Heng Keum）の供述調書（CMR35.8/TSA H96）、メア・モンことカエウ・サムナンの供述調書（CMR71.10/TSA M28）、スゥン（Seuang）またはパン（Pang）ことチェウム・サム・アオック（Chheum Sam-aok）の供述調書（CMR15.6/TSA C175）、メア・タル（Meah Tal）ことサム・フイ（Sam Huoy）の供述調書（CMR144.3/TSA S249）、リン（Lin）またはペアム（Peam）ことソク・クノル（Sok Knol）の供述調書（CMR131.3/TSA S42）を参照せよ。

304 「駐ラオス大使ケアムことメア・トゥックの裏切り活動についての履歴に関する供述（"Responses of Meat Touch alias Kæm, Kampuchean Ambassador in Laos: On the History of His Own Traitorous Activities"）」（1978年2月9日付け、DC-Cam 史料番号000412）。

305 「国営市場服務員サン・パウの裏切り活動についての履歴に関する供述（"Responses of San Pau, State Market Combatant: On the Histry of His Own Traitorous Activities"）」（1978年8月2日付け、DC-Cam 史料番号BBKKh353）。

306 Laurence Picq, Beyond the Horizon: Five Years with the Khmer Rouge, 1989, p.122. なお、文中ではレアン・シリヴット（Lean Sirivut）をレアン・セレイヴット（Leang Sereivut）と誤って表記されている。

307 以下の文書を参照せよ。"Camp de rééducation de Beng Trabek sous la direction des Khmer Rouge (KR) dd Février 1977 au 7 Janvier 1979," nd, np; "Princess Sisowath Ayravady: Declaration," Fait à Paris, le 22 Octobre 1989.

308 1977年12月20日付け13ページにわたるタイトルのないテウことヴァン・ピニーの供述調書（CMR183.29/TSA V26）。

309 1978年3月4日付け「摘要（"Summarized Article"）」と題する4ページにわたるピニーを尋問した取調官ヴン（Vun）のメモを参照せよ。

310 1978年2月3日付け「レアン・シリヴットの裏切りの履歴（"The History of the Treason of Lean Sirivut"）」と題するレアン・シリヴットの供述調書（CMR67.9/TSA L101）を参照せよ。

311 後掲注332、323および本文の関連箇所を参照せよ。

312 カムドゥンは1971年9月に入党した。詳細につき、1977年4月8日付け「外務省職員トゥイ・カムドゥンの活動歴に関する供述（"Responses of Tauch Kham Deuan, from the Ministry of Foreign Affairs, On the History of His Own Activities"）」と題するカムドゥンの供述調書（CMR174.14/TSA T119）を参照せよ。

313 逮捕された外務省職員のうちチャン（Chhan）ことヘン・ペック（Heng Pech）とシエン・アン（Sean An）はそれぞれ「自白」によれば、イエン・サリと衝突している。チャンは当時のソビエトに留学した後1971年に北京でGRUNKに加わり、軍需担当政務副長官に任命されている。「自白」によれば、イエン・サリにはじめて会ったのは1971年に「カンボジア国内の組織が送った代表が北京に到着したとき」で、「労働と『絶対的』気概によって自己を強固にし、さらに懸命に働くというイエン・サリの要求を満たした結果、1973年に帰国することを許され、1974年に祖国の土を踏んだ。しばらくの間、農村部で働いていたが、1975年の勝利に際してプノンペンに呼び寄せられ、外務省で各国外交団のための『招待所』建設を命じられた」が、1976年の省内の会議においてイエン・サリが、「戦時下に比べれば民主カンプチアでの生活は困難なことではない」と言い切ったのに対してレーニンの著作の一節を引用して反駁した。さらにチャンはバドミントンコートの建設や党が技術者や技術の活用を拒否している点をめぐって衝突したこと、外務省の「指導的地位にある幹部」が「批判を受け入れず、問題解決に際して論理的手法よりも組織論に終始していること」を痛烈に非難した。「自白」の最後にチャンは1976年11月の学習会でイエン・サリが農業の集団化をはじめとする、党の方針は「うまくいっている」と断言したのに対し、「自らの経験から農村部では病気の蔓延、農業生産の失敗、食糧不足に加えて権威主義的地方幹部が人民を犠牲にしている」と主張した。結局チャンは1976年12月に逮捕され、KGBの諜報員であったことを「自白」した。詳細につき、1977年1月4日および15日付け「外務省Ba-1室職員チャンことヘン・ペックの第1次供述（"The First Round of the Answers of Heng Pech alias Chhan, Combatant of Office Ba-1, Ministry of Foreign Affairs"）」と題するチャンこ

とヘン・ペックの供述調書（CMR39.3/TSA H217）を参照せよ。

314 シエン・アンはプノンペンの高校在学中およびフランス留学中にイエン・サリと同級生で、北京でFUNKに加わった後、GRUNKの駐ベトナム大使となる。しかし、妻の「自白」によれば、ハノイ駐在のシエン・アンと北京駐在のイエン・サリとのあいだで感情的軋轢が生じ、イエン・サリを「教条的」と感じ始める。結局、シエン・アンはチャンとほぼ同時期に逮捕される。なお、詳細につき、1977年1月16日付け「シエン・アンの妻プルム・シエンの供述（"Answers of Prum Sieng, Sean An's Wife"）」と題するプルム・シエンの供述調書（CMR116.2/TSA P150）を参照せよ。なお、シエン・アンの供述調書（CMR139.5/TSA S163）は未完成のままである。

315 この見解はスティーブ・ヘダーによるDC-CamおよびS-21に残された史料の分析にもとづいている。

316 たとえば、マム（Mâm）ことアオイ・カン（Aoy Kâng）の供述調書（CMR104.13/TSA O92）所収の人事記録（DC-Cam史料番号108455）、ポプ（Phop）ことユム・ユアン（Yeum Yeuan）の供述調書（CMR164.9/TSA Y83）所収の人事記録（DC-Cam史料番号108456）、ランことハク・シエン・ライ・ニの供述調書（CMR39.10/TSA H224）所収の人事記録（DC-Cam史料番号108457）、セン・ケク・ヘアン（Seng Kek Heang）の人事記録（DC-Cam史料番号108502）を参照せよ。

317 たとえば、1977年8月21日、8月27日、9月8日、9月23日付けの外務省から受領した逮捕された者の氏名を列挙した取調官チャンの報告書（DC-Cam史料番号D1456）を参照せよ。

318 スウの「自白」のうち、この部分は民主カンプチア国営放送その他のラジオ放送によって裏付けられている。1977年3月4日にイエン・サリがビルマ、スリランカ、シンガポール、マレーシア、パキスタン歴訪に出発したことは同日のプノンペン・ラジオが、また4月1日に帰国したことも同日のプノンペン・ラジオが報じている。なお、3月14日のラングーン放送によれば、イエン・サリの随行員は外務省政治局長ロアト（Roat）ことサム・サム（Sam Sâm）、外務省アジア局長サン（San）ことティオン・プラシット（Thiounn Prasith）、外務省儀典局長スウ（Sou）ことカエック・ビン（Khæk Bin）、外務省東南アジア課長セイラ（Seila）ことゴヴ・ソンエン（Ngov Song Eng）、イエン・サリの護衛官イ・チェアン（I Chhean）であった。

319 スウは1960年代に共産党に勧誘される以前からCIAの諜報員であったと「自白」している。詳細につき、前掲注232の供述調書を参照せよ。

320 1977年4月17日付け「民主カンプチアの声（Voice of Democratic Kampuchea）」放送を参照せよ。

321 たとえば、共産主義に共鳴しなかったもののソビエトに留学した後GRUNKの駐ユーゴスラヴィア大使館で書記官となったタンチャイ・ヘン（Tan Chhay

Heng）は1972年にシハヌークに随行してユーゴスラヴィアを訪問したイエン・サリを接遇し、1974年にイエン・サリがキュウ・サンパンに随行してユーゴスラヴィアを訪問した際にも接遇を担当した。ヘンの「自白」によれば、1975年4月の「解放」直後に帰国を願い出たが返事はなかった。そののち、1976年半ばにイエン・サリがフランス在住のカンボジア人に「革命組織」が権力を握ったからには私有財産制度を廃止し、すべてを集団的所有に帰す、都市の知識層は農村に移住させ、もはや国内に貨幣制度もない、と語ったことを知った。さらに「自白」によれば、ヘンはカンボジアが相当の国際援助を受けて直ちに都市に住んでいた人々の生活水準を改善しなければ、都市から追い出された何百万もの住民に不足を生じさせ、農村に移住させられた知識層が反対運動を起こすだろう、と思ったにもかかわらず、ユーゴスラヴィアの職場に届けられる外務省報を読むにつけ、民主カンプチア政権の下で祖国の状況は改善しているのだと確信した。その折りも折り、ヘンは1977年4月16日に民主カンプチア駐中国大使であったタウ（Thau）ことピック・チェアン（Pich Cheang）から「外務省の決定により」カンボジアに帰国を命じる旨の手紙を受け取る。「自白」によれば、先に帰国したFUNK関係者から何の音沙汰もないことも相まって、ヘンはFUNKにかかわった自分がもはや指導的地位にとどまることはできないのかと憂慮した。1977年5月7日にベオグラードを発ったヘンは14日にプノンペンに降り立ち、2日間の間所在地不明の事務所に拘束されたのちS-21に移送され、自分はKGBの諜報員であったと「自白」した。詳細につき、1977年6月8日付け「駐ユーゴスラヴィア大使館書記官タンチャイ・ヘンの裏切り行為の履歴に関する第1次供述（"The First Round of Tan Chay Heng, Embassy Secretary Coming from Yugoslavia: On His Own History of Betrayal"）」と題するタンチャイ・ヘン（Tan Chhay Heng）の供述調書（CMR178.22/TSA T199）32〜59ページを参照せよ。S-21の記録によれば、ヘンは「拷問による取調中に病死」した。詳細につき、元・GRUNK外務政務次官、ランことハク・シエン・ライ・ニの供述調書（CMR39.10/TSA H224）のほか、以下の文献を参照せよ。David Hawk, Khmer Rouge Prison Documents from the S-21 (Tuol Sleng) Extermination Center in Phnom Penh, Items 13, unpublished manuscript.

322 スオン・シクーンによれば、イエン・サリの「介入」によって逮捕を免れ、生き残った人々のなかにはFUNK中央委員会政治局員兼書記長でGRUNKの民族解放闘争調整担当大臣のかたわら党北京支部書記も務めたサン（San）ことティオン・プラシット、FUNK中央委員でGRUNK大臣会議長駐北京代表を務め、イエン・サリが北京で党に引き入れたムット（Mut）ことケアット・チョン（Keat Chhon. 後にフン・セン政権経済財政大臣、現在は副首相）、FUNK中央委員でGRUNKの駐セネガル大使を務め、最後まで共産主義者に組みしなかったチャン・ユーラン（Chan Yourann）、FUNK

中央委員でGRUNKの駐フランス代表部代表を務めたマン（Man）ことオク・サクン（Ok Sakun）、GRUNKの駐ギニアおよび駐アルバニア大使を務めたペク・ブン・レット（Pech Bun Ret）、FUNK中央委員で北京のFUNK事務所で情報宣伝部長を務めたスオン・シクーン（Suong Sikeuan）自身が含まれる。詳細につき、以下の報道を参照せよ。"Open Letter from Suong Sikeuan to Laurence Picq, 5 October 1996" Phnom Penh Post, Vol.5 No.23, November 15-28, 1996.

323 ティエンの供述調書（CMR159.11/TSA S637）を参照せよ。結局、ティエンは処刑されなかった。また、1978年末に参謀本部から外務省に異動したある幹部はS-21による逮捕が差し止められていた。ドゥックの前任者としてS-21の責任者を務めたナット（Nat）ことイン・ロン（In Lon）は、1975年に参謀本部に入り、1978年にヌオン・チアの命令で外務省に異動した。イン・ロンは1978年末にイエン・サリに随行してユーゴスラヴィアを訪問し、国連本部に立ち寄った後にプノンペンに帰国したところを逮捕された。このとき、イエン・サリは次の訪問地を訪れているところであった。詳細につき、1978年12月31日付け「カンプチア共産党に乾期の計画について報告します（"I Would Like to Report to the Communist Party of Kampuchea About the Dry Season Plan"）」と題する外務省職員ナットことイン・ロンの供述調書（CMR159.11/TSA S637）3、4ページおよび同日付け「カンプチア共産党に私の外国人との接触活動について報告します（"I Would Like to Report to the Communist Party of Kampuchea on My Activities of Contact with Foreigners"）」と題する供述調書（CMR159.11/TSA S637）1～3ページを参照せよ。

324 Telegram 21, Band 676, "Presented with Respect to Beloved and Missed Brother Pol," March 21, 1976（DC-Cam 史料番号 N0001158）.

325 Telegram 50, Band 948, "Presented with Respect to Beloved and Missed Brother," July 18, 1976（DC-Cam 史料番号 N0001345）.

326 "To Brother Respected and Missed Brother 89," March 3, 1976（DC-Cam 史料番号 N0001147）.

327 Telegram 07, Band 545, "Be it Please Reported to Respected Brother," June 15, 1977（DC-Cam 史料番号なし）.

328 Telegram 14, Band 273, "Respected and Beloved Organization be Informed That," June 25, 1977（DC-Cam 史料番号なし）.

329 Division 260, Political Section, "Report Presented to Beloved and Missed Brother 009," April 14, 1978（DC-Cam 史料番号なし）.

330 Telegram 21, Band 74, "Respectfully Presented to Respected Brother," April 23, 1978（DC-Cam 史料番号なし）.

331 Telegram 50, Band 948, "Respectfully Presented to Respected

Organization 870," December 21, 1977（DC-Cam 史料番号なし）.

332　たとえば、ドゥックはイエン・サリは「処刑について決定する権限はなかった」と証言している。詳細につき、前掲注 12 に挙げた "Death in Detail" を参照せよ。

333　Telegram 60, Band 1473, "Respectfully Presented to Beloved and Missed Committee 870," September 6, 1977（DC-Cam 史料番号なし）.

334　Telegram 100, Band 292, "Please Be Informed Brother Nheum," November 5, 1977（DC-Cam 史料番号なし）.

335　Telegram 00, Band 354, "Respectfully Presented to Committee Mo-870," December 31, 1977（DC-Cam 史料番号なし）.

336　Telegram 254, Band 745, "Respectfully Presented to Beloved Committee 870," January 10, 1978（DC-Cam 史料番号なし）.

337　Telegram 71, Band 334, "Presented to Respected Brother," January 13, 1978（DC-Cam 史料番号なし）.

338　Telegram 69, Band 228, "Presented to Respected Brother," January 11, 1978（DC-Cam 史料番号なし）.

339　Telegram 324, Band 1230, "Respectfully Presented to Beloved Committee 870," April 10, 1978（DC-Cam 史料番号なし）.

340　Telegram 16, Band 318, "Respectfully and Beloved Brother 009, Be Informed," March 20, 1978（DC-Cam 史料番号なし）.

341　Telegram 15, Band 791, "Respectfully Presented to Beloved and Missed Brother P, We Would Like to Report on the Situation in Sector 23, Sector 24 and on the Route 22 Battlefield, as follows," January 19, 1978（DC-Cam 史料番号なし）.

342　Telegram 16, Band 634, "Respectfully Presented to Beloved and Missed Brother P," January 25, 1978（DC-Cam 史料番号なし）.

343　Telegram 60, Band 378, "Respectfully Presented to Beloved and Missed Mo-870," October 29, 1977（DC-Cam 史料番号なし）.

344　Telegram 12, Band 328, "Respectfully Presented to Beloved and Missed Brother Pol," November 18, 1977（DC-Cam 史料番号なし）.

345　前掲注 341 の電報を参照せよ。

346　Telegram 46, Band 600, "Respected and Beloved Brother," June 15, 1977（DC-Cam 史料番号なし）; Telegram 62, Band 1474, "Respectfully Presented to Respected and Beloved Mo-81," August 4, 1977（DC-Cam 史料番号なし）; Telegram 68, Band 1630, "Respectfully Presented to Beloved and Missed Mo-81," August 30, 1977（DC-Cam 史料番号なし）.

347 Telegram 56, Band 660, July 20, 1977（DC-Cam 史料番号なし）.

348 Telegram 19, Band 150, "Respected and Beloved Brother, Be Informed," April 8, 1978（DC-Cam 史料番号なし）、欄外に「ヴァン同志大兄宛」という手書きの書き込みがある。

349 Telegram 18, Band 208, "Respected and Beloved Brother, Be Informed," April 8, 1978（DC-Cam 史料番号なし）、欄外に「ヴァン同志大兄宛」という手書きの書き込みがある。

350 これまでの国際刑事裁判では実体を伴わなくとも、たとえば精神的支持（moral support）を与えるなど犯罪を容易（facilitate）にし、鼓舞（encourage）していれば個人としての責任を問うことは可能であると判示している。たとえば、前掲注89に挙げた旧ユーゴスラヴィア国際刑事法廷一審判決では、「与えられた援助の性質という問題について、かつてのドイツでの判例は、共犯者によって与えられた援助は実体を伴う必要はなく、特定の状況においては精神的支持だけでも援助を構成する。傍観者であった者が犯罪行為を精神的に支持し、その支持が存在することが犯罪行為を合法化するか、鼓舞する重大な効果を有するときには共犯となる」という判断が示された（Prosecutor v. Anto Furundzija, Case No.IT-95-17/1-T, Judgement of December 10, 1988, ICTY Trial Chamber II ,¶232）。なお、国際軍事裁判所が「被告人ワルデマール・クレンゲルホーファー（Waldemar Klengelhoefer）は特別殺戮作戦（Einsatzgruppen operation）における自分の任務は単なる通訳であったと供述している。たとえその供述が真実であったとしても、作戦において共産党組織の名簿を吟味し、部隊の上級機関に渡したことは、被告人が名簿に載っている人々が処刑されることを知っていたという事情に鑑み、犯罪の共犯としての役割を果たしたのであるから有罪を免れることはできない」と判示した「特別殺戮部隊事件（Einsatzgruppen Case）」に関して以下の判決を参照せよ。United States v. Otto Ohlendorf et. al., IV Trials of War Criminals Under Control Council Law No.10572 (1949).

351 前掲注291〜293および本文の関連箇所を参照せよ。

352 前掲注299および本文の関連箇所を参照せよ。

353 前掲注301を参照せよ。

354 前掲注290を参照せよ。

355 前掲注324〜331および本文の関連箇所を参照せよ。

356 United States Embassy, Phnom Penh, Khmer Republic, "Khieu Samphan," March, 1975. クメール共和国時代の駐カンボジア・アメリカ大使館政務班が作成した2ページにわたるキュウ・サンパンの履歴書は情報機関その他からの文書を総合し「キュウ・サンパンはおそらく（1971年9月に開催された直近の党大

会で選出された）党中央委員」であると記述している。

357　1977年8月のタイ共産党代表団に対するポル・ポトの発言。詳細につき、以下の文書を参照せよ。"Excerpts from the Document Entitled Pol Pot Presents the Cambodian Party's Experiences to Khamtan, the Secretary General of the Communist Party of Thailand (Informal Talks Held in August 1977)," translation by Christopher E. Goscha and Thomas Engelbert of a Vietnamese translation of a CPK document.

358　前掲注12に挙げた1999年1月4日のヘダーによるイエン・サリへのインタビューを参照せよ。なお、チャンドラーによれば「党中央は国家の中枢神経だった。その構成員は時々入れ替えられたがS-21の活動に関与した最高幹部――ポル・ポト、ヌオン・チア、タ・モク、ソン・セン、キュウ・サンパン――は党が権力の座にあった期間を通じて、そして1990年代を通じてその地位を維持した」のである。この点につき、前掲注15に挙げた Voices from S-21, p.15 を参照せよ。

359　第870号事務室は党中央委員会のコード・ナンバーである。キュウ・サンパンが第870号事務室責任者に任命されたことに関する報告については前掲注106に挙げた Pol Pot and Khieu Samphan を参照せよ。この報告の内容は1999年1月4日のヘダーによるイエン・サリへのインタビューにおいて確認されている。キュウ・サンパンの任命は遅くとも1975年12月から第870号事務室責任者を務めていたドゥン（Deuan）ことスゥア・ヴァシ（Seua Vasi）が1977年2月に逮捕されたことによる。なお、1977年4月18日付け「反乱部隊を党組織内に潜入させるという私の裏切り計画について（"On My Traitrous Plans Regarding Emplacing Traitorous Forces Inside the Organization's Office"）」と題するスゥア・ヴァシ（Seua Vasi）の供述調書（CMR153.13/TSA S474）およびスゥア・ヴァシの任務に関する1977年6月2日付け「私の裏切りと1976年8月頃のウナロム寺院前スラックルン近くでの公共事業省のピンとの会話について（"My Encounter and Conversation with Phin of the Ministry of Public Works Near the Srah Khlung in Front of Onnalom Pagoda in Round August 1976"）」と題する供述調書（CMR154.1/TSA S474）を参照せよ。

360　第870号事務室は1975年10月9日の党中央委員会常務委員会の会合において党内外の反逆者などの「粉砕」を決定する権限を与えられた機関のひとつである。しかしながら、この権限はS-21によって取って代わられた。詳細につき、前掲注105に挙げた1976年3月30日の党中央委員会決定を参照せよ。

361　前掲注10に挙げた "Death in Detail" および前掲注122に挙げた "Duch Confesses" を参照せよ。

362　前掲注302に挙げた北西部管区党地方書記ヤことマエン・サンの供述調書を

363 前掲注15に挙げた Voices from S-21, pp.59-60, 180 を参照せよ。GRUNKの駐ユーゴスラヴィア大使だったフオト・サムバットらがこれに含まれる。

364 Telegram 21, Band 676, "Presented with Respect to Beloved and Missed Brother Pol, March 21, 1976"（DC-Cam 史料番号 0001158）。

365 Telegram 50, Band 948, "Presented with Respect to Beloved and Missed Brother, July 18, 1976"（DC-Cam 史料番号 0001345）。

366 "To Brother Respected and Missed Brother 89," March 3, 1976（DC-Cam 史料番号 0001147）。

367 Office of the Vice-President of Democratic Kampuchea in charge of Foreign Affairs, "What Are the Truth and Justice About the Accusation Against Democratic Kampuchea of Mass Killings from 1975 to 1978?," July 15, 1987.

368 このなかには6回にわたるといわれるクーデタの首謀者も含まれている。同上文書は「ベトナムの黙認のもとに」こうしたクーデタ計画が実行されたと主張している。

369 前掲注367にあげた文書の5～7ページを参照せよ。

370 ヘダーによるキュウ・サンパンへのインタビューは、1980年8月4日、5日の両日にわたって当時党中央委員会がおかれていたカンボジア―タイ国境に近いシアムリアプ州において行われた。このインタビューのなかでキュウ・サンパンは殺害された党幹部のなかに「西部管区の老人1人を除いて」無実の人間はいないという主張を変えなかった。

371 同上。

372 1975年12月14日にキュウ・サンパンがFUNK全国大会で行ったこの演説は1976年1月5日にプノンペン・ラジオから放送された。さらに1976年4月の「解放」1周年に際して1976年4月15日のに記念集会で「敵に対する革命的警戒心の保持」を呼びかけたキュウ・サンパンの演説は、同日プノンペン・ラジオから放送された。また、その4カ月後に「カンボジア国内の治安維持政策」について言及し、「いまや人民が国家の復興と再建のために働くのに適した最高の環境が創出されており、人民の支配権力も徐々に強化されている」と述べた非同盟諸国運動の会合での演説は、テープが会場となったコロンボで配布されたほか、1976年8月21日にプノンペン・ラジオから放送された。

373 情報宣伝大臣フー・ニム（Hu Nim）の供述調書によれば、1976年末の時点でプルム・サム・アはすでに逮捕された「反逆者」との繋がりや1975年4月以後の党の方針の誤りから多くの犠牲者を出したことを批判していること、都市住民を農村に強制移住させたことや党の階級闘争路線にも反対の立場を鮮明にしていることが

ヌオン・チアに報告されてから、党最高幹部の深刻な政治的不信を招いていた。プルム・サム・アがこうした問題が知識層を「階級の敵」とする粛清の拡大を招くと予測した通り、1977年4月には、党内きっての理論家の一人だったフー・ニムが中央委員会の承認のもとに逮捕された。なお、詳細につき、以下の文献を参照せよ。Chantou Boua (trans.), "Planning the Past: The Forced Confessions of Hu Nim," David P. Chandler et al., (eds.), Pol Pot Plans the Future, pp.311-313, Yale University Southeast Asia Studies Monograph Series 33, 1988.

374 前掲注361を参照せよ。

375 同上。

376 前掲注224にあげたチョウ・チェットの供述調書48〜49ページを参照せよ。

377 "Speech by Comrade Khieu Samphan, President of the Presidium of the State of Democratic Kampuchea, at the Mass Meting Held on the Occasion of the Third Anniversary of the Glorious April 17 and the Founding of Democratic Kampuchea" (DC-Cam 史料番号なし)。

378 旧ユーゴスラヴィア国際刑事法廷が判示しているところによれば、個人としての責任は犯罪を教唆し、幇助するいかなる言動や行動によっても問うことができる。詳細につき、前掲注89にあげた判決（Case No.IT-95-17/1-T）¶235および注262にあげた判決（Case No.IT-94-1）¶689を参照せよ。

379 1978年7月23日付け「東部管区ゴム農園責任者プオンの1978年2月からこれまでの裏切り活動に関する供述（"On the Responses of Phuong, Chairman of the East Zone Rubber Plantations, About the Record of Phuong's Traitorous Activities from February 1978 Through to the End")」と題する東部管区ゴム農園責任者プオン (Phuong) ことヴン・チェム (Veung Chheam) の供述調書（CMR123.2/TSA P322）76〜77ページを参照せよ。この調書のなかでプオンは「第870号事務室に滞在した4日間、私は組織に逮捕されるなどとは思いもよらず、欺かれていた」と語っている。

380 前掲注373および本文の関連箇所を参照せよ。

381 前掲注377にあげた文書を参照せよ。

382 前掲注373および本文の関連箇所を参照せよ。

383 前掲注376および本文の関連箇所を参照せよ。

384 前掲注379および本文の関連箇所を参照せよ。

385 前掲注359〜361および本文の関連箇所を参照せよ。

386 前掲注112および本文の関連箇所を参照せよ。

387 前掲注361および本文の関連箇所を参照せよ。

388 前掲注362、363および本文の関連箇所を参照せよ。

389 前掲注 367 ～ 369 および本文の関連箇所を参照せよ。

390 "Khmer Rouge Pol Pot Trip Three 'Nuon Chea'," Copies des Rushes BETA SP K7 No.12 および前掲注 168 にあげたヌオン・チアの回想録を参照せよ。

391 前掲注 182 にあげたインタビュー映像を参照せよ。

392 同上。

393 同上。

394 同上。

395 前掲注 12 に挙げた "Death in Detail" および "I Am in Danger" を参照せよ。なお、ヴォン・ヴェトの逮捕についてドゥックはヌオン・チアの妻から聞いたことを繰り返し供述していた、と語っている。詳細につき、ヴォン・ヴェトの供述調書（CMR124.17/TSA P374）を参照せよ。

396 前掲注 12 に挙げた 1996 年 12 月 17 日のヘダーによるイエン・サリへのインタビューを参照せよ。このなかでイエン・サリはタ・モクと東部管区党地方書記サオ・プームの名前をあげ、「彼らは軍事委員会に名を連ねはしたが、いてもいなくても同じだった」と語っている。

397 前掲注 199 にあげた文書を参照せよ。

398 前掲注 168 に挙げたヌオン・チアの回想録を参照せよ。

399 逮捕されて南西部管区から S-21 に移送された者の名簿として、たとえば取調官チャンがドゥックに提出した 1977 年 8 月 24 日付け、1977 年 9 月 29 日付け、1977 年 10 月 22 日付けの「受領被逮捕者名簿」（いずれも DC-Cam 史料番号 D1456）を参照せよ。

400 "History of the Traitorous Political Activities of Teum San alias Sit, Secretary of Kah Thom District Southwest Zone, 20 October 1977"（DC-Cam 史料番号 BBKKh440）。

401 "Responses of Saom Chea, Formerly Secretary, Sector 25, Southwest Zone: On the History of His Traitorous Activities, Transcription Completed 30 March 1978"（DC-Cam 史料番号 BBKKh644）。なお、タ・モクへの提出を示す書き込みに先だってドゥックの筆跡で表紙には「敬愛する同志大兄、この調書はサオム・チアの CIA としての履歴（チェイを通じた引き込みと部下に与えた任務に関してのみ明確に書かれている）；最近の活動については未だはっきりしないので一応参考までにお見せします。ドゥック 1978 年 4 月 1 日」と読みとることのできる書き込みがある。

402 詳細につき、タ・チェイの供述調書（CMR13.28/TSA C150）を参照せよ。

403 詳細につき、チュークことスック・ノヴの供述調書（CMR132.4/TSA S54）を参照せよ。チュークが S-21 に収容されたのは 1976 年 8 月 31 日である。

404 こうした供述調書によればタ・チェイは「人民にいかなる権利や自由も与えず、家畜のように酷使し、人民を抑圧し虐殺する共産党政権から国家と人民を解放する、という正しい方針をもって人民を不正に抑圧し、虐殺する共産党政権に反対する」運動に賛成していた。しかしながら「こうした運動を待望する者は軍人であれ、民間人であれ日常的に粛清され、排除されている。組織による粛清は1976年初頭に開始され1977年を通じて行われたため、皆恐怖を感じている」と述べている。

405 1977年5月26日付け「ウン・ヴェトことクン・キエンの活動歴("Responses of Kung Kien alias Ueng Vet, Secretary of Battalion 631, Regiment 63, Division 164: On the History of the Activities of Kung Kien alias Eung Vet")」と題する海兵隊第164師団第63連隊第631大隊書記クン・キエンの供述調書（DC-Cam 史料番号 BBKKh644）。

406 「サムはすでに粉砕」という書き込みのあるウン・ヴェトの供述調書には「サム一味」とされる16人の名簿とともに「革命組織に反抗するように人民を煽動」という書き込みが付けられ、その横には「反逆者発見、最近S-21に収容」と書かれている。さらに「党の方針に反対する活動を行った者」4人の氏名が記され、うち1人には「×」印が付けられている。また「党の方針を無視した者」6人の氏名も記され「発見せよ」という書き込みがある。その下には「サンクム、スラエ・チャム郡党委員会」という書き込みがあり、囲みが付けられている。ウン・ヴェトはこのほかにも謀議に参加したとされる者の氏名を「自白」しており、「スラ（Srah）は私とルン（Run）、第35地区の郡党委員会のチャオム（Chhaom）に手紙を渡すよう命じた」などとする供述に登場する氏名には囲みが付けられている。このほかにも謀議に参加したとされる6人の氏名には下線が引かれ、別の謀議に参加したとされる「サムナン（Samnang）書記、中国に派遣」という供述には「重要」という書き込みが残されている。

407 タ・モクに逮捕を進言するために送付され、タ・モクからさらに逮捕を実行するように指示を受けた書き込みが残されている供述調書として1978年のトゥ・ハイの供述調書がある。このなかには「モク同志に送付、南西部管区第25地区と第33地区の関係」という書き込みがあり、末尾に「トゥ・ハイが自白した氏名」が列挙され、4人には「逮捕済み」、別の14人の氏名には「×」印が付されている。詳細につき、1978年3月28日付け「元・臨時労働者、逮捕時A-5製材所労働者トゥ・ハイの裏切り活動の履歴（"History of the Traitorous Activities of Thou Hai, Former Casual Worker, Before Arrest a Sawmall Worker at the A-5 Factory"）」と題するトゥ・ハイ（Thou Hai）の供述調書（DC-Cam 史料番号 BBKKh38）を参照せよ。

408 前掲注395および本文の関連箇所を参照せよ。

409 前掲注405および本文の関連箇所を参照せよ。

410 前掲注406および本文の関連箇所を参照せよ。

411 イエン・サリはタ・モクも中央委員会軍事委員会委員であったが委員会での地位と役割は大したものではなかったと語っている。なお、詳細につき、前掲注 396 および本文の関連箇所を参照せよ。

412 前掲注 112 および本文の関連箇所を参照せよ。

413 「上官としての責任」論においては、上官としての責任はあらゆる階級の上官に適用される。武装勢力において指揮権を行使する者にはすべてジュネーブ諸条約とその追加議定書の適切な適用を確保する責任があり、この原則は上は総司令官から、下は指揮官が任務を全うできないときに一時的に指揮権を引き継いだ小隊の兵士にいたるまで、またあらゆる軍部隊に適用される。なお、詳細につき、以下の文献を参照せよ。Yves Sandoz, Christpher Swinarski, Bruno Zimmerman (eds.), Commentary on the Additional Protocols of 8 June 1977 to the Geneva Conventions of 12 August 1949, 1987, ¶3553.

414 前掲注 391 および本文の関連箇所を参照せよ。

415 前掲注 191 および本文の関連箇所を参照せよ。

416 命令を下達したことで上官としての責任を認定された例として国際軍事裁判所のヴィルヘルム・リッター・フォン・レープ被告人事件がある。詳細につき、以下の文献を参照せよ。United States v. von Leeb, 11 Trials of War Criminals Before the Nuremberg Military Tribunals Under Control Council Law No.10, 1951, pp.560-561.

417 前掲注 395 および本文の関連箇所を参照せよ。

418 前掲注 397 および本文の関連箇所を参照せよ。

419 前掲注 112 および本文の関連箇所を参照せよ。

420 前掲注 405 にあげたウン・ヴェトことクン・キエンの供述調書に残されたドゥックの筆跡の書き込みを参照せよ。

421 前掲注 397 および本文の関連箇所を参照せよ。

422 前掲注 400 〜 407 および本文の関連箇所を参照せよ。

423 同上。

424 前掲注 390、393 および本文の関連箇所を参照せよ。

425 1977 年 3 月 18 日付け「北部管区から逃亡した士官について報告します（"I Would Like to Report on the Commissioned Officers Who Exited to the North Zone"）」と題するスレン（Sreng）ことチョ・チャン（Cho Chham）の供述調書（CMR12.25/TSA C120）によれば、スレンは「自白」の中で「農村地域では、党の指令は成功裏に実行された。各地区では前政権の将官、野戦指揮官、下級士官をはじめ名簿に名指しされた者すべてを粉砕した。管区から指示された者もすべて一掃した。各地区では次々と管区に提案する名簿が作成され、次々と措置された。敵は人

民によって探索され、大衆によって摘発された」と書き残している。

426 旧・北部管区から S-21 に逮捕された者を移送したことについて、たとえば取調官チャンがドゥックに提出した 1977 年 8 月 13、14、22 日、同年 9 月 21、27 日、同年 10 月 4、5、19、27 日付けのメモを参照せよ。

427 この数字はヘダーによる DC-Cam と S-21 に残された史料の分析にもとづいている。

428 旧北部および中部管区の幹部の供述調書総数、それらが提出された宛先は DC-Cam と S-21 に残された史料をヘダーが分析して明らかになった。

429 "Responses of Aem Min alias Saen, Round 1: On the Case of Aem Min alias Saen Himself, Member, Barai District Sector 42" (DC-Cam 史料番号 BBKKh353). なお、「1977 年 5 月 14 日ポク同志に提出済み」という書き込みがある。

430 同上。

431 同上。

432 同上。

433 シエンの供述調書には「シエンことアエム・ミンにかかわる反逆者の名簿」が添付され、68 人が名指しされている。このうち 10 人には「逮捕済み」、残りの氏名には「党内の CIA 一味」と書き添えられている一方、前政権の軍人で逮捕、処刑されなかった者もいる。

434 この人物がその後どうなったかは明らかではない。

435 1977 年 5 月 4 日付け「元・ルセイ・カエウ技術研修所責任者リ・ハクの履歴と裏切り行為に関する第 1 次供述 ("First Responses of Li Hak, Post Chairman of the Reuhsei Kaev Technical School: On the History and Traitorous Activities of Li Hak")」と題するリ・ハク (Li Hak) の供述調書 (DC-Cam 史料番号 BBKKh536) を参照せよ。なお、この供述調書において名指しされた北部管区の党幹部は、チャムカー・ロエ郡党村委員会幹部ハエム (Haem)、管区産業委員長ヴァ (Va) ことキム・エン (Kim En)、村党委員会幹部スゥン (Seuan) である。同じく第 106 地区からは郡党副書記カット (Kât) と村党委員会幹部チュン (Chun) である。リ・ハクの供述調書においてハエムは「逮捕済み」と書き込まれ、キム・エンは 6 月に逮捕された後、1977 年 6 月 18 日および 26 日付けの供述調書 (CMR44.14/TSA K17) を残している。スゥン、カットおよびチュンがその後どうなったかは不明である。

436 残された文書によれば、ケ・ポクをはじめとする党最高幹部たちは、殺人その他の残虐行為には結びつかないまでも、より広範な差別行為を行うことに同意していた。たとえば、チョンと名乗る幹部からの 1975 年 11 月 30 日付けのチャム族の強制移住に関する連絡によれば、ケ・ポクは少なくとも当初はチャム族の北部管区への受け入れを拒否し、「純粋なクメール民族」だけを受け入れたい、と発言している。詳細につき、

以下の電報を参照せよ。Telegram 15, "With Respect to Beloved Brother Pol," November 30, 1975（N0001187）。ちなみに、こうした行為自体は国際人権規範に反するものの、たとえば、人道に対する犯罪を構成する必須要件を伴わないかぎりにおいては国際犯罪を構成しない。なお、詳細につき、前掲注92を参照せよ。

437 Telegram 94, Band 1100, "With Respect and Beloved Brother Pol," June 2, 1976（N0001187）。

438 Telegram 32, Band 295, "Missed Committee 870 Be Informed," March 29, 1978, p.124（なお、「ポク」という署名がある）。

439 前掲注425および本文の関連箇所を参照せよ。

440 前掲注437および本文の関連箇所を参照せよ。

441 前掲注112、170〜177および本文の関連箇所を参照せよ。

442 前掲注428および本文の関連箇所を参照せよ。

443 前掲注435および本文の関連箇所を参照せよ。

444 前掲注425および本文の関連箇所を参照せよ。

445 前掲注437および本文の関連箇所を参照せよ。

446 前掲注428および本文の関連箇所を参照せよ。

447 同上。

448 先に述べた通り、スウ・メットにもS-21から供述調書の写しが送られていた。

449 前掲注191にあげた文書を参照せよ。

450 ピンは1979年に逮捕されたと考えられている。なお、詳細につき、以下の文書を参照せよ。United States Embassy, "Debrief of ex-Senior Khmer Rouge Officer," Phnom Penh, 1994.

451 メア・タルことサム・フイは1978年5月23日にS-21に収容された。詳細につき、供述調書（CMR144.3/TSA S249）を参照せよ。

452 1976年7月中旬から8月中旬にかけての参謀本部状況報告は海兵隊第164師団が「7月下旬に有刺鉄線を切断して弾薬庫に侵入した4人の労働者を逮捕し、警察（nokorbal）に引き渡した」としている。こうした報告に使われる「警察（nokorbal）」とは治安機関または特殊機関（santebal）を指すものと考えられる。なお、詳細につき、以下の文書を参照せよ。"Minutes of the Meeting of Secretaries and Economics of Divisions, 0700 hours, 16, May 1976" (N0001229); "Summary of the Situation from July 15 until August 31, 1976" (N0001?08).

453 「白色クメール」とは一般に反共武装グループを指す表現として使われている。「椀1杯の米」は集団化された人々に1日に椀1杯分の米が食糧として配給されていたことを指す。なお、詳細につき、以下の文書を参照せよ。"Minutes of the Meeting of Secretaries and Deputy Secretaries of Divisions and Independent

Regiments, 30, August 1976, 1400 hours" (N0001407).

454 同上。

455 なお、チャクレイの経歴の詳細につき、供述調書（CMR15.7/TSA C176）を参照せよ。

456 第450師団党書記スオン（Suong）ことチア・ノン（Chea Non）は「白色クメール」とともに脱走したとして、1977年2月17日前後に逮捕された後処刑された。なお、詳細につき、供述調書（CMR13.33/TSA C155）を参照せよ。また1977年2月15日にS-21に収容された第310師団党副書記ヴアン（Veuan）ことイム・チュアン（Yim Chheuan）は、供述調書（CMR165.13/TSA Y112）のなかで「オリンピック・スタジアムおよびカルメット病院付近で食糧を盗んだ者2人を逮捕して尋問したところ、郷里の生家に帰るために盗みをはたらいたことを自供した」と述べ、さらに第310師団では「社会主義革命においては野草の蔓の入った粥を食べ、共産主義に到達したあかつきには米の入っていない野草の蔓を食べることになる」と革命を揶揄していた、と語った。また党中央委員会直属第601師団では「兵士1人がラオスに逃亡を図ったので捕らえて尋問したところ、ラオスやベトナムに比べて我が国の革命は厳格で困難だ」と語ったと報告している。さらに参謀本部兵站部幹部サヴ（Sav）——おそらく1977年11月2日にS-21に収容され、供述調書（CMR17.20/TSA C223）を残したチューク・サヴ（Chhouk Sav）——は、参謀本部で働いていた元漁師の老人が「こんな粥の食い方をする革命なんて糞食らえだ」と食糧配給と集団食堂制度を批判していたことを供述している。

457 「95％の人民は善良」であるが、わずかな「不良分子」が軍内部にもいる。したがって「さらに不良分子を粛清することは避けらず、断固として粛清しなければならない」、さらに「不良分子が単に革命のなんたるかを理解していないだけなのか、敵勢力の支持者なのかを見きわめることが肝要」であるが、「いずれにしても不良分子は軍部隊から排除して1カ所に集めて教育しなければならず、いかなる場合も釈放されて部隊に戻ることは許されない」というのがソン・センの主張であった。

458 たとえば、第310師団党副書記ヴアンは、「ムアンという女性に命じられてプノンペンの弾薬庫を偵察にきた」という少年1人をプノンペン北方のプレックダムで逮捕したことを明らかにした。プレックダムは西部管区第15（32）地区のメコン川西岸にあり、渡し船の乗り場がある。ムアンについてはこれ以上の情報はなかったが、同じ会議で第703師団党書記のピンは船でベトナムに脱出を図った者8人をコンポンソム沖で拘束し、村に帰還させた、と報告している。なお、詳細につき、以下の文書を参照せよ。"Minutes of the Meeting of Secretaries and Deputy Secretaries of Divisions and Independent Regiments, 16, September 1976, 0700 hours" (N0001449).

459 たとえば、以下に挙げるアメリカからの帰国者の供述調書を参照せよ。1975年11月に逮捕されたヒエン・クムスレン（Hieng Keumusreng）の1975年12月25日から29日にかけての供述調書（CMR32.6/TSA H26）、1976年8月31日に逮捕されたウーン・フイ・ユー（Euang Huy You）の1976年9月14日から19日にかけての供述調書（CMR91.11/TSA O45）、スレイ・ナム（Srei Nam）の1976年9月2日付け供述調書（CMR150.8/TSA S373）、ヘウ・チャン・クォイ（Heu Chhang Kuoy）の1976年9月2日および3日付け供述調書（CMR36.23/TSA H142）、ノン・サムウン（Nong Sam-euan）の1978年9月9日付け供述調書（CMR85.5/TSA N84）、ヒン・ソパット（Hing Sophat）の1976年9月15日付け供述調書（CMR33.6/TSA H50）。彼らは1975年4月の時点でアメリカ国内で軍事訓練を受けていたクメール共和国軍兵士約80人のうちの5人である。彼らは本国帰還を求められた際に、アメリカ国務省の帰国を思いとどまるようにとの説得を振り切って帰国した。結局、アメリカ政府は北京までの航空運賃を負担し、国連難民高等弁務官事務所は彼らの本国帰還を支援した。なお、詳細につき、以下の文書を参照せよ。Cynthia Coleman, "Cambodians in the US," David Ablin, Marlowe Hood (eds.), Cambodian Agony, 1987; "Cambodian Military Seek Repatriation," US/Indochina Report, Washington D.C., February 20, 1976.

460 1976年9月16日、ソン・センはメア・ムット率いる海兵隊第164師団の「同志」を集めた会議の席上、師団の小隊指揮官ほか40人が脱走を企てたことについて議論している。この会議にメア・ムットが出席していたかどうかは明らかではないが、「不良活動」に関与した前政権関係者を集めたコンポンソム付近の旧住民のあいだに「妙な動き」があることが話題となった。「旧住民」とは1975年以前から「解放区」に住む貧農や下層農民を指す言葉である。またこの会議では最近逮捕された前政権軍将校2人のことも話題になっている。ソン・センは脱走を図った小隊長ヴン・スルォル（Vung Sruol）を逮捕し、尋問するように指示しているが、この人物がその後どうなったかは明らかではない。またソン・センは「脱走者を集めて農業労働に従事させることおよび前政権軍兵士を1カ所に集める」よう指示しているが、その後のことについては触れていない。なお、詳細につき、前掲注458にあげた参謀本部議事録を参照せよ。

461 アメリカその他海外から帰国を許されたカンボジア人のうちS-21によって「反逆者」とされた者についてソン・センは「合法的に帰国したふりをして」入国した者や「こっそりとタイ国境から入国した者」がスパイ網をつくったと主張した。ソン・センによれば、供述調書から1976年6月から最初の敵の攻撃は開始され、燃料貯蔵庫、空港、工場などに密かに浸透し、1980年までに全土を「解放」するのが目的だったという。またソ連とベトナムの手先も軍と末端党組織内部にも浸透し、「CIA同様に1980年までに我々を打倒する計画」であったとして以下のように述べた。

卑しむべきチャクレイは CIA であったが同時にベトナム修正主義者とも第 24 地区、第 25 地区を通じて繋がり、地位や階級に不満のある幹部を集めて 1976 年 4 月に我々を攻撃する計画をたてたが、同時に政治的・軍事的活動はあまり行っていなかった。

チャクレイの正体が明らかになったにもかかわらず、「我々のあいだに潜む反逆者」による「内部からの攻撃」の恐れを見きわめるために内偵を続けることが肝要であると指摘し、会議の出席者に「革命と帝国主義・修正主義のあいだの矛盾の帰結を明らかにするために階級的視点と階級闘争の視点をしっかりともつことが以前にもまして重要になっている」と訓示した。なお、詳細につき、以下の文書を参照せよ。"Minutes of the Meeting of Secretaries and Logistics of Divisions and Independent Regiments, 19, September 1976, 0700 hours" (N0001451).

462 同上。

463 供述調書（CMR140.12/TSA S187）によれば、ウン（Euan）ことスバウ・ヒム（Sbauv Him）は 1977 年 2 月 17 日に S-21 に収容された。

464 とりわけ、ウンは「盗みは次から次と起きている。それもよくある盗みではなく、政治的なものだ」と説明し、これに対処するための「再教育」によって多くの者は更生するにもかかわらず、なかには強情にも立ち直ろうとしない者がいる、とし、さらに党の政治教育においても「一部の党員は、1976 年から党中央で討議されている社会主義建設 4 カ年計画に満足せず、不満をもっていることから党への忠誠が足りない」と語った。詳細につき、前掲注 461 にあげた議事録を参照せよ。なお、「全分野における社会主義建設 4 カ年計画」は、1976 年 7 月 21 日から 8 月 2 日にかけて党中央委員会常務委員会において討議されたのち、8 月 21 日から 23 日にかけて党幹部を集めた会合においてポル・ポト自身が発表した。詳細につき、下記の文書および前掲注 15 にあげたチャンドラーの著作を参照せよ。"The Party's Four-Year Plan to Build Socialism in All Fields, 1977-1980," Pol Pot Plans the Future: Confidential Leadership Documents from Democratic Kampuchea, David Chandler et al., (eds.), 1988, p.36.

465 前掲注 461 にあげた議事録を参照せよ。なお、メア・ムットは会議の後しばらくプノンペンに残り、その間副書記のドゥム（Deum）ことヘン・ドゥン（Hoeng Deuan）から海兵隊第 164 師団の活動についての報告を受けている。1976 年 9 月 24 日付けのドゥムからの電報によれば、メア・ムットの命令を受けて師団で「敵の手先を措置」したところ「5 人が脱走して森に逃走」したものの、数日後に逮捕した、という。またドゥムからの別の報告によれば、9 月 23 日夜に自動小銃と拳銃で武装した「16 歳の少年」を逮捕して尋問したところ、「盗賊のための偵察」であることを「自白」した、という。詳細につき、以下の電報を参照せよ。Telegram 11, "To

Brother Mut," September 27, 1976（N0001479）。なお、ドゥムは 1977 年 4 月 21 日に S-21 に収容され、供述調書（CMR36.8/TSA H 127）を残している。

466 前掲注 461 にあげた参謀本部議事録を参照せよ。

467 シエット・チャエは参謀本部の幹部として 1977 年 2 月 7 日の国営「民主カンプチアの声」放送に登場している。なお、チャエは 1977 年 4 月 29 日に S-21 に収容され、供述調書（CMR138.11/TSA S153）を残している。

468 "Minutes of the Meeting on Production Work, Night of 30 September 1976, October 3, 1976"（N0001487）。

469 1976 年 10 月当時のサンの地位については下記の 2 つの文書を参照せよ。"Table of Statistics on Students Studying at the First General Staff Study Session, 20 October 1976"（N0001512）; "First General Staff Study Session, 20 October 1976, Revolutionary Life Outlook, Table of Splitting Up into Groups by Unit of Organization"（N0001511）。サンは、1976 年 3 月 16 日に S-21 に収容され、供述調書（CMR78.2/TSA M172）を残したチン（Chhin）ことマエン・メン（Maeng Meng）にかわって第 920 師団党書記となったが、1997 年にポル・ポトの命令でソン・センを暗殺しようとした容疑でタ・モクに逮捕され、終身刑を宣告された。なお、タ・モクがネイト・セイヤー記者のインタビューに応えたところでは、サンは 1998 年 3 月に処刑された。詳細につき、以下の報道を参照せよ。Nate Thayer, "The Resurrected," Far Eastern Economic Review, April 16, 1998; Nate Thayer, "Nowhere to Hide," Far Eastern Economic Review, April 23, 1998; Nate Thayer, "Dying Breath," Far Eastern Economic Review, April 30, 1998.

470 このオヴ・プリンがどのような人物であったかは不明である。

471 "Report on Enemy Situations Re: On ther Responses of Ov Pring, Who Was Arrested on 7 October 1976 at , October 9, 1976"（N0001499）。

472 "Minutes of the Meeting of Secretaries and Deputy Secretaries of Divisions and Independent Regiments, 9, October 1976, 1400 hours"（N0001500）。

473 同上。なお、先に電報で報告された少年は兵士の子どもであったが盗賊に誘拐され、下見役をさせられていた。少年の供述によれば、盗賊はプノム・カンダール（Phnum Kandal）を根城にしていた。2 件目はプレイ・ヌップ（Prey Nup）郡トエク・サップに住む「13 歳の少女」で森に逃走してまもない人々のひとりであった。また、3 件目はコンポンソム港での米泥棒に関するもので、これもプレイ・ヌップ郡ヴェアル・リン（Veal Rinh）から来た者の仕業であった。4 件目は、ある兵士に「幹部の寝床の下に手榴弾 4 個を仕掛けた」嫌疑が掛けられたが、容疑者は逃走した、というものであった。

474 同上。なお、このなかには反政府デモを準備した容疑で地元住民に拘束され

たオヴ・プリンの一件も含まれている。

475 同上。なお、こうした点に関して、サンは「卑しむべきソック（身元不詳）から数々の証言を引き出したが、尋問が終わる前に首を吊って自殺してしまった」ことおよび中隊指揮官が「人民民主主義革命の時代には、米を植えれば進歩が感じられた。しかし、社会主義革命の時代になって米を植えても進歩は感じられない。以前は腹一杯米が食えたが、今ではひもじい思いをしなくちゃならない」と不満を漏らしていることを例示した。

476 同上。

477 同上。なお、さらにソン・センは「逮捕された者の供述から数々の計画が発覚した」として以下のような説明を加えた。

  第170師団の反逆者逮捕を端緒に、我々は次つぎと反逆者一味を捕らえており、いつの日か、反逆者一味をひとり残らず逮捕するだろう。…しかし当初「西側」の敵に関する分析は非論理的で、我々は敵に充分な注意を払うことがなかった。しかし、革命を勝利に導くには、我々はより高い能力を備えなければならない。

なお、ここでいう「西側」とはタイおよびアメリカが主導する「西側世界」を指す。

478 同上。なお、1975年当時「大物反逆者」という蔑称はカンプチア王国民族連合政府によって超法規的処刑を宣告された高官に対して使われていた。1975年2月26日のFUNK「プノンペンの声」放送、1975年4月1日付けのGRUNK国営AKI通信配信記事を参照せよ。

479 前掲注472にあげた議事録を参照せよ。

480 同上。なお、ドゥムは海兵隊第164師団について以下のように語っている。

  以前は、敵は師団内部で活動していたが、当時は敵を攻撃することにたいした注意も払わずにいた。この問題について考えると、一人ふたりの敵でも内部にいれば、たとえば手始めに貯蔵庫に放火するなどして強固な革命を損なう恐れがあるだろう。私は党の指導で奴らが分派活動を図っていることに気づきはしたが、党がいうほどに深刻であるとは思わなかった。私の部隊を見回せば、同志の90〜95%は党に忠誠を誓っている。しかし、もしも軍が清廉潔白であることを願い、また清廉潔白でないかも知れないと思うなら、さらなる粛清を断行することは避けられない。

481 「中核組織」とは、共産党そのものおよびその傘下にある青年同盟や女性同盟を指す。

482 前掲注472にあげた議事録を参照せよ。

483 同上。

484 ソン・センはさらに「すでに何らかの現象が起こっているなら、その理由や原

因がどこからもたらされたかを考えろ」そして「何事であれ、その現場に赴き、証拠が残っていれば調査する」と同時に「部隊を再編成し、兵士と幹部の履歴を洗い直せ」と敵の発見と分析についての指示を与えている。また最後に「反逆者の氏名は公表せず、同志の教育は革命の展望と党の見解に焦点を合わせ、個別の事案について話す必要はない」とつけ加えている。なお、詳細につき、前掲注 472 にあげた議事録を参照せよ。

485　"Minutes of the Meeting of Secretaries and Deputy Secretaries of Divisions and Independent Regiments, 1, March 1977" (L0045).

486　同上。

487　同上。なお、スウ・メットは「かつてベトナム軍部隊とともに戦闘に参加した者、兵士の子ども、郡責任者、警察官を 1 カ所に集めて農業労働に従事させているものの、まだ内部に敵がおり、それらを追跡中」という第 920 師団党書記チンの報告を耳にしている。なお、チンは 1977 年 3 月 16 日に S-21 に収容され、供述調書（CMR78.2/TSAM172）を残している。また、この会議では「貯蔵庫に近づいた者 1 人を逮捕」したり「下級幹部が部下に酒を勧め」たり、「勝手に果物を採って食べることが禁止されていることに反抗」している、という第 488 師団党書記ピアップ（Pheap）の報告、「師団から 600 人程度を排除しなければならない」、という第 450 師団幹部ヤン（Yan）の報告、「粛清された兵士を捜して Po-98 軍病院へ行った衛生兵 2 人を逮捕」した、という第 152 師団党書記シム（Sim）の報告、「不良分子を選別し集約」している、という第 290 師団党書記メア・タル（Meah Tal）の報告、「南西部管区第 35 地区の少年を尋問中」、という第 703 師団党書記ピン（Pin）の報告を耳にしている。

488　同上。なお、ソン・センはこの点について以下のように語っている。

　　我々は卑しむべき反逆者チューク、ヤ、チャクレイらを逮捕してきた。1977 年にこうした逮捕を可能ならしめた重要な経験は、我々が直面している矛盾と敵をはっきりと見定めた、ということである。以前は受け入れがたい矛盾や内部の敵を見据えることがなかった。今後は内部矛盾にさらに重点を置いてゆかなければならない。

489　同上。なお、この会議の締めくくりにソン・センは以下のように語っている。

　　細心の注意を払うべき問題は、外部から持ち込まれる矛盾、すなわち我が革命に浸透した敵が持ち込む矛盾である。国内の反逆者勢力は国外の敵と繋がっているのであるから、我が革命は世界中の敵と闘い続けなければならない。

　　革命的警戒心とは、内部に潜む敵に対して常日頃から断固たる攻撃を躊躇しないことである。断固とした態度なくして国家建設などあり得ない。内部に敵がいれば必ず常日頃から妨害工作を仕掛けてくるであろう。

　　社会主義革命とは、単に私的な所有権を廃絶することではなく、革命に

反対する国際的な敵対勢力と闘うことも必要不可欠である。つまり、国内外の矛盾と闘うことも急務なのである。

490 さらに、ソン・センによれば、「これまで我々は多くの反逆者一味を殲滅してきたが、未だにそれらの生き残りがおり、新たな反逆者も生まれ続けているのだから、引き続き革命的警戒心を堅持し続けなければならない」という。さらに繰り返してソン・センは「敵はあらゆる機会を利用して、あらゆる矛盾を増幅させて、カンボジア革命を頓挫させようとしている」としてあらたに「組織的絶対的手法」を提唱した。そして第1に「敵分子」は「不可避的、絶対的に排除」し、第2に「紀律に反して勝手な行動をする者」は「囲い込み、集団化して生産労働に従事」させ、第3に「敵に対してある種の政治的関心を抱いている者」は「1カ所に集めて再教育」する必要があると訴えた。

491 "Report Re: Situation Adjacent to the South Side of the Airport, September 1, 1976" (N0001372). なお、スットおよびエンがどのような人物であったかは不明である。

492 同上。

493 これは第152師団第234大隊所属の伝令ソヴァン（Sovan）ことロン・パン（Long Phan）であろう。ソヴァンは1976年9月に逮捕され、1976年9月25日付けから29日付けにかけての供述調書（CMR64.17/TSA L52）を残している。

494 このサンがその後どうなったかは不明である。

495 "To Beloved Comrade Brother Duch, Please Be Informed" (D1068), June 1, 1977, "To Beloved Comrade Brother Duch, Please Be Informed" (DC-Cam 史料番号 D1075), June 2, 1977. このとき逮捕された6人とは、第502航空師団第51連隊に所属するサオ（Sao）とソク（Sok）、ライ・チア（Lay Chea）、第503大隊党書記ナイ・チャップ（Chap）、第512大隊所属のウック（Uk）、元・第503大隊通信兵であったクム・ヴェック（Keum Vek）であると特定された。このうち、ナイ・チャップは1977年8月27日付けおよび9月10日付けの供述調書（CMR81.3/TSA N3）を残し、その写し（DC-Cam 史料番号 BBKKh732）はスウ・メットに提出されているが、その他の逮捕された者の供述調書は発見されていない。ただし、ライ・チアの兄サリム（Sarim）はこのときすでに逮捕されており、1977年5月20日付けおよび23日付けの供述調書（CMR68.7/TSA L134）を残している。

496 "To Beloved Comrade Brother Duch, Please Be Informed" (DC-Cam 史料番号 D1069), October 4, 1977. このとき逮捕されたのはスレイ・サルアン（Srei Sareuan）とサム・リ（Sam Li）であると特定された。スレイ・サルアンの供述調書（CMR137.3/TSA S131）にはスウ・メットに提出するようにとの書き込みがあるが、これはスウ・メットに提出された供述調書のほんの一例にすぎない。な

お、詳細につき、以下の文書を参照せよ。"Responses of Srei Sareuan: On the Notes on the Responses of Srei Sareuan, Former Secretary, Battalion 260, Division 703, Before Arrest, Member, Battalion 621, Division 502, 19 October 1977"（DC-Cam 史料番号 BBKKh24）。サム・リは 1977 年 10 月 3 日に S-21 に収容され、1978 年 6 月 4 日付け供述調書（CMR158.12/TSA S612）を残したリ（Li）ことサム・キン（Sam Kin）と同一人物であると特定された。

497　この数字はヘダーによる DC-Cam と S-21 に残された史料の分析にもとづいている。

498　スウ・メットに関するこの見解はヘダーによる DC-Cam と S-21 に残された史料の分析にもとづいている。

499　"To Brother 89, February 22, 1976"（DC-Cam 史料番号 N0001125）。

500　たとえば、前掲注 491 ～ 494、499 および本文の関連箇所を参照せよ。

501　前掲注 495、496 および本文の関連箇所を参照せよ。なお、旧ユーゴスラヴィア国際刑事法廷は、捕虜を釈放する文書に被告人の署名があるのは、被告人が捕虜を釈放するか、他の収容施設に移送するかを決定する権限をもっていたことの証拠であると判示している。The Prosecutor v. Zejnil Delic, Zdravko Mucic, Hazim Delic and Esad Landzo, Judgment of November 16, 1998, ICTY Trial Chamber II, ¶764.

502　前掲注 468 および本文の関連箇所を参照せよ。

503　前掲注 486 および本文の関連箇所を参照せよ。

504　前掲注 495、496 および本文の関連箇所を参照せよ。

505　前掲注 499 および本文の関連箇所を参照せよ。

506　"Telegram 11, To Brother Mut," September 24, 1976（DC-Cam 史料番号 N0001459）。

507　前掲注 497、498 および本文の関連箇所を参照せよ。

508　前掲注 453 ～ 457 および本文の関連箇所を参照せよ。

509　前掲注 458 ～ 460 および本文の関連箇所を参照せよ。

510　前掲注 461 ～ 466 および本文の関連箇所を参照せよ。

511　前掲注 467、468 および本文の関連箇所を参照せよ。

512　前掲注 472 ～ 484 および本文の関連箇所を参照せよ。

513　前掲注 485 ～ 490 および本文の関連箇所を参照せよ。

514　たとえば、前掲注 465、466、482、483 および本文の関連箇所を参照せよ。

515　前掲注 491 ～ 494 および本文の関連箇所を参照せよ。

516　前掲注 495、496 および本文の関連箇所を参照せよ。

第4章　結論

第4章　結論

　これまで検証してきた通り、カンプチア共産党が権力を握っていた間、カンボジアでは多くの人々が死に追いやられてきた。そして、こうした大量虐殺を招いた党の方針を立案し、実行したのがカンプチア共産党の最高幹部たちであったことが明らかとなった。最近新たに利用することが可能になった史料には、多くの人々が捕らえられ、拷問され、殺害された裏で7人の最高幹部が果たしてきた役割が克明に記録されており、プノンペンから遠く離れた農村で行われた逮捕や処刑も現場の党幹部の手によって逐一党中央に報告されていたことも明らかとなった。しかも、こうした報告はたびたび軍の指揮官が集まる会議でも議題となっていたのである。そして、すべてとは言わないまでもこうした犯罪行為の相当の部分は7人の最高幹部が自らすすんで立案し、実行すべき党の方針として取り組まれていたのである。したがって、現在にまで生き残っている党最高幹部ヌオン・チア、キュウ・サンパン、イエン・サリ、タ・モク、スウ・メット、メア・ムットの6人は、カンプチア共産党が政権の座にあったときに自らが実行し、また部下に実行させた犯罪行為の刑事責任について裁かれなければならない、というのが我々の結論である。

補論　個人としての刑事責任

補論　個人としての刑事責任

　本書の第3章では、国際法における個人としての刑事責任の原則に依拠して証拠を分析した。この原則に従えば、いかなる個人もその犯罪行為について国際法上の刑事責任を負わなければならない。そこで、補論においては民主カンプチア時代の犯罪に個人として刑事責任を負うべき7人のカンプチア共産党最高幹部について分析する際に適用した、個人としての刑事責任の原則を構成する諸要素とその適用基準について論じておきたい。

　関係当局がカンプチア共産党によって行われた行為のうちで個人を訴追しようとしている犯罪は、戦争犯罪、人道に対する犯罪のほかジェノサイド（集団殺害）犯罪も含むと考えられている[517]。本書は、全体として7人の最高幹部を特別裁判部に訴追する検察官がこうした犯罪を立証することは可能であるという前提に立って議論をすすめ、史料の分析から逮捕、拷問、処刑の実態を明らかにし、こうした行為が戦争犯罪[518]、人道に対する犯罪[519]をはじめとする国際法上の個人としての刑事責任を負うべき重大な犯罪を構成する要件を満たし、ジェノサイド犯罪にも該当する可能性があることも明らかにしてきた[520]。

　個人であってもある種の国際法違反については刑事責任を負わなければならないことは、すでに承認されて久しいことである[521]。この原則は第2次世界大戦後の2つの国際法廷において定立され、とりわけニュルンベルクにおかれた国際軍事裁判所は「国際法に反する犯罪は抽象的な存在によってではなく、人間によって犯されるのであるから、犯罪を犯した個人を処罰することによってのみ国際法の規定は実施できるのである」[522]という判決の有名な一節によってこの原則に込められた考え方を明らかにしている。この国際軍事裁判所条例をはじめとして第2次世界大戦後に定められた国際刑事法廷の諸規程においては、それぞれの法廷の管轄権の範囲内で実行、教唆、命令、幇助のほか犯罪の共謀や共犯などさまざまな行為に対する個人の刑事責任を追及できると考えられてきた[523]。

　国際人道法の重大な侵害に対する個人の刑事責任を法制化した最近の

事例は、旧ユーゴスラヴィア国際刑事法廷とルワンダ国際刑事法廷である。この2つの国際刑事法廷の規程は、いずれもカンボジアでの裁判にも深く関連する、2つの根拠にもとづく国際人道法の重大な侵害に対する個人の刑事責任について規定している。その第1は、犯罪を実行し、または実行を容易ならしめた行為、たとえば犯罪計画を立案し、実行を命令、教唆、幇助するなどの行為から生じる個人としての責任であり、第2は、実効的な指揮監督下にある部下による犯罪の実行を未然に防ぎ、または処罰しなかったことから生じる上官としての責任である。旧ユーゴスラヴィアとルワンダでの事件は民主カンプチアでのできごとの20年も後のことであるが、2つの国際刑事法廷の規程は第2次世界大戦後の国際法廷において確立された原則を基礎にして作り上げられたものである[524]。このことから、旧ユーゴスラヴィアとルワンダにおける裁判は、民主カンプチア最高幹部の個人としての責任を検討する上で重要な指針となるといえよう[525]。

1. 個人としての責任 [526]

ある種の国際法違反に対する個人としての責任は、直接の違反行為のみならず、さまざまな違反の態様に応じて広く認められてきた[527]。旧ユーゴスラヴィア国際刑事法廷規程第7条第1項やルワンダ国際刑事法廷規程第6条第1項がはっきりと規定している通り、共謀、命令、教唆、幇助をはじめとする犯罪を遂行するための行為に直接的、実質的に関与した個人は刑事責任を負わなければならない[528]。そして個人としての責任を追及するためには通常、検察官は2つの要件、すなわち、第1に被告人が直接的かつ実質的に犯罪となる行為——犯行——に関与したこと、第2に、被告人の行為がその意思をもって故意に行われたこと——犯意——を立証しなければならない。

なお、本書が分析の対象とした7人のカンプチア共産党最高幹部が

補論　個人としての刑事責任

民主カンプチア時代に関与した犯罪をめぐっては重大な国際法違反として個人としての責任を問うに足る3つの法的根拠——部下に犯罪の遂行を教唆し、犯罪の遂行を幇助し、共通の目的または計画を共謀したこと——は数多くの証拠によって明らかとなっている。

a. 犯罪の命令

ながらく上官は、国際人道法に違反する行為を部下に命じたときには個人としてその責任を負わなければならないと考えられてきた[529]。この考え方は、命令された者の個人としての責任を主眼とする旧ユーゴスラヴィア国際刑事法廷規程第7条第1項およびルワンダ国際刑事法廷規程第6条第1項の規定にも盛り込まれている[530]。また旧ユーゴスラヴィア国際刑事法廷第1法廷は、「計画、教唆及び命令」は規程第7条第1項の下で個人としての責任を追及する根拠となると判示している[531]。

上官としての責任論が、部下による犯罪行為を防止し、または部下の犯罪行為を処罰することを怠った、いわば上官の怠慢の責任を問うているのとは異なり、犯罪の命令は、上官の命令行為そのものを犯罪の一部としてとらえ、その責任を問うものである[532]。旧ユーゴスラヴィア、ルワンダの両国際刑事法廷によれば、命令は、命令する者と命令を実行する者のあいだの上官—部下関係を基礎とするが、正規の上官—部下関係が要求されるわけではなく、被疑者が命令を下す権限を行使していれば充分であるとされている[533]。明白または明示的な命令の下達は犯行を構成し、命令された犯罪を遂行する意思が犯意を構成する[534]。さらに、命令が下された事実が情況証拠によって立証され、上官が命令を下した事実からその命令の意図が推論できれば、少なくとも理論上は命令を発した上官は、命令した行為がいかなる結果を招くかを自覚していたということになる[535]。

b. 幇助および教唆

　犯罪の命令に加えて、旧ユーゴスラヴィア国際刑事法廷規程第7条第1項およびルワンダ国際刑事法廷規程第6条第1項は「幇助および教唆」を、重大な国際人道法違反に対して個人としての刑事責任を問う根拠としている。ルワンダ国際刑事法廷によれば、「幇助（aiding）とは、何者かに援助を供与すること」であり「教唆（abetting）とは、共感を示すことで行為の実行を容易ならしめること」をいう[536]。また同法廷の判決によれば「幇助又は教唆はそれ自体が単独で犯罪を構成し、幇助犯又は教唆犯が現に犯罪を実行することを必須要件としない」[537]。

　また幇助および教唆の犯意について旧ユーゴスラヴィア国際刑事法廷は、「その行為が犯罪の実行を援助するものであるという認識に加えて、幇助犯又は教唆犯は援助を与える意図又は少なくとも犯罪に重要な援助を与える可能性があることを認識していること」[538]と判示している。したがって、幇助犯および教唆犯の犯意は、必然的な結果として援助を供与することで犯意を生じさせるとともに犯罪に関与するという認識を伴う[539]。なお、幇助犯および教唆犯の責任を問うには、実行者とその意図を共有する必要はなく幇助行為や教唆行為が犯罪の実行に寄与するという認識があれば充分である[540]。カンプチア共産党の犯罪に関して言えば、無害なものに聞こえるにもかかわらず、残虐行為の遂行に関連する意味をもつという理解を共有した上で特定の言葉を使用していたことからみて、犯罪の実行に寄与するという認識があったことは立証可能である[541]。

　さらに、旧ユーゴスラヴィア国際刑事法廷によれば幇助罪および教唆罪が成立するには、「幇助犯および教唆犯の関与が犯行の事前、最中又は事後であるとを問わず、直接的に又は結果的に犯行に援助を与えるものであれば足りる」[542]とし、幇助犯および教唆犯の関与が主犯の犯意を生じさせる物理的な援助のみならず[543]、状況によっては心情的に主犯を支援または勇気づけ[544]、特定の状況において犯行が失敗するか[545]、あるいは幇助者および教唆者が単に犯行現場に居合わせるだけでも状況によっ

ては幇助罪および教唆罪を構成するに足ると判示している[546]。

c. 共通の目的または共同謀議

　第 2 次世界大戦後の裁判に倣って、旧ユーゴスラヴィア国際刑事法廷控訴審は、共通の目的または共同謀議の法理を「犯罪行為を行う共通の目的をもつ複数の人間が共同して又は別個に実行する犯罪への関与の諸様式」と定義した[547]。その上で旧ユーゴスラヴィア国際刑事法廷控訴審判決が示したように、共通の目的または共同謀議の法理にもとづいて、複数の個人がそれぞれ単独で実行した犯罪のみならず、集団による犯罪計画の一部をなす犯罪などさまざまな態様の犯罪に対する国際法の下での個人としての責任が認定されている[548]。

　旧ユーゴスラヴィア国際刑事法廷控訴審は、共通の目的および共同謀議の法理について 3 つの類型を示しており、カンプチア共産党による犯罪を分析する際にはそのうちのひとつ「共同正犯」がもっとも妥当であろう[549]。この「共同正犯」の構成要件は、(1)関与した者が複数であること、(2)犯罪に関与する共通の計画または共通の目的が存在し、(3)被告人が共同謀議に参加していることである[550]。また犯意についてはすべての共同正犯によって「特定の犯罪を実行しようという意図」が共有されていることを要する[551]。

　また旧ユーゴスラヴィア国際刑事法廷控訴審は、犯罪の実行のために共通の目的または共同謀議に参加した者と犯罪の幇助犯および教唆犯とのさまざまな違いを以下のように指摘している。

　　　　（ⅰ）共通の目的または共同謀議に参加した者は、法的には結果として実行された犯罪の共同正犯とみなされるのに対し、幇助および教唆を行った者は犯罪を実行した者、すなわち主犯に対する従犯とみなされる。
　　　　（ⅱ）共通の目的または共同謀議の法理においては共通に準備

された計画が存在することを証明する必要があるのに対して、幇助および教唆についてはそのような計画や合意の存在は問わない。実際、主犯は従犯による実行行為自体への貢献について認識することを要しない。
（ⅲ）共通の目的または共同謀議を実行するに際して、それらに関与した者は、何らかの方法で共通の目的または共同謀議を実現する行為を行うことを要する反面、幇助または教唆を行う者は、特定の犯罪を援助する行為、助長する行為または心情的に勇気づける行為を行うことで足る[552]。

結局のところ、共通の目的及び共同謀議は犯罪の実行行為に先立つ必要はなく、にわかに具体化され、複数の者による行為がひとつの犯罪計画に結びつくという点で一致するという事実から共通の目的及び共同謀議が推論されるものであれば足るということである[553]。

2. 上官としての責任

a. 上官としての責任論の本質

上官としての責任論は、軍の指揮官と民間人の指導者に対してその部下が犯罪に関与した際に適用される[554]。上官としての責任という言葉は何世紀にもわたって使われ[555]、さまざまな条約[556]、各国の軍法[557]、第2次世界大戦後の軍事法廷[558]において条文化されてきた。なお、以下の通り、地上戦に関する法規をまとめた合衆国陸軍省野外教範27-10号 (U.S. Department of Army Field Manual No.27-10) には指揮官の責任についての現代的な考え方を盛り込んでいる。

軍の指揮官は部隊に所属する部下又はその他指揮官の指揮

監督に服する者が行った犯罪について責任を問われる場合がある。たとえば、部下が占領地域の民間人又は戦争捕虜に対して殺戮行為や残虐行為を行った場合には、その責任は加害者のみならず、指揮を執っていた指揮官も負わなければならない。さらに指揮官は部下が犯罪を犯し、すでに犯したことを知り、又は報告その他の方法により知っているべき相当の理由がある場合、若しくは部下その他指揮監督に服する者が戦争犯罪を犯そうとし、又はすでに犯した際に戦時国際法を遵守し、又は加害者を処罰するための必要且つ相当の措置をとらなかったときは責任を負わなければならない[559]。

第2次世界大戦後にナチス・ドイツおよび日本の軍指揮官と民間人指導者に対する裁判において検察官はこの上官としての責任論に即して有罪を立証し[560]、旧ユーゴスラヴィアとルワンダの国際刑事法廷における訴追と判決にも重要な影響を与えた[561]。本書の第3章において明らかにした通り、軍と党において枢要な地位を占めていた7人のカンプチア共産党最高幹部それぞれの役割と残虐行為が党組織を通じて計画され、実行された経緯からみて、この上官としての責任論に照らして7人の最高幹部の個人としての責任を追及することが妥当であろう。

b. 上官としての責任の構成要件

上官としての責任論では、上官の刑事責任は部下が犯罪を犯し、すでに犯したことを知り、または知っているべき相当の理由があった場合、ならびに部下が犯罪を犯そうとし、またはすでに犯した際に犯行を防止し、または加害者を処罰するための必要且つ相当の措置をとらなかったときは責任を問われるが、そうでなければ刑事上の責任を問われない[562]。こうした第2次世界大戦後の軍事法廷における経験をふまえて、旧ユーゴスラヴィアとルワンダの国際刑事法廷は上官としての責任の構成要件

を以下のように定式化した。

(1)上官—部下関係が存在し、
(2)上官は、部下が犯罪を犯そうとし、またはすでに犯したことを知っていた、もしくは知っているべき相当の理由があったときであって、
(3)犯行を未然に防止し、または加害者を処罰するための必要且つ相当の措置をとらなかったとき563。

なお、旧ユーゴスラヴィア国際刑事法廷は、上官としての責任論は、上官が部下の犯した犯罪によって生じた上官の任務を全うしなかったことを証明することを要するものではない、と判示している564。

i 上官—部下関係の存在

いかなる階級であれすべての上官は部下の行動に対して潜在的に責任を有する565。さらに、上官—部下関係は軍の指揮官のみならず、検察官が、民間人の地位にある者が軍の指揮官と同様に部下に対する指揮監督の権限を有していることを証明することができれば、上官—部下関係は民間人にも適用される566。なお、旧ユーゴスラヴィア国際刑事法廷が示した見解によれば、「軍事組織においてであれ民間の組織においてであれ、事実上の指揮監督を行う者は、その権限の下にある者に責任を負わなければならず、単に部下の行動を制御する正規の法的根拠がないからといって、このような責任を負うことを妨げると理解すべきではない」567と判示している。

このことに関連して旧ユーゴスラヴィアとルワンダの国際刑事法廷は法律上であるか、事実上であるかを問わず、上官の部下に対する実効的支配が存在するかどうかが上官としての責任論を適用しうるか決定づけると考えてきた568。したがって、法的に与えられた指揮命令権が存在す

225

ることは、この法理を適用しうる上官─部下関係の存在を示す決定的な証拠となる反面、たとえば、一定程度の事実上の支配が看取されれば、法的に与えられた指揮命令権の存在はこの法理を適用するための必須の要件とはならない。つまり、上官としての責任を行使するということは、部下の行動に対する実効的な支配権を有するということにほかならないのである。こうした支配権には、上官の命令を下達する指揮命令系統の存在同様[569]、部下が一定の行動をとることを抑止して紀律を保つための権限も含まれる[570]。なお、この法理が適用される、部下に対する上官はひとりであるとは限らない[571]。

ii 犯意

以下のような場合には上官の行為に犯意があったとみなさざるを得ない。

(1)部下が犯罪を犯そうとし、または犯したことを現実に認識していたことが直接証拠または情況証拠によって明らかなとき。もしくは、
(2)部下が犯罪を犯そうとし、または犯したことを現実に知っていたとする相当の理由がある場合[572]。

上記の(1)の基準に関して、旧ユーゴスラヴィアとルワンダの国際刑事法廷は、部下が犯罪を犯したことを上官が現実に知っていたかどうかを判断する情況証拠となる諸要素を以下のように列挙し、組織内における個人の地位が充分なものでなかったとしても現実の認識があったことを証明する情況証拠となりうる、としている[573]。

(a)犯罪行為の件数
(b)犯罪行為の態様

(c)犯罪行為の目的

(d)犯罪行為の発生時刻

(e)犯罪行為に関与した者の人数および正規軍、民兵組織など犯罪行為に関与した部隊の種別

(f)犯罪行為のための移動手段、資機材の調達方法

(g)犯罪行為が行われた現場の地理

(h)犯罪行為の波及状況

(i)犯罪行為の速さ

(j)犯罪行為の手口

(k)犯罪行為に関与した士官、幹部の氏名

(l)犯罪行為が発生した際の指揮官の所在 [574]

　上記の(2)の基準に関して、旧ユーゴスラヴィア国際刑事法廷は規程第7条第3項を解釈するに際して第2次世界大戦後の裁判例を参照し、慣習国際法の下で指揮官または上官の刑事責任を問うにあたって上官は部下のすべての行動を知っている義務があるとした考え方を否定し、旧ユーゴスラヴィア国際刑事法廷控訴審は、上官は部下による犯罪に関する情報が入手可能な場合においてのみ刑事責任を負わなければならない、という原則に則して上官としての責任を問うものと判示した [575]。また同時に、控訴審はこうした情報の性格と形式について緩やかな解釈を示し、上官に対して犯罪に関連する情報が提供されているか、またはそのような情報が入手可能であれば足り、犯罪に関する情報が実際に伝えられたことを立証する必要はないと以下のように判示した。

　　　　上官がその権限に属する一般的情報であって、それが部下による不法行為の可能性がある行為についての情報であり、且つ「知っているべき相当の理由がある」ことが立証されれば充分である。上官が入手可能な情報の形式についていうならば、文書によってであれ、口頭によってであれ、正規の報告制度に

沿った特定の形式であることを要さない。またこうした情報は部下が不法行為を犯したこと又は犯そうとしていることを特定して報告するものであることも要さない。たとえば、指揮下の兵士が暴力的で不安定な性格を有している、又は作戦行動に出発するに先だって飲酒していた、などという情報を得ていた部隊指揮官は要件に該当する情報を認識していたものとみなされる。

結局のところ、関連情報は上官に伝達されるか又は上官が入手可能であるか若しくは第1審判決の文言を借りれば「上官が所有する」ことが求められているにすぎず、上官が現実に当該情報について熟知していることを要さない[576]。

なお、最近専門家のあいだでは上官としての責任の犯意の基準が軍の指揮官と民間人の指導者では異なるといわれている。国際刑事裁判所規程第28条は上官としての責任を以下のように規定している。

第28条　指揮官及びその他の上官の責任
当裁判所の管轄下にある犯罪に関して当規程その他の根拠の他以下のように規定する。
(a)軍指揮官又は実効的に軍指揮官の任にあった者は、以下の場合に当裁判所の管轄下にある犯罪が、その者の実効的な指揮監督の下にある部隊により行われたとき、又はその者が指揮監督下の部隊に対する適切な指揮監督を怠ったときには刑事責任を負うものとする。
　(ⅰ)軍指揮官又は実効的に軍指揮官の任にあった者が、部隊が犯罪を行ったこと又は行おうとしていることを知っていた場合、若しくは当時の状況に照らして知っていたはずのとき。
　(ⅱ)軍指揮官又は実効的に軍指揮官の任にあった者が、犯罪の実行を防止又は処罰するため若しくは捜査又は訴追の権限

を有する機関に事件を送致するため、自己の権限内において
あらゆる必要且つ相当の措置を講じなかったとき。

(b)上官は、前項に定めのない上官―部下関係に関し、以下の
場合に当裁判所の管轄下にある犯罪が、その者の実効的な指揮
監督の下にある部隊により行われたとき、又はその者が指揮監
督下の部隊に対する適切な指揮監督を怠ったときには刑事責任
を負うものとする。

(i)上官が、部下が犯罪を行うか又は行おうとしたことを知
っていた場合、若しくはそのような事実を明白に示す情報を
意識的に無視したとき。

(ii)犯罪が、上官の実効的な指揮監督権限の範疇にあるとき。

(iii)上官が、犯罪の実行を防止又は処罰するため若しくは捜
査又は訴追の権限を有する機関に事件を送致するため、自己
の権限内においてあらゆる必要且つ相当の措置を講じなかっ
たとき[577]。

　国際刑事裁判所規程は、軍指揮官に限って「知っていたはずのとき」
という犯意の基準を採用した。一方、民間人の指導者に関して規程第
28条は、「部下が犯罪を行ったか又は行おうとしたことを知っていた場
合、若しくはそのような事実を明白に示す情報を意識的に無視したとき」
という基準を設けている。こうした基準は似かよったものではあるが旧
ユーゴスラヴィア国際刑事法廷控訴審がセレビチ収容所事件に際して判
示した基準よりは厳格なものである。民間人の指導者について入手可能
な情報を「意識的に無視した」基準を説明することで規程第28条b項は、
民間人の上官が決定的ではないものの疑いのある情報についてさらなる
調査を怠った責任を問うこと明白に除外したのである。

　なお、国際刑事裁判所規程の起草作業は、犯意の要件の違いをはじめ
として第28条における軍の指揮官と民間人の指導者の区別を、第1に、
民間人の指導者は、通常、軍の指揮官と同程度の指揮監督を行い、同程

度の責任を負うべきかどうか、第2に、民間人の指導者は、通常、部下による犯罪を防止し、加害者を処罰することについて軍の指揮官と同様の地位にあるか、という両者の性格の違いを反映するものとしている[578]。

民間人の指導者と軍の指揮官の区別は、第2次世界大戦後の軍事裁判と旧ユーゴスラヴィアおよびルワンダ国際刑事法廷の判決においては明白である。たとえば、ニュルンベルクと東京における裁判では部下が犯罪を犯した民間人の指導者と軍の指揮官に適用される法的基準に明白な違いは存在しなかった[579]。一方、本書を執筆している時点で旧ユーゴスラヴィア国際刑事法廷は民間人の指導者の責任を立証するために軍の指揮官とは異なった基準を適用することに疑問を差し挟んではいない[580]。このことから国際刑事裁判所規程第28条は慣習国際法を反映したものであるといえよう。

このような多様性に照らして、本書は旧ユーゴスラヴィア国際刑事法廷控訴審が定立した比較的厳格な犯意の基準——部下による犯罪についての情報が入手可能であったはずの場合——に即して7人のカンプチア共産党最高幹部に関する証拠を吟味してきた。

iii 防止および処罰の義務

最後に、上官として以下のような措置を講じることを怠った際には責任を問われる「物理的可能性」がある[581]。

> (1)部下に国際人道法に定められた責任について指示を与えること[582]。
> (2)国際人道法違反が速やかに上官に報告されるよう部下の監督と報告についての制度を整備すること[583]。
> (3)犯罪を犯した部下に対する処罰についての制度を整備し、実施すること[584]。

上官が犯罪を犯した部下を処罰することは、必ずしも上官としての責任を完全に免れる弁明のための証拠とはならない。むしろ、犯罪を防止し、加害者を処罰する任務は他の方法をもってかえがたい、また付加的な上官の義務である。この点について旧ユーゴスラヴィア国際刑事法廷は以下のように判示している。

　　　「防止又は処罰」の義務は、被告人に対して同等の選択肢を与えるものではない。明らかに被告人が部下が犯罪を行うこと又は行おうとしていることを「知っている、又は知っているべき相当の理由があった」にもかかわらずそれらを防止することを怠った場合には、上官は事後に部下を処罰することによって防止措置を怠ったことを補うことはできない[585]。

　近年の旧ユーゴスラヴィア国際刑事法廷の判決は、個人としての責任と上官としての責任は同一の犯罪については付加的に課すべきものととらえている[586]。したがって、その指揮監督下にある個人によって実行された犯罪において共謀、命令、教唆、幇助などを行ったと認定された個人は、そのような犯罪を予防し、加害者を処罰することを怠った上官としての責任も負わなければならない。

517　特別裁判部が管轄権を有し、カンプチア共産党による犯罪として訴追することができる戦争犯罪、ジェノサイド犯罪を含む人道に対する犯罪の定義として、前掲注3にあげた国連専門家グループ報告書¶¶58-79を参照せよ。また、民主カンプチア時代の戦争犯罪、人道に対する犯罪の処罰に関連する国際文書として、前掲注92にあげた国際軍事裁判所条例第6条を参照せよ。

518　たとえば、第3章で紹介したようにヌオン・チア宛に提出された管区や師団からの報告によれば、ベトナムとの国境紛争において民主カンプチア軍はベトナム領内の民間人を殺害し、民用物を破壊している。この点について、戦時における文民の保護に関する1949年8月12日のジュネーブ条約（文民条約）を参照せよ。

補論　個人としての刑事責任

519　虐殺や粛清に関するカンプチア共産党の方針は広範かつ系統的にそれぞれの支配地域で政治路線その他の党の方針に反対した一般市民に対して実行されたことは、本書の第3章で詳述した通りである。なお、前掲注13にあげたルワンダ国際刑事法廷規程第3条を参照せよ。

520　ジェノサイド条約第2条は、「ジェノサイド（集団殺害）」を「国民的、人種的、民族的又は宗教的集団を全部又は一部破壊する意図をもって行われた次の行為のいずれをも意味する」として「a. 集団構成員を殺すこと。b. 集団構成員に対して重大な肉体的又は精神的な危害を加えること。c. 全部又は一部に肉体的破滅をもたらすために意図された生活条件を集団に対して故意に課すこと。d. 集団内における出生を防止することを意図する措置を課すこと。e. 集団の児童を他の集団に強制的に移すこと」と定義している。なお、前掲注13にあげた旧ユーゴスラヴィア国際刑事法廷規程第4条およびルワンダ国際刑事法廷規程第2条を参照せよ。

521　国際法違反に対する個人としての刑事責任を法制化した事例として、たとえば、1863年4月24日にアメリカ合衆国で施行されたリーバー法（Lieber Code）第59条は「戦争捕虜は、交戦中の軍又は交戦国の国民に対して行った犯罪について自国の当局によって処罰されていないときはその責任を負わなければならない」と規定した。また、第1次世界大戦後のベルサイユ条約にも「ドイツ政府は、連合国及びその同盟国が戦争法規又は慣習戦争法規に違反した者を軍事法廷において裁く権限を有することを認める」条項（第228条）が盛り込まれたが、結局オランダ政府が皇帝の身柄引渡しに応じなかったためにドイツ皇帝を裁判にかけることは実現しなかった。

522　前掲注92にあげた国際軍事裁判所条例および前掲注209にあげたドイツ管理委員会法第10号第2条第2項を参照せよ。

523　たとえば、前掲注92にあげた国際軍事裁判所条例第6条を参照せよ。

524　個人としての刑事責任の構成要件を決する際の最も関連深い根拠として国際軍事裁判所の判例をあげた例として、前掲注262にあげた旧ユーゴスラヴィア国際刑事法廷タディッチ（Tadic）被告人事件判決¶674を参照せよ。

525　本書は、分析に際して2001年6月上旬以前の旧ユーゴスラヴィア国際刑事法廷およびルワンダ国際刑事法廷の判決を考察の対象としている。

526　第1章において述べた通り、本書の分析は、第2次世界大戦後の戦争犯罪司法において広く認められ、旧ユーゴスラヴィア国際刑事法廷規程第7条第1項、第3項およびルワンダ国際刑事法廷規程第6条第1項、第3項に盛り込まれた個人としての刑事責任および上官としての責任論に依拠している。なお、前掲注13を参照せよ。

527　たとえば、規程第7条第1項の解釈にあたって個人としての刑事責任を負うべき者は直接の実行行為者のみならず、それ以外のさまざまな態様で犯罪に関与し、

その実行行為を容易ならしめた者も含まれる、と判示した以下の旧ユーゴスラヴィア国際刑事法廷の判決を参照せよ。The Prosecutor v. Dario Cordic and Mario Cerkez, Case No.IT-95-14/2-T, International Criminal Tribunal for the Former Yugoslavia (Trial Chamber Ⅲ), ¶373.

528 前掲注13にあげた、旧ユーゴスラヴィア国際刑事法廷規程第7条第1項およびルワンダ国際刑事法廷規程第6条第1項を参照せよ。

529 前掲注416および注522を参照せよ。

530 前掲注13にあげた、旧ユーゴスラヴィア国際刑事法廷規程第7条第1項およびルワンダ国際刑事法廷規程第6条のほか、注97にあげた国際刑事裁判所規程第25条を参照せよ。

531 以下の旧ユーゴスラヴィア国際刑事法廷の判決を参照せよ。The Prosecutor v. Tihomir Blaskic Judgement, 3 March 2000, Case No.IT-95-14, International Criminal Tribunal for the Former Yugoslavia (Trial Chamber Ⅰ), ¶¶278-282.

532 この点に関して、前掲注501にあげた旧ユーゴスラヴィア国際刑事法廷判決は上官としての責任を直接的責任、間接的責任に区別して議論し、広義の共犯には直接的責任がある一方、「指揮下にある部下が国際法違反を犯すことを防止する上官の是正義務」怠慢にも間接的な責任を認めた。なお、前掲注501にあげた旧ユーゴスラヴィア国際刑事法廷判決¶334を参照せよ。

533 前掲注527にあげた旧ユーゴスラヴィア国際刑事法廷判決¶388を参照せよ。

534 前掲注531にあげた旧ユーゴスラヴィア国際刑事法廷判決¶¶281-282および以下のルワンダ国際刑事法廷判決を参照せよ。The Prosecutor v. Jean-Paul Akayesu Judgement, 2 September 1998, Case No.ICTR-96-4-T, International Criminal Tribunal for Rwanda (Trial Chamber Ⅰ), ¶483. なお、2001年6月1日の控訴審判決において上記判決に対する控訴は棄却された。

535 たとえば、「指揮官が犯罪を直接実行するか、又は犯罪を実行することを命令する意思を示す直接証拠若しくはすでに発令された命令から指揮官の意図が推論できること」を指摘した判例としてババ・マサオ（漢字表記不詳）を被告人とするオーストラリア軍法会議の判決（Law Reports of Trials of War Criminals, 60, 1947, p.11）を参照せよ。

536 前掲注534にあげたルワンダ国際刑事法廷判決¶484を参照せよ。

537 同上。

538 前掲注531にあげた旧ユーゴスラヴィア国際刑事法廷判決¶286を参照せよ。

539 前掲注262にあげた旧ユーゴスラヴィア国際刑事法廷判決¶674を参照せよ。

540 「共犯の刑事責任を問うには、主犯とのあいだで犯意を共有することは必要不

可欠ではないが、一方で圧倒的多数の場合においては共犯の行為が主犯による犯行を援助するという認識が必要であることは明らか」と判示した前掲注89にあげた旧ユーゴスラヴィア国際刑事法廷判決¶245および「幇助者及び教唆者は、実行を意図し又は実行された犯罪について明確に認識している必要はないが、実行された犯罪の一つでも実行されるであろうと認識し、意図した犯罪が現実に実行されたときには幇助者及び教唆者は幇助及び教唆の罪で有罪となる」と判示した同判決¶146を参照せよ。

541 たとえば、第2次世界大戦後のドイツ管理委員会法第10号を適用した裁判において被告人の元・ナチス親衛隊員として東部戦線に従軍したワルデマール・フォン・ラデツキー（Waldemar von Radetzky）は特定の地域のユダヤ人の殲滅を決定した1941年の会議との関連を否定し、殲滅作戦への関与を問いただされた際に特別殺戮作戦を決定した会議には出席しておらず、作戦は知らなかったと主張したのに対し、法廷は「(1941年の) 会議について尋問された際に、被告人は当該会議には出席していなかったが、ユダヤ人を移送する車両を調達せよという命令を受けたと証言した。また被告人はユダヤ人がラフノ(Ravno)に移住させられるという印象を受けたと証言している。特別殺戮部隊内で「移住」が何を意味するか知らなかったという被告人の証言は信用できない」と判示した。

この点につき、前掲注350にあげた「特別殺戮部隊事件」判決¶577を参照せよ。また同様に、この裁判ではナチス親衛隊准将であったエルウィン・シュルツ（Erwin Schulz）被告人は「ユダヤ人に対してはあらゆる措置が講じられるべき」と主張した国家保安本部長官ラインハルト・ハイドリッヒ（Reinhard Heydrich）の演説については知っていたことを認めたものの、ナチス親衛隊に対して東部戦線のユダヤ人を殲滅するよう命じた「総統命令」は知らなかったと主張したが、法廷は「あらゆる措置、という表現によって被告人は特別殺戮部隊に何が期待されていたかを理解したはず」と被告人の主張を退けた。この点につき、前掲注350にあげた「特別殺戮部隊事件」判決¶520を参照せよ。

特定の言葉に対する被告人の認識について最近ではルワンダ国際刑事法廷も同様の判断を示している。なお「被告人は、民兵組織に対してRTLM（フツ族系「千の丘の自由ラジオ」）を通じてたびたび『働きに行け』と呼びかけているが、これは『RPF（ルワンダ愛国戦線）とその同調者と闘いに行け』という意味であり、ほどなくして『ツチ族及びフツ族系反政府勢力を殺しに行け』という意味に転じたことは明白」と判示した、以下のルワンダ国際刑事法廷の判決を参照せよ。The Prosecutor v. Georges Ruggiu, Case No.ICTR 97-32-1, Judgement of June 1, 2000（ICTR Trial Chamber I），¶44（iv）．

542 前掲注262にあげた旧ユーゴスラヴィア国際刑事法廷判決¶692を参照せよ。この判決を不服として被告人は控訴したが、同法廷控訴審は1999年7月15日に控

訴を棄却する判決を下した。控訴審判決は、第1審判決が示した規程第7条第1項における幇助と教唆の解釈について共通の目的または共同謀議に関する部分を除いて支持した。なお、前掲注501にあげた旧ユーゴスラヴィア国際刑事法廷判決¶326および前掲注534にあげた旧ユーゴスラヴィア国際刑事法廷判決¶¶473, 476-477を参照せよ。

543　前掲注531にあげた旧ユーゴスラヴィア国際刑事法廷判決¶285を参照せよ。

544　同上¶283を参照せよ。なお、前掲注534にあげたルワンダ国際刑事法廷判決¶694を参照せよ。

545　前掲注531にあげた旧ユーゴスラヴィア国際刑事法廷判決¶284を参照せよ。なお、以下のルワンダ国際刑事法廷の判決を参照せよ。The Prosecutor v. Alfred Musema, Case No.ICTR 96-13, Judgement of January 27, 2000（ICTR Trial Chamber Ⅰ), ¶123.

546　「単に犯行現場に居合わせることも、それ自体が犯罪を助長する意図をもって行われ、犯罪の実行に重大な効果をもたらしたことが証明されれば、状況によっては犯罪を構成するに足る」と判示した、以下の旧ユーゴスラヴィア国際刑事法廷の判決を参照せよ。The Prosecutor v. Zlatko Aleksovski, Trial Judgement, 25 June 1999, Case No.IT-95-14/1, International Criminal Tribunal for the Former Yugoslavia（Trial Chamber Ⅰ), ¶64. なお、控訴審において被告人はこの点については反論せず、控訴を棄却した判決においてもこの点には触れられなかった。なお、前掲注13にあげた旧ユーゴスラヴィア国際刑事法廷判決¶8を参照せよ。

547　前掲注542にあげた旧ユーゴスラヴィア国際刑事法廷判決¶¶190, 191および注350にあげた「特別殺戮部隊事件」判決3ページのほか、以下の判例を参照せよ。The Trial of Georg Otto Sandrock et al, British Military Court for Trial of War Criminals, held at the Court House Almelo, Holland, 24-25 November 1945, U.N.W.C.C. Vol.1, p.35; Trial of Gustav Alfred Jepsen and others, Proceedings of War Criminals Trial held at Luneberg, Germany (13-23 August 1946), Judgement of 24 August 1946.

548　前掲注542にあげた旧ユーゴスラヴィア国際刑事法廷判決¶191を参照せよ。

549　旧ユーゴスラヴィア国際刑事法廷控訴審は、共通の目的または共同謀議を、(1)共同謀議に加わった者が実行した行為が、たとえ当初の計画にはなかったものであっても共通の目的に沿った当然かつ予見可能な結果をもたらした場合、および(2)いわゆる「集中キャンプ事件」のように集中キャンプを管理する軍や行政機関によって実行された犯罪の2つに類型化している。この点につき、前掲注542にあげた旧ユーゴスラヴィア国際刑事法廷判決¶¶196-204を参照せよ。

550　同上¶227を参照せよ。

補論　個人としての刑事責任

551　同上¶228を参照せよ。

552　同上¶229を参照せよ。なお、前掲注89にあげた旧ユーゴスラヴィア国際刑事法廷判決¶118を参照せよ。

553　前掲注542にあげた旧ユーゴスラヴィア国際刑事法廷判決¶227を参照せよ。なお、前掲注89にあげた旧ユーゴスラヴィア国際刑事法廷判決¶119を参照せよ。

554　この法理は、当初は戦時国際法を通じて軍の指揮官に適用すべき概念として発展し、伝統的に「指揮官としての責任」としてとらえてきた。その後、第2次世界大戦後の軍事法廷とともに旧ユーゴスラヴィア、ルワンダの国際刑事法廷においては民間人の指導者にもこの法理を適用した結果、部下が犯罪を犯した際には軍人、民間人にも適用しうる、より広範な「上官としての責任」として理解されるようになった。なお、以下の論文を参照せよ。William H. Parks, "Command Responsibility for War Crimes," Military Law Review, 62, 1973.

555　たとえば、以下の文献を参照せよ。Grotius, De Jure, Book Ⅱ, 1625, Chapter XXI, Section ⅱ．

556　たとえば、前掲注210にあげたハーグ第10条約（ジュネーブ条約の原則を海戦に応用する条約）第19条、ジュネーブ諸条約の第1追加議定書第86条および第87条を参照せよ。

557　たとえば、以下の文書を参照せよ。U.S. Department of Army Field Manual, No.27-10, Law of Land Warfare, 1956.

558　前掲注416にあげた国際軍事裁判所判決のほか、たとえば、以下の文書を参照せよ。United States v. List et al., 11 Trials of War Criminals Before the Nuremberg Military Tribunals Under Control Council Law No.10, 1951, p.759.

559　前掲注557にあげた文書¶501を参照せよ。

560　前掲注416、558にあげた国際軍事裁判所判決のほか、たとえば、以下の文書を参照せよ。United States v. von Weizsaecker, 14 Trials of War Criminals Before the Nuremberg Military Tribunals Under Control Council Law No.10, 1951, p.308; United States v. Frederick Flick, 6 Trials of War Criminals Before the Nuremberg Military Tribunals Under Control Council Law No.10, 1951, p.1187.

561　本書執筆の時点で上官としての責任論に言及した判例として、前掲注13、207、501、531、546にあげた旧ユーゴスラヴィア国際刑事法廷判決および注534、545にあげたルワンダ国際刑事法廷判決のほか、たとえば、以下のルワンダ国際刑事法廷判決を参照せよ。The Prosecutor v. Clement Kayishema, Case No.ICTR 95-1-T, Judgement of May 21, 1999 (ICTR Trial Chamber Ⅱ), appeal dismissed by

ICTR Appeals Chamber, June 1, 2001.

562 前掲注 13 にあげた旧ユーゴスラヴィア国際刑事法廷規程第 7 条第 3 項、ルワンダ国際刑事法廷規程第 6 条第 3 項のほか、注 3 にあげた「国連専門家グループ報告書」¶80 を参照せよ。

563 前掲注 546 にあげた旧ユーゴスラヴィア国際刑事法廷判決 ¶69、注 13 にあげた旧ユーゴスラヴィア国際刑事法廷判決 ¶72、注 501 にあげた旧ユーゴスラヴィア国際刑事法廷判決 ¶346、注 531 にあげた旧ユーゴスラヴィア国際刑事法廷判決 ¶294 のほか、注 97 にあげた国際刑事裁判所規程第 28 条第 2 項 c (「上官が、犯罪の実行を防止又は処罰するため若しくは捜査又は訴追の権限を有する機関に事件を送致するため、自己の権限内においてあらゆる必要且つ相当の措置を講じなかったとき」) を参照せよ。

564 旧ユーゴスラヴィア国際刑事法廷は、注 501 にあげたセレビチ (Celebici) 収容所事件において被告人に上官としての責任を問うには、上官が部下の犯した犯罪によって生じた上官の任務を全うしなかったことを検察側が証明することを要する、という主張に対し、そのような因果関係を立証することは判例法、条約法および制定法においても求められていないとして被告人側の主張を退けた。さらに法廷は加害者の処罰を怠った上官の刑事責任を問うという原則は、本来上官の指揮と犯罪の遂行のあいだの因果関係という概念と矛盾していることから、上官としての責任を問うには因果関係を立証する必要はない、と判示した。この点につき、前掲注 501 にあげた旧ユーゴスラヴィア国際刑事法廷判決 ¶400、注 527 にあげた旧ユーゴスラヴィア国際刑事法廷判決 ¶447 を参照せよ。

なお、先に述べた通りセレビチ収容所事件は被告人、検察官双方が判決を不服として控訴した。控訴審において被告人ムチッチ (Mucic) は上官としての責任の解釈をめぐって、犯行当時、被告人が当該収容所において事実上の指揮官の権限をもっていたという第 1 審における判断には事実誤認と法律解釈の誤りがあると主張した。この点につき、前掲注 207 にあげた旧ユーゴスラヴィア国際刑事法廷判決 ¶183 を参照せよ。またこの控訴審において検察側も旧ユーゴスラヴィア国際刑事法廷規程第 7 条第 3 項にいう「知っていた、もしくは知っているべき相当の理由があった場合」という文言の解釈に誤りがあり (前掲注 207 にあげた旧ユーゴスラヴィア国際刑事法廷判決 ¶216)、上官としての責任論を適用するには、犯罪を犯した部下は当該上官の直接の指揮命令系統の下にあることを要する、とした点は解釈の誤り (前掲注 207 にあげた旧ユーゴスラヴィア国際刑事法廷判決 ¶242) であり、さらに被告人ハジム・デリッチ (Hazim Delic) はセレビチ収容所において刑事責任を問われるべき規程第 7 条第 3 項にいう「上官」ではなかったと主張した (前掲注 207 にあげた旧ユーゴスラヴィア国際刑事法廷判決 ¶294)。しかしながら控訴審はこうした主張すべてを退け、原判決を

支持した（前掲注 207 にあげた旧ユーゴスラヴィア国際刑事法廷判決¶¶214、241、268、314）。

565 ジュネーブ諸条約第 1 追加議定書第 87 条につき、前掲注 413 にあげた文献¶3553 を参照せよ。

566 前掲注 501 にあげた旧ユーゴスラヴィア国際刑事法廷判決¶378、注 546 にあげた旧ユーゴスラヴィア国際刑事法廷判決¶78 を参照せよ。注 501 にあげた事件の判決をみるかぎり、旧ユーゴスラヴィア国際刑事法廷は第 2 次世界大戦後の極東国際軍事裁判の判決、とりわけ文民の地位にありながら戦時国際法を遵守するための適切な措置を講じて国際法違反を防止しなかった点で法的義務を果たさなかった、として有罪と認定された廣田弘毅に対する判決を参照している。なお、注 501 にあげた旧ユーゴスラヴィア国際刑事法廷判決¶¶333-334 を参照せよ。また、旧ユーゴスラヴィア国際刑事法廷はフレデリック・フリック（Frederick Flick）ら 6 人の民間人に占領地域の民間人を追放し、奴隷化した人道に対する犯罪で有罪を言い渡した国際軍事裁判所の判決を参照している。なお、注 560 にあげた国際軍事裁判所判決 355 〜 363 ページを参照せよ。

567 同上。なお、前掲注 207 にあげた旧ユーゴスラヴィア国際刑事法廷判決¶¶195-198 および注 531 にあげた旧ユーゴスラヴィア国際刑事法廷判決¶301 を参照せよ。

568 たとえば、前掲注 207 にあげた旧ユーゴスラヴィア国際刑事法廷判決¶195、注 501 にあげた旧ユーゴスラヴィア国際刑事法廷判決¶¶364-370、注 561 にあげたルワンダ国際刑事法廷判決¶222 を参照せよ。

569 前掲注 501 にあげた旧ユーゴスラヴィア国際刑事法廷判決¶647 を参照せよ。

570 憲兵隊に対するブラシュキッチ（Blaskic）将軍の実効的支配を証明し、犯罪を犯した憲兵隊員を処罰することができたはず、と認定した前掲注 531 にあげた旧ユーゴスラヴィア国際刑事法廷判決¶724、ズドラフコ・ムチッチ（Zdravko Mucic）が収容所の警備兵に対して規律を維持し、命令を実行させるための指揮官としてのあらゆる権限を有していたという事実から、これが上官であると認定した、注 501 にあげた旧ユーゴスラヴィア国際刑事法廷判決¶767 および国際慣習法上は、上官としての責任を問うには部下に対する「相当程度の影響力」では不充分で「実効的支配」が指揮監督権の有無を判断する必須の基準であると判示した前掲注 207 にあげた旧ユーゴスラヴィア国際刑事法廷判決¶266 を参照せよ。

571 前掲注 531 にあげた旧ユーゴスラヴィア国際刑事法廷判決¶303 を参照せよ。

572 前掲注 207 にあげた旧ユーゴスラヴィア国際刑事法廷判決¶¶191、209 および注 501 にあげた旧ユーゴスラヴィア国際刑事法廷判決¶383 を参照せよ。

573 前掲注 546 にあげた旧ユーゴスラヴィア国際刑事法廷判決¶80 を参照せよ。

574 前掲注501にあげた旧ユーゴスラヴィア国際刑事法廷判決¶386および注527にあげた旧ユーゴスラヴィア国際刑事法廷判決¶427を参照せよ。

575 前掲注207にあげた旧ユーゴスラヴィア国際刑事法廷判決¶¶183-209、注558にあげた国際軍事裁判所判決1271〜1272ページ、注210にあげた第1追加議定書第86条および第87条、注557にあげた合衆国陸軍省野外教範、「上官としての責任論は民間人の指揮者に支配下のすべての人員の活動を把握するような一応の義務を求めるものではなく、（中略）検察官は本件被告人が、被告人の部下が本法廷規程第2条から第4条に違反する行為を行ったか又は行おうとしたことを明白に示す情報を知っていたか、又は意識的に無視したかを立証しなければならない」と判示した注561にあげたルワンダ国際刑事法廷判決¶228を参照せよ。

なお、上記のルワンダ国際刑事法廷判決とは対照的に注531にあげた、ブラシュキッチ被告人事件を審理した旧ユーゴスラヴィア国際刑事法廷は、セレビチ収容所事件控訴審判決に先だって「職務怠慢」を犯意を認定する基準とすることは妥当である、本件における上官の「指揮官」としての地位と当時の状況を勘案し、犯罪行為を知らなかったというのは弁明にならない、事件に対する認識の欠如は部下に与えた任務の遂行状況を常に把握するという被告人自身の任務の遂行の怠慢の結果にほかならない、と判示した。注531にあげた旧ユーゴスラヴィア国際刑事法廷判決¶¶307-332を参照せよ。

このほか、以下の国際軍事裁判所判決を参照せよ。Pohl Case, 5, Trials of War Criminals Before the Nuremberg Military Tribunals Under Control Council Law No.10, p.1055; Yamashita Case, Law Reports of the War Criminals, Ⅳ, p.35.

576 前掲注207にあげた旧ユーゴスラヴィア国際刑事法廷判決¶¶206-207を参照せよ。

577 前掲注97にあげた国際刑事裁判所規程第28条を参照せよ。

578 以下の論文を参照せよ。Per Saland,"International Criminal Law Principles," Lee, Roy S.(ed.), The International Criminal Court: The Making of the Rome Statute Issues, Negotiations, Results, 1999, pp.202-204.

579 たとえば、東京裁判で廣田弘毅が「南京虐殺事件」の責任を問われたのは、豊富な情報をもっていながら部下に国際法を遵守させる義務を怠ったと認定されたためであった。この点につき、以下の資料を参照せよ。The Hirota Case, 3 Judgements of the International Military Tribunal for the Far East 1 (1948), Library of Congress microfilm, 49.791. 同様に、フリック被告人事件において国際軍事裁判所は、被告人フリックが部下による犯罪を防止すべき立場にあったにもかかわらず、占領地域の住民を追放、奴隷化し、自社の工場で民間人や戦

争捕虜を奴隷労働に従事させたとして責任を問われている。なお、注560にあげた国際軍事裁判所判決1187、1202ページを参照せよ。

580 前掲注207にあげた旧ユーゴスラヴィア国際刑事法廷判決¶208を参照せよ。

581 前掲注501にあげた旧ユーゴスラヴィア国際刑事法廷判決¶395を参照せよ。

582 被告人ムチッチ（Mucic）はセレビチ収容所の収容者の取り扱いについて何らの指示も与えていなかったと認定した同上判決¶772を参照せよ。

583 「セレビチ収容所では犯罪が頻発し、悪名高かったことを被告人ムチッチが知らなかったとはいえない。また副官のハジム・デリッチが収容者を虐待する性癖があることを知っていたにもかかわらず、被告人は状況を監督し、犯罪の発生を報告させる制度を構築しなかった。したがってムチッチが収容所の看守が国際人道法に違反していることに気づいていたことは疑いの余地がない」と判示した同上判決¶770を参照せよ。

584 旧ユーゴスラヴィア国際刑事法廷は、セレビチ収容所事件の判決のなかで、被告人ムチッチが犯罪を防止し、加害者を処罰するための適切な措置を講じなかったと認定した。このことはムチッチによって看守が処罰されているところを目撃したことがない、そもそも収容所には懲戒処分が存在しなかった、という収容者の証言にもとづいている。法廷はまたムチッチが国際人道法違反を防止すべき立場にあったにもかかわらず、任期中に続発する違反行為を防止し犯罪に関与した部下を処罰するための真剣な努力を傾注しなかったことに「疑いの余地がない」と判示した。この点につき、同上判決¶¶772-774を参照せよ。

585 前掲注531にあげた旧ユーゴスラヴィア国際刑事法廷判決¶336を参照せよ。

586 たとえば、前掲注546にあげたアレクソフスキ被告人事件において、旧ユーゴスラヴィア国際刑事法廷は、カオニク（Kaonik）収容所においてイスラム教徒収容者に加えられた虐待に関連して、被告人が1949年ジュネーブ諸条約共通第3条に反して個人の尊厳に対する侵害について旧ユーゴスラヴィア国際刑事法廷規程第7条第1項に定める責任を負い、同様の残虐行為について部下の看守の犯罪を防止し、加害者の処罰を怠ったことについて同規程第7条第3項に定める上官としての責任を負うべきものと判示した。この点につき、同判決¶228を参照せよ。なお、同様の判決とし同規程第7条第1項および第3項に照らして被告人セルケス（Cerkez）に対して軍事行動に関する訴因5-6, 14-15, 17, 19、身柄拘束に関する訴因29-31, 33, 35、略奪に関する訴因42、破壊活動に関する訴因41, 44について有罪を宣告した前掲注527にあげた旧ユーゴスラヴィア国際刑事法廷判決¶¶369-371を参照せよ。またこれとは逆に旧ユーゴスラヴィア国際刑事法廷はブラシュキッチ被告人事件において指揮官に共謀、教唆、命令、幇助の罪で責任を問うのと同時に犯罪を防止し、加害者を処罰するための適切な措置を講じなかったことを非難するのは法に反するが、旧ユー

ゴスラヴィア国際刑事法廷規程第 7 条第 3 項に定められた上官が犯罪を防止し、加害者を処罰するための適切な措置を講じなかったことの根拠は同規程第 7 条第 1 項の下での責任に求められるとした。この点につき、前掲注 531 にあげた旧ユーゴスラヴィア国際刑事法廷判決 ¶337 を参照せよ。なお、旧ユーゴスラヴィア国際刑事法廷は被告人ブラシュキッチについて「いずれの事件においても被告人は犯罪を防止し、加害者を処罰するための必要且つ相当の措置を講じることを怠った」としてボスニアのイスラム教徒住民を訴追するよう命令した人道に対する犯罪、戦争法規違反、1949 年ジュネーブ諸条約への広範な違反を認定した。実務上、旧ユーゴスラヴィア国際刑事法廷は同一の犯罪行為または部下による一連の犯罪行為について、個人としての責任と上官としての責任の根拠が存在すれば被告人に双方の責任を問うている。

クメール・ルージュ関係年表

1863年		フランス、カンボジアを保護国化。
1953年		カンボジア、フランスからの独立を宣言。
1954年	11月	カンボジア王国の独立が国際的に承認される（ジュネーブ会議）。
1960年	9月	1951年にインドシナ共産党から分離したクメール人民革命党大会。ポル・ポト（当時はサロト・ソーと名乗る）、イエン・サリ、ヌオン・チアらが党中央委員に選出される。彼らはのちにこの大会を「カンプチア共産党第1回党大会」と主張。シハヌーク国家元首、反政府勢力を「クメール・ルージュ（赤いクメール人）」と揶揄して非難。
1970年	3月	ロン・ノル将軍ら親米・右派勢力がシハヌークを追放、クメール共和国成立。シハヌークは北京に亡命政権を樹立して抵抗。
1975年	4月	カンプチア共産党が内戦に勝利、民主カンプチア成立。
1978年	12月	ベトナム軍がカンボジアに侵攻。
1979年	1月	カンプチア救国民族統一戦線（親ベトナム勢力）、カンプチア人民共和国政権を樹立。 権力の座を追われたカンプチア共産党は、シハヌーク派やソン・サン派と「反ベトナム三派連合」を結成して、タイ、中国などの支援を受け、ソ連、ベトナムなどに支援された政府軍とのあいだで内戦を継続。
	8月	カンプチア人民共和国政権は革命人民法廷を設置して欠席裁判のままポル・ポト、イエン・サリに死刑を宣告。
1991年	10月	パリ和平協定調印。
1993年	7月	国連によるカンボジア暫定統治を経て制憲議会選挙実施。
	9月	カンボジア王国憲法公布・施行、新政権樹立。
1994年	7月	カンボジア国民議会「クメール・ルージュ非合法化法」を採択。
1996年	8月	イエン・サリ、政府に投降。
	9月	政府、イエン・サリに1979年の死刑判決とクメール・ルージュ非合法化法違反に恩赦を与えることを決定。
1997年	4月	国連人権委員会、アナン事務総長にクメール・ルージュ裁判についてカンボジア政府支援を検討するよう求める決議（1997/49）を採択。
	6月	ポル・ポト、ソン・センを殺害、タ・モクに逮捕される。カンボジア政府、国連と国際社会にクメール・ルージュ裁判のための援助を要請。
	12月	国連総会、アナン事務総長にカンボジア政府の要請を検討するよう求める決議（52/135）を採択。

1998年	4月	ポル・ポト死亡。
	7月	アナン事務総長、専門家グループを設置。
	12月	ヌオン・チア、キュウ・サンパン、政府に投降。
1999年	2月	国連専門家グループ、事務総長に報告書を提出。
	3月	タ・モク、クメール・ルージュ非合法化法違反容疑で逮捕。
	5月	ドゥック、クメール・ルージュ非合法化法違反容疑で逮捕。
	12月	カンボジア政府、特別裁判部設置法案を国連に提示。
2000年	1月	カンボジア政府、特別裁判部設置法案を決定、アナン事務総長はその内容を批判。
	4月	米上院議員ジョン・ケリーがカンボジア政府と国連の交渉を仲介。
	9月	フン・セン首相、イエン・サリが訴追の対象とならないことを示唆。
	12月	カンボジア政府、特別裁判部設置法案を国民議会に提出。
2001年	1月	カンボジア国民議会、上院、特別裁判部設置法を採択。
	2月	カンボジア憲法院、死刑を含む旧・刑事法の適用を定めた特別裁判部設置法（第3条）を憲法違反と決定。
	6月	カンボジア政府、死刑の適用を終身刑に修正した特別裁判部設置法案を決定。
	7月	カンボジア国民議会、上院、改正特別裁判部設置法を採択。
	8月	カンボジア憲法院、特別裁判部設置法を合憲と決定。国連、裁判への関与のあり方についてカンボジア政府との交渉を継続。
2002年	2月	ケ・ポク、死亡。
2003年	6月	カンボジア政府、裁判への関与について国連と合意、協定に調印。
2004年	10月	カンボジア国民議会、政府が国連と結んだ協定を批准。チア・シム国家元首代行（上院議長）、特別裁判部設置法を公布・施行。
	12月	カンボジア政府、特別裁判部予算と裁判費用の負担について国連と合意。
2005年	3月	カンボジア政府、特別裁判部の設置場所を新たに建設される国軍司令部内に変更することを示唆。

（作成：四本健二）

訳者あとがき

　本書は Seven Candidates for Prosecution: Accountability for the Crimes of the Khmer Rouge の日本語訳である。著者のロンドン大学アジア・アフリカ学院法学政治学部教授スティーブ・ヘダーはカンボジア現代政治研究の分野で第一人者として世界的に知られ、共著者の弁護士ブライアン・ティットモアは戦争犯罪や国際人権法に造詣の深い法律実務家である。

　民主カンプチア政権やその残虐行為についてはこれまでにも数多くの書物が国内外で刊行されてきた。そしてそれらの多くが被害者の綴った体験記のほか「民主カンプチア政権下で何が行われ、どのような事態が起きていたのか」、「なぜ、あのような残虐行為が行われるにいたったのか」を解明することに主眼をおいてきたのとは異なり、上記の2人によって著された本書は、膨大な被害者の供述調書やカンプチア共産党の内部文書に依拠して民主カンプチア政権の犯した犯罪を裏付け、党最高幹部の刑事責任を法的に立証した点で特徴的であり、他に類書をみない。今日、このような困難な作業が可能となった背景には、DC-Cam が地道に収集、整理、保存してきた文書や証言の存在がある。一時期は散逸が危ぶまれた供述調書もいまは被害者の氏名ごとに整理されて一般公開されており、DC-Cam の資料室にはそれらを閲覧しに訪れる人びとの姿が絶えない。また、「上官としての責任」論をはじめとする国際人道法の研究成果に加えて、内戦時の大虐殺や民族浄化を裁いたルワンダや旧ユーゴスラヴィア国際刑事法廷が判示した最新の判例を参酌することで党最高幹部がとった——あるいはとらなかった——行動についての刑事責任を明らかにすることができたといえよう。

　さて、裁判の準備は着実に進められており、すでに裁判に加わるカン

ボジア人裁判官・検察官候補者の氏名は発表されている。また国連が推薦する外国人裁判官・検察官候補者の調整も大詰めを迎えており、日本政府も検事1名を裁判官候補として推薦する見通しである。また、総額5,600万ドルにのぼる裁判費用のうち国連負担分は、各国の任意拠出によって当面の必要額の調達にめどがたった。しかし、カンボジア政府負担分は財政難から2005会計年度の国家予算に計上されず、あらためて国際社会への支援を求めたことから、2005年6月に開廷が予定されていた裁判の開始は延期されてしまった。さらに、当初裁判はプノンペン市内の国際会議場を法廷として使用することがカンボジア政府と国連とのあいだで合意されていたが、政府がこれをプノンペン郊外に新たに建設された国軍司令部内に移転すると言い出したことから、地元では民間人の傍聴が制限されるのではないか、また出廷する証人が軍施設への立ち入りを恐れて証言を拒むのではないか、という裁判の公正と中立を危惧する声が挙がっている。

　ところでカンボジア和平協定（パリ和平協定）締結後も反政府武装闘争を戦ったクメール・ルージュと本書が取り上げた最高幹部たちはいま、どうしているのだろうか。本書の翻訳作業に先だって私はクメール・ルージュが最後まで支配した2つの地域——アンロンヴェンとパイリン——を訪れた。カンボジア北部に位置するウッドーミアンチェイ州アンロンヴェンには、町はずれから北に延びる道路に沿って林の中に最高幹部の当時の住まいがひっそりと点在し、そのひとつ、湖の畔に残るタ・モクの住宅跡は一般に公開されている。広い敷地に建つ地上2階地下1階の屋敷の柱には直径80センチを越える丸太がふんだんに使われ、居間の壁一面に描かれたカンボジアの地図が権力奪還への執念を物語っている。さらに北上して険しい山道を登った山脈の東西に走る稜線がタイとの国境である。1980年代にカンプチア人民共和国政権をベトナムの傀儡政権として嫌ったタイ政府は、この地域を封鎖して民間人を遠ざけ、カンボジア駐留ベトナム軍の手の届かないタイ領内にクメール・ルージュの

訓練基地を設置することを認め、中国から届く武器弾薬の通過を許し、タイ国内で活動するクメール・ルージュ幹部に護衛をつけて保護した。この国境線のカンボジア側にも一連の施設群跡があり、ここがクメール・ルージュ終焉の地である。1997年6月、党内の路線対立から長年の盟友ソン・センの殺害に踏み切ったポル・ポトはタ・モクらに逮捕され、即決人民裁判によって終身自宅軟禁を言い渡されたが、その翌年に死亡した。死因は心臓発作と発表されたものの、クメール・ルージュの犯罪を裁く法廷の設置が現実味を帯びてきていた時期だけに、様々な暗殺説、陰謀説が取り沙汰された。現在、ポル・ポトの遺体を焼いた場所は保存され、地面に黒ぐろとした焼けこげを残している。カンボジア政府観光省は「クメール・ルージュ観光」を目玉に外国からの観光客を呼び込もうとインフラを整備し、前述の稜線近くではタイからの観光客を当て込んで森林を伐採してカジノを建設する工事が急ピッチで進められている。しかし農林業にわずかな収入を頼るこの地域では、農民となったものの生活に困窮した元・クメール・ルージュ兵士によるタイへの木材の密輸出があとを絶たない。一方、1996年にいちはやく政府に投降し、国王から恩赦を与えられたイエン・サリ、1998年に投降してイエン・サリに合流したヌオン・チア、キュウ・サンパンらは反政府武装闘争を終結し、武装勢力を帰順させるのと引き換えに政府にカンボジア西部バッドンボーン州にあった拠点パイリンを「特別市」として認めさせ、事実上の自治地域を確保している。投降した部隊も一部は武装解除・解体されることなく国軍に編入された。かつてクメール・ルージュに属した同市幹部は異口同音に「悪いのはポル・ポト、命令に従わなければ自分も殺されていた」と主張し、2004年にはキュウ・サンパンも同様の主張をまとめた自伝を発表した。パイリンはいま、アンロンヴェンとは対照的にタイとの国境貿易に沸き、ルビー採掘の利権に潤い、ホテルやレストランも活況を呈している。

　結局のところ、タ・モクとS-21の所長だったドゥックだけが逮捕され、プノンペン市内の軍刑務所に収監されて裁判の開始を待っている。ポル・

訳者あとがき

ポト、ソン・セン、国軍幹部となったケ・ポクは裁かれることなくこの世を去り、ヌオン・チア、イエン・サリ、キュウ・サンパンは未だ自由の身であり、ソウ・メットはバッドンボーン州の国軍副司令官に、メア・ムットも同州サムロウトに司令部をおく国軍部隊に将軍として迎えられた。

　最後になったが、本書の出版に際してご協力いただいた方々に謝意を表したい。とりわけ本書の出版を快諾してくださったDC-Cam事務局長のチャン・ユーさん、諸もろの事務手続きを処理してくれた事務次長（財務担当）のソカー・イラエンさんに感謝申し上げたい。またスティーブ・ヘダー先生に「日本語版へのはしがき」とともに私の知識不足を補う数かずのご助言をいただいたことにはお礼の申し述べようもない。

　本書の訳出にあたって、元・陸上自衛隊幹部自衛官で『山本賢の軍事英和辞典』（自衛隊援護協会）の著書があり、現在は国際協力機構（JICA）の長期派遣専門家としてカンボジア地雷除去活動センター（CMAC）に勤務されている山本賢さんには頻出する軍事用語の訳語について、また名古屋大学法政国際教育協力研究センター助教授のコン・テイリー先生にはカンボジア人の氏名のカタカナ表記についてご助言をいただいた。この場を借りてお礼申し上げたい。

　共同通信プノンペン支局長の池田裕明さんは、私に日本語版の出版を熱心に勧め、多忙な取材活動の合間にDC-Camとの仲介の労をとって下さった。

　出版事情の厳しいなかで本書の出版を引き受けてくださった現代人文社と同社代表の成澤壽信さん、編集部の北井大輔さんに感謝申し上げたい。

2005年8月　プノンペンにて

四本　健二

◎著者
スティーブ・ヘダー（Stephen Heder）
　ロンドン大学アジア・アフリカ学院法学政治学部教授
ブライアン・D・ティットモア（Brian D. Tittemore）
　弁護士、米州人権委員会

◎訳者
四本健二（よつもと・けんじ）
　名古屋経済大学法学部助教授
　1961年、大阪府生まれ
　1985年、関西学院大学法学部卒業
　日本ユニセフ協会勤務を経て、
　1997年、名古屋大学大学院国際開発研究科博士課程修了、博士（学術）
　1997年から1998年、国際協力事業団派遣専門家（カンボジア司法省勤務）
　1998年から、現職
　2003年から2004年、カンボジア王立経済法科大学客員研究員
　主要著書に、『カンボジア憲法論』（勁草書房、1999年）がある

カンボジア大虐殺は裁けるか
クメール・ルージュ国際法廷への道

2005年12月1日　第1版第1刷

著　者　スティーブ・ヘダー
　　　　ブライアン・D・ティットモア
訳　者　四本健二

発行人　成澤壽信
編集人　北井大輔
発行所　株式会社 現代人文社　〒160-0016 東京都新宿区信濃町20 佐藤ビル201
　　　　電話：03-5379-0307（代）　FAX：03-5379-5388
　　　　E-mail：daihyo@genjin.jp（代表）　hanbai@genjin.jp（販売）
　　　　Web：http://www.genjin.jp

装　幀　清水良洋 + 江端幸子（Push-up）

発売所　株式会社 大学図書
印刷所　星野精版印刷 株式会社

検印省略 Printed in JAPAN　　Ⓒ 2005 Kenji YOTSUMOTO　　ISBN4-87798-265-5 C3032

◎本書の一部あるいは全部を無断で複写・転載・転訳載などをすること、または磁気媒体等に入力することは、法律で認められた場合を除き、著作者および出版者の権利の侵害となりますので、これらの行為を行う場合には、あらかじめ小社または著者に承諾を求めてください。
◎乱丁・落丁本は送料小社負担でお取替えいたします。